新民主主义革命时期历史问题探思

李东朗 著

图书在版编目（CIP）数据

新民主主义革命时期历史问题探思 / 李东朗著. —北京 : 生活 · 读书 · 新知三联书店 , 2024.5
ISBN 978-7-108-07830-8

Ⅰ. ①新… Ⅱ. ①李… Ⅲ. ①中国共产党－党史－研究－ 1919-1949 Ⅳ. ① D23

中国国家版本馆 CIP 数据核字 (2024) 第 074983 号

责任编辑　唐明星
装帧设计　刘　洋
责任印制　卢　岳
出版发行　生活 · 讀書 · 新知 三联书店
（北京市东城区美术馆东街 22 号 100010）
网　　址　www.sdxjpc.com
经　　销　新华书店
印　　刷　河北松源印刷有限公司
版　　次　2024 年 5 月北京第 1 版
2024 年 5 月北京第 1 次印刷
开　　本　635 毫米 × 965 毫米　1/16　印张 21.5
字　　数　214 千字
印　　数　0,001－6,000 册
定　　价　59.00 元
（印装查询：01064002715；邮购查询：01084010542）

目　录

长征研究

遵义会议与党的政治路线的转变　3
长征与党对军队绝对领导体制的确立　18

延安时期研究

毛泽东与延安时期的学习哲学运动　31
中共中央领导人年谱中几则史实表述之辨思　49
试析1936年9月中共中央政治局会议决议关于党的组织问题的规定　64
《关于若干历史问题的决议》与中共七大　74
延安整风三题　91

抗日战争研究

张学良、蒋介石与九一八事变时的不抵抗主义
——基于张学良回忆的讨论　111
抗日战争时期国共两党地位的变化　136

抗日战争与中国国际地位的大幅度提升 150
中国共产党是中国抗日战争的中流砥柱 165

辑　外

古田会议与人民军队建军纲领的确立 245
中央苏区第四次反“围剿”战绩考 293
国共两党在解放战争时期的土地政策及其对局势的影响 312
毛泽东利用资本主义思想的演变 329

长征研究

遵义会议与党的政治路线的转变

遵义会议是中国共产党一个生死攸关的转折点，在极端危急的关头挽救了党，挽救了红军，挽救了中国革命。但在遵义会议作用的具体评价中，普遍的表述是说，遵义会议改变了中共中央领导特别是军事领导，解决了党内所面临的最迫切的组织问题和军事问题。而关于政治路线问题，一般的认识是遵义会议没有提出和解决政治路线问题。但是仔细推究，上述说法会产生两个问题，一是政治路线和组织问题、军事问题有着非常密切的关系，很难说解决组织问题和军事问题，而无涉政治路线，因为政治路线统领组织、军事路线等，在相关各种问题中处于核心地位。二是关于遵义会议的评价，还有非常重要的一句话，就是“结束了‘左’倾教条主义错误在中央的统治”[1]。如果说政治路线没有改变，遵义会议后仍然延续过去的政治路线，那么怎么能说“结束了‘左’倾教条主义错误在中央的统治”呢？因为“‘左’倾教条主义错误在中央的统治”，虽然表现在政治、组织、军事等许多方面，但首先并且集中地表现在政治方面，组织、军事等方面的“左”倾教条主义错误都是政治路线派生的，而且是由政治路线决定的。如

[1] 中共中央党史研究室：《中国共产党历史》第1卷上册，中共党史出版社2011年，第388页。

此疑问，实际上提出了一个如何认识遵义会议的作用，特别是遵义会议与政治路线转变关系的问题。这是一个涉及如何认识和评价遵义会议作用的重要问题，有讨论和澄清的必要性。

遵义会议是否改变了政治路线？答案应该是肯定的，否则遵义会议就不会有那么巨大的历史功绩。遵义会议在改变军事路线、组织路线的同时，改变了政治路线。这是一个确凿的事实。

一、“左”倾教条主义的政治路线被废止

第五次反“围剿”的失败和长征初期的严重挫折，宣告了“左”倾教条主义错误路线的破产，它已经难以为继了。遵义会议在集中批评“左”倾教条主义军事路线的过程中，实际上否决了其整个路线，包括其政治路线，这是遵义会议的一个重大成果，也是会议取得成功的重要因素。需要强调的是，遵义会议《决议》对“左”倾教条主义军事路线的集中批评，最后归结到了从政治路线角度批评的高度。遵义会议《决议》指出，造成第五次反“围剿”失败的主要原因是“对军事领导上战略战术基本上是错误的”，“不能在军事领导上运用正确的战略战术”。[1]具体表现就是“单纯防御路线”，一是以阵地战堡垒战代替了运动战；二是企图以赤色堡垒的消耗战来保卫苏区；三是分兵主义，敌人分六路进攻，我们也分兵抵御；四是没有利用“福建十九路军事变”这样粉碎敌人五次“围剿”的关键条件。在长征初期的严重损失，主要原因“是一种惊慌失措的逃跑的以及搬家式的行动”，“战略方

---

[1]《中央关于反对敌人五次“围剿”的总结决议》，(1935年1月)，中央档案馆编：《中共中央文件选集》第10册，中共中央党校出版社，1991年，第454页。

针不放在争取于必要与有利时机同敌人决战的原则上，就使得自己差不多经常处于被动地位，经常遭受敌人打击，而不能有力的打击敌人”[1]。而这些“军事领导上战略战术”的错误，其根本原因是“右倾机会主义”，“是一种具体的右倾机会主义的表现。它的来源是由于对敌人的力量估计不足，是由于对客观的困难特别是持久战与堡垒主义的困难有了过分的估计，是由于对自己主观的力量特别是苏区与红军的力量估计不足，是由于对于中国革命战争的特点不了解。”[2]《决议》所指出的这些错误，就不仅是军事路线方面的错误，而且许多是政治方面的错误。特别是在当时中国共产党的语境里，所谓“右倾机会主义”的错误，就是一种严重的政治错误。如八七会议指出陈独秀等“党的指导执行了很深的机会主义的错误方针”[3]；六届四中全会上，批评立三路线是“冒险的机会主义”“最无耻的机会主义”等[4]；中央苏区时“左”倾路线领导人对毛泽东的排斥，也是指责毛泽东是“右倾机会主义”[5]；对“罗明路线”的批评，也是如此。

与此同时，遵义会议《决议》还明确指出了“左”倾教条主义领导方面的一些政治错误，如批评博古在“正报告”中强调客观原因的结论是“机会主义的结论”，博古支持和放任李德的错

[1] 中央档案馆编：《中共中央文件选集》第10册，中共中央党校出版社，1991年，第466、467页。

[2] 同上书，第469页。

[3]《中国共产党中央执行委员会告全党党员书》，中央档案馆编：《中共中央文件选集》第3册，中共中央党校出版社，1991年，第252页。

[4]《共产国际代表在四中全会上的结论》，中央档案馆编：《中共中央文件选集》第7册，中共中央党校出版社，1991年，第30、32页。

[5]《党的建设问题决议案——中央苏区第一次党代表大会通过》，中央档案馆编：《中共中央文件选集》第7册，中共中央党校出版社，1991年，第483页。

误的军事指挥，“是部分的严重的政治错误”。长征计划的秘而不宣，没有在政治局会议上提出讨论、没有在干部中与红色指战员中进行解释工作；把主力红军变成掩护部队，使之行动迟缓等，“这不能不是严重错误”，特别是长征初期的“避战主义”和“机械的要向二六军团地区前进”的方针，表现了博古、李德“其战略上一贯的机会主义的倾向”[1]。

基于对上述错误的认识，遵义会议《决议》要求把批评和纠正“左”倾教条主义军事路线，作为一项政治任务。《决议》指出：“政治局扩大会认为反对军事上的单纯防御路线的斗争，是反对党内具体的右倾机会主义的斗争，这种斗争在全党内应该开展与深入下去。”[2]被定性为“机会主义”的错误，现实中造成严重失败的路线，遵义会议后还会继续执行吗？所以，它的废止是一种必然。正因为遵义会议后废弃了过去的错误路线，因此毛泽东后来指出：“遵义会议，实际上变更了一条政治路线。过去的路线在遵义会议后，在政治上、军事上、组织上都不能起作用了。”[3]

而“过去的路线”“都不能起作用了”，这既为党探索和制定新的政治路线创造了条件，也是现实需要对遵义会议后的中共中央提出的必然要求。废止过去的路线，就必然要实行与之不同的新的路线（虽然新路线不可能一蹴而就，有形成的过程），这是事物演变的基本规律。遵义会议后的新的中共中央，要领导中央

[1] 中央档案馆编：《中共中央文件选集》第10册，中共中央党校出版社，1991年，第453、468、469页。

[2] 同上书，第469页。

[3] 毛泽东：《反对主观主义和宗派主义》（1941年9月10日），《毛泽东文集》第二卷，人民出版社，1993年，第373页。

红军走出危局，就必须在扬弃中纠正错误和前进，实行新的、不同于以前的政治路线，即改变过去的政治路线。

二、军事路线的解决实际上就是改变了政治路线

遵义会议改变了“左”倾教条主义的军事路线，这是不争的事实，是人们的共识，其意义非常重大。在新民主主义革命时期，“革命的中心任务和最高形式是武装夺取政权，是战争解决问题”[1]。军事斗争是中国共产党的中心工作和第一位的工作，它覆盖党的全部工作，统领军事斗争的军事路线就集中地体现党的政治路线，是政治路线的最主要的组成部分。陈云在《遵义政治局扩大会议传达提纲》中曾就此指出：“国内战争中军事指挥是党的总的政治路线的一个主要的部分。”[2]并且军事路线和政治路线是密不可分的。军事战略、军事计划和军事部署，都是依据政治路线指向、政治目标而确定的，军事活动的出发点、基本目标、具体运作过程及其他环节的配合等，都是和政治联系在一起的，是政治的反映和继续。

具体到遵义会议时期，军事路线改变的政治意义就更加突出。其时，中央红军遭受了第五次反“围剿”失败和长征初期的严重损失，敌情严重，军情紧急，处在极端危险之中，中共中央面临的当务之急是迅速摆脱极端危险的军事局势。这时的军事路

[1] 毛泽东：《战争和战略问题》（1938 年 11 月 6 日），《毛泽东选集》第二卷，人民出版社，1991 年，第 541 页。

[2] 陈云：《遵义政治局扩大会议传达提纲》（1935 年 2 月或 3 月），《遵义会议文献》，第 36 页。

线，关系党和中央红军生死存亡，关系中国革命的全局，影响重大而深远，是中共中央面临的最大政治问题。正因如此，遵义会议对“左”倾教条主义的军事路线的批评和否决，对以毛泽东为代表的军事路线的阐述和肯定，取消“三人团”[1]，毛泽东补选为中央常委等决定，即解决军事领导和改变军事路线问题，其意义就不仅局限在军事斗争方面，不仅是军事指挥和军事战略及战术等方面的问题，不仅不是通常意义上的军事路线问题，也不是中国革命时期的军事路线问题，而是有着鲜明历史标记的，事关中国共产党、中央红军和中国革命全局的政治问题，是党当时面临的最大、最紧迫的政治问题。因此，遵义会议关于军事指挥和军事路线的改变，具有决定性的作用，政治意义非常重大和鲜明。正是基于这样的意义，毛泽东后来就此评论说：遵义会议只集中解决军事路线，因为中央在长征中，军事领导是中心问题。当时军事领导的解决差不多等于政治路线的解决。[2]也就是说，遵义会议改变的军事路线，包含着极大的政治意义，在很大的程度上体现了政治路线改变的意义。虽然它具体体现在集中批评“左”倾教条主义的军事路线，但实质上反映了中国共产党当时的政治诉求和政治利益。

历史事实证明了这一点。遵义会议后，毛泽东等根据瞬息万变的军情，采取高度机动灵活的战略战术，指挥中央红军声东击西，四渡赤水，巧过金沙江，飞夺泸定桥，终于取得了战略转移

[1] 遵义会议决定：“取消三人团，仍由最高军事首长朱、周为军事指挥者，而恩来同志是党内委托的对于军事上下最后决心的负责者。”[陈云：《遵义政治局扩大会议传达提纲》(1935年2月或3月)《遵义会议文献》，第42页。] 据此可见，遵义会议“取消三人团”的决定就是解除博古、李德的领导权。

[2] 中共中央文献研究室编：《毛泽东年谱（1893—1949）》(修订本)中卷，中央文献出版社，2013年，第480页。

的主动权，摆脱了长征初期中央错误领导造成的被动挨打局面。而随着军事上的不断胜利，毛泽东的领导地位得到加强，在毛泽东的领导下，党取得了战略转移——长征的伟大胜利，突破了第五次反“围剿”失败的危局。概括地说，以遵义会议为起点，开始了全党以毛泽东军事战略战术思想为指导的新的历史时期。正是在毛泽东军事战略战术思想的指导下，中国革命不断从胜利走向更大的胜利。新民主主义革命的完全胜利，已经为此作出了结论，而遵义会议改变军事路线的硕果，在其后中国共产党开创的崭新政治局面和取得的辉煌胜利中得到了充分的展现。

三、以毛泽东为核心的第一代中央领导集体开始形成

毛泽东在遵义会议以后的中共中央领导集体中，实际上处于举足轻重的核心地位。因此，“遵义会议，事实上确立了毛泽东同志在党中央和红军的领导地位，开始确立以毛泽东同志为主要代表的马克思主义正确路线在党中央的领导地位，开始形成以毛泽东同志为核心的党的第一代领导集体”。[1] 遵义会议决定“毛泽东同志选为常委”“取消三人团”，会后不久，中央常委分工，由张闻天代替博古负中央总的责任，毛泽东为周恩来在军事指挥上的帮助者。毛泽东由此进入中共中央的领导核心，形成“毛泽东—洛甫”领导体制。虽然毛泽东当时并未成为党的最高领导人，但是，由于当时党最重要最急迫的工作是军事斗争，军事斗争是覆盖全党一切工作的核心工作，毛泽东参与军事工作的领导，实际上就是对全党主要工作的

[1]《中国共产党第十九届中央委员会第六次全体会议文件汇编》，人民出版社，2021年，第24—25页。

领导。同时张闻天、周恩来都非常尊重他的意见，接受他的主张和建议，他的意见得到中央政治局成员的高度重视和普遍尊重，他的威信和影响力大大超出了他所担负的实际职务。从指导思想上讲，毛泽东的意见和建议成为全党工作的指导思想和决策，在党的各项决策中，他发挥了主导性的作用；从发挥的作用上讲，毛泽东在遵义会议以后的中共中央领导集体中，实际上处于举足轻重的核心地位。因此，毛泽东在全党的领导地位事实上开始形成。

而毛泽东领导的最大特点，是善于把马列主义的原理同中国革命的实际相结合，根据敌我形势和实际情况，调查研究，实事求是，创造性地开展工作。他在湘赣边界秋收起义遭受挫折后，果断地放弃了预定进攻长沙的计划，改向罗霄山脉中段进军，建立井冈山根据地，在实践中探索、开辟了农村包围城市的革命道路。在以毛泽东为首的红军前敌委员会领导下，经过艰苦奋战，红军由弱变强，根据地由无到有、由小变大，并在实践中形成了解决农民土地问题的土地革命路线和游击战、运动战等一整套克敌制胜、行之有效的战略战术。1930 年至 1931 年，毛泽东领导红一方面军连续三次粉碎了国民党的军事“围剿”。在此基础上，形成了地跨湘、赣、闽、粤四省，鼎盛时期拥有 24 座县城、面积近 5 万平方公里、人口约 453 万的中央革命根据地。

毛泽东的这些鲜明的领导风格，和“左”倾教条主义路线格格不入。他之所以在 1931 年 11 月中央苏区第一次党代表大会（通称赣南会议）、1932 年 10 月上旬在宁都召开的苏区中央局会议上，受到“左”倾错误路线的打击，根本点就是他的实事求是、独立思考，对“左”倾路线提出不同看法和执行不力，因此被“左”倾路线领导人排斥，被剥夺了军事指挥权和参与中央决策的权利。

遵义会议使毛泽东进入中央领导核心，是对毛泽东卓越的军事才能和高瞻远瞩的战略思维的肯定，是对毛泽东的实事求是、独立自主的领导风格的肯定，是对毛泽东的正确路线的肯定。中共中央之所以在非常危险的关头选择毛泽东，是把领导党和红军摆脱严重危机的希望和重担寄托在毛泽东身上，从指导思想上说，是要他突破和摆脱“左”倾教条主义的路线，在险境中寻找和开辟摆脱危机的道路，引领党和中央红军走出危局。对于毛泽东来说，一贯坚持实事求是、不囿陈规、勇于创新的他，眼见“左”倾教条主义的领导把革命带入极端危险的境地的他，怎么能再继续遵循和实行过去的、错误的政治路线？也就是说，严酷的客观现实要求改变“左”倾教条主义的领导方式和政治路线，秉承实事求是理念的毛泽东也必然改变他过去就怀疑、给党和红军造成巨大损失的“左”倾教条主义路线。遵义会议使中共中央的组织人员产生变动，必然引发党的指导思想和领导方式发生根本的转变，必然改变过去的政治路线。遵义会议后，中共中央的政治路线的改变，是一种历史的必然。

四、遵义会议后中共政治路线转变的具体表现

遵义会议后中共中央夺取长征胜利和复兴革命的一系列举措，反映了政治路线的转变。比如，在对坚持中央苏区斗争的指导上，明确指示项英等“彻底改变斗争方式，一般都应由苏区方式转变为游击区的方式”；在组织形式上，以短小精悍、分散行动为原则；在斗争方式上，实行占领山地、灵活机动、伏击袭击、出奇

制胜的游击战争的原则。尤其是明确指出："蛮打硬干，过分损伤自己是错误的，分兵抵御是没有结果的"，"在游击活动中，必须特别反对关门主义，反对机械地使用老苏区的一切办法的倾向"。[1]

关于长征落脚点的选择，也是一个重要的证明。博古、李德原定计划是去湘西与红二、红六军团会合，通道转兵后，黎平政治局会议认为"过去在湘西创立新的苏维埃根据地的决定在目前是不可能的，并且是不适宜的"[2]，决定新的根据地应该是川黔边区。后来又有川西北、云贵川、川西、川陕甘、陕甘等多次改变。当发现预想目的地的环境、条件和敌情不适宜建立根据地时，以毛泽东为核心的中共中央不拘泥于已定方案，及时调整、修改计划，从实际情况出发，重新选择、寻找适宜红军生存和发展、有利于推动中国革命的落脚点。经过多次改变，党最后选定陕北为落脚点。这样，粉碎了蒋介石一次次"围歼"的计划，摆脱了一次次的危险，避免了损失；最后建立了领导全国革命斗争发展的战略基地，形成有利于革命发展的战略态势。

再如，在从国内战争向抗日民族战争转变的问题上，根据日本帝国主义制造华北事变的形势，1935 年 8 月 5 日沙窝中央政治局会议明确了党在现阶段的主要任务：党和红军应该更高地举起反日、反帝的旗帜，开展反日、反帝的民族革命。9 月 22 日，毛泽东在哈达铺陕甘支队团以上干部会议上，就行动方针和任务指出："民族的危机一天天加深，我们必须继续行动，完成北上

[1]《毛泽东年谱（1893—1949）》（修订本）上卷，第 447、448 页。陈毅回忆说，当时他反复看了中央 1935 年 2 月 13 日的来电，判断博古、李德是做不出这样的指示的，估计毛泽东可能已回到中央领导岗位，心情十分振奋。

[2]《毛泽东年谱（1893—1949）》（修订本）上卷，第 439—440 页。

抗日的原定计划。”[1]张闻天也在文章中写道：党和红军应该更高地举起反日、反帝的旗帜，开展反日、反帝的民族革命。在长征刚刚到达陕北后，在10月22日吴起镇中央政治局会议上，毛泽东、张闻天都讲到了日本侵略造成反帝革命在全国酝酿的形势，指出：一个新的历史时期开始了，新的任务是保卫与扩大这一苏区，“现在保卫苏区要变为直接的民族革命战争，要把土地革命与反帝直接结合起来”[2]。基于这样的认识，中共中央在1935年11月13日发表了《为日本帝国主义并吞华北及蒋介石出卖华北出卖中国宣言》和指示全党的《关于开展抗日反蒋运动工作的决定》，号召一切抗日反蒋的中国人民与武装队伍，“都应该联合起来为打倒日本帝国主义与蒋介石国民党而血战”[3]；指示各级党组织“必须立即开展反日、反蒋的民族武装自卫运动”，“准备同日本帝国主义直接作战，以开展神圣的民族革命战争”[4]。需要强调的是，党中央的上述决策，是在没有接到共产国际七大精神的情况下，根据当时国内形势而作出的。

还如，统一战线策略发生重大的转变。1934年秋党与陈济棠粤军的谈判，虽然是出于策略的考虑，但它是党进行上层统一战线的一次比较成功的尝试，对党抛弃禁锢党开展统一战线活动的“左”倾路线产生了积极的影响。遵义会议后，党非常注重运用

[1]《毛泽东年谱（1893—1949）》（修订本）上卷，第475页。

[2] 中共中央党史研究室张闻天选集传记组编：《张闻天年谱》上卷，中共党史出版社，2000年，第270页。

[3] 中央档案馆编：《中共中央文件选集》第10册，中共中央党校出版社，1991年，第375页。

[4] 魏建国主编：《瓦窑堡时期中央文献选编》上，东方出版社，2012年，第11页。

统一战线的策略，取得了积极效果。进入四川后，朱德、刘伯承致信川军旅长杨汉忠、许剑霜、邓秀廷和四川“剿总”第一路总指挥邓锡侯，劝他们给红军让道，结果他们都避战让路。刘伯承与彝族首领小叶丹歃血为盟，更是长征途中的佳话。这些尝试，推动党在统一战线问题上特别是在上层统一战线策略上，发生了重大的变化。1935年中共中央到达陕北后，发出《为目前反日讨蒋的秘密指示信》，强调抗日民族统一战线不仅要有下层统一战线，也要有上层统一战线，要和一切抗日反蒋的团体和个人联合起来。张闻天并著文总结了九一八事变后“我们党不会运用我们前面所说的策略”而遭受失败的教训，告诫全党：“党同样应该善于利用上层的统一战线”，“必须寻找每一可能的同盟者，即使是动摇的、暂时的、不可靠的，大胆推动一切抗日反蒋的力量到前线去”[1]。

遵义会议后，中共中央根据形势变化而调整和提出的党的任务、方针、政策、策略，做出的相关重大部署，其指导思想、具体内容和实际效果，与遵义会议前的“左”倾教条主义路线是截然不同的。这方面的事例很多，但以上几个关系全局的事例已经很能说明遵义会议后党的政治路线改变的问题。正因如此，毛泽东在20世纪40年代曾反复说：遵义会议“实际上克服了当作路线的‘左’倾机会主义，解决了当时最主要的问题——错误的军事路线、错误的领导方式和错误的干部政策，实际上完成了由一

[1]《张闻天文集》第二卷，中共党史出版社，1993年，第10、11页。

个路线到另一个路线的转变”[1]。

遵义会议后中共中央的这些调整和改变，为党在瓦窑堡会议上实现政治路线的转变打下了良好的基础。其后，林育英回国传达的共产国际七大精神，深化了党的领导人已有的认识。两者相结合，从而使党完成了政治路线的转变。而党的抗日民族统一战线策略总方针的制定和实践，开创了复兴革命的大好形势，“长征一结束，新局面就开始了”[2]。

五、遵义会议缘何不否定“左”倾政治路线

综上所述，遵义会议改变了过去的政治路线，是确定无疑的。那么就需要解答一个问题：为什么遵义会议没有否定“左”倾教条主义的政治路线？因为遵义会议《决议》写道：“一年半反对‘围剿’的困苦斗争，证明了党中央的政治路线无疑义的是正确的。”[3]所谓遵义会议没有提出和解决政治路线问题的看法，就来自于此。目前关于此说的原因，大致有三种观点：一说是“时间紧急论”，在紧急的战争形势下，党内没有时间在遵义会议上展开对“左”倾教条主义的政治路线的批评；二说是“毛泽东的策略论”，为了集中力量、减少阻力，解决军事领导权的问题，毛泽东有意不批评“左”倾教条主义的政治路线；三说是“多数

[1] 毛泽东起草的关于历史问题的结论草案，1941 年 10 月。中共中央文献研究室编：《刘少奇传（1898—1969）》上，中央文献出版社，2008 年，第 446 页。

[2] 毛泽东：《论反对日本帝国主义的策略》，《毛泽东选集》第一卷，第 150 页。

[3]《中央关于反对敌人五次“围剿”的总结决议》（1935 年 1 月），中央档案馆编：《中共中央文件选集》第 10 册，中共中央党校出版社，1991 年，第 453 页。

人认识未到位”，与会的多数人没有深刻认识到“左”倾领导人的政治路线的错误本质，因此毛泽东等在遵义会议上对其提出的全面怀疑和批评不能实现。三说都有一定的道理，但根本之点恐怕还是与会者认识不到位的问题。

军事路线的错误因为导致失败和损失而暴露无遗，易于被发觉和认识，而政治路线的是与非，容易被别的问题掩盖，不易被马上发觉，认识它需要一个过程。遵义会议上，与会者对军事路线错误的认识非常清楚，因此集中予以批评，毫不留情；而大多数人对政治路线是否错误，认识得不甚清楚（中央领导层对此有明确认识是在 1941 年中央政治局的“九月会议”）[1]，所以，遵义会议《决议》就对“左”倾教条主义的政治路线，一方面（在总体上）肯定是正确的，一方面（在具体分析中）又批评说博古、李德是“机会主义”的错误。

从毛泽东其后的言论判断，遵义会议时期他对“左”倾教条主义的政治路线的错误，有一定的认识。1936 年 9 月他在中央政治局会议上，指出：“遵义会议只纠正了博古的其他错误，没有指出其宗派主义、冒险主义的问题是路线上的错误，这是不够的。”[2] 同年 12 月，在《中国革命战争的战略问题》中指出：在第五次反“围剿”中，“左”倾教条主义“全部的理论和实际都

---

[1] 张闻天 1936 年 9 月 15 日在中央政治局会议上论及过去党的历史时，认为四中全会“领导的总路线是正确的”，但过去在“革命战争的持久性”问题上的错误，以及“进攻时的冒险主义”“防御时的保守主义”都是“原则上的错误”。“当时毛泽东同志的意见是对的，中央是错的”，“过去对党的领导我是负责的”（《张闻天年谱》上卷，第 368 页），仍然是遵义会议时期的认识。

[2] 中共中央文献研究室编：《毛泽东传（1893—1949）》上，中央文献出版社，1996 年，第 435 页。

是错了的。这是主观主义。……这是鲁莽家和门外汉的理论和实际，是丝毫也没有马克思主义气味的东西，是反马克思主义的东西”[1]。这样的认识，显然不是一时形成的，应是长期思考的结果。但是，毛泽东对“左”倾教条主义的政治路线的认识，是否遵义会议时就非常清楚，似乎也难以确定。他对此的清晰认识，是在1940年下半年对六大以来的资料审核过程中形成的。通过对六大以来的历史文献的审核，毛泽东深切地感受到第三次“左”倾教条主义路线对党的严重危害，认识到这是一条比以往各次“左”倾错误路线更完备的新的“左”倾路线。因此在同年12月的中央政治局会议上，指出：第三次“左”倾路线造成的损失，实际上比立三路线时的还大，遵义会议《决议》只说是军事上的错误，没有说是路线上的错误，实际上是路线上的错误，所以遵义会议《决议》须有些修改。[2]由于在遵义会议上，认识不是非常清晰，加之军情紧急、大家认识不清等原因，所以毛泽东也不可能明确地予以指出和展开批评。

但是，在现实斗争中，错误的路线必须改变，于是就出现了遵义会议《决议》没有明确否定以前的政治路线，而在会后实际工作中改变了政治路线的状况。而恰是政治路线的转变，和转变了的军事路线、组织路线协同发力，使遵义会议在关键时刻发挥了特别的作用，成为彪炳史册的一页。

---

[1] 毛泽东：《中国革命战争的战略问题》，《毛泽东选集》第一卷，第206页。
[2]《毛泽东年谱（1893—1949）》（修订本）中卷，第237页。

长征与党对军队绝对领导体制的确立

“党对军队绝对领导”是人民军队的根本原则和军魂。而党委制即党委统一的集体领导下的首长分工负责制，是“党对军队绝对领导”的组织保证和具体化，是其核心点。这一体制的确立与长征密切相关，长征是党对军队绝对领导体制确立的重要关节点。

党委制领导制度的形成和被中止

大革命失败后，党以武装反抗国民党反动派和开展土地革命复兴革命，为此，党领导创建了新型的人民军队。并且在这个过程中，逐步建立了一套党对军队绝对领导的基本制度，从政治上、组织上奠定了建立一支党领导下的新型人民军队的基础。其中，党委制是一个带有根本性的政治制度，它是在探索中形成和完善的。

1927年南昌起义时，中共中央指定周恩来、李立三、恽代英、彭湃组成前敌委员会，“指挥前敌一切事宜”[1]。其后，前委成

[1] 中共中央文献研究室编：《周恩来传》(一)，中央文献出版社，2011年，第157页。

为发动某一地区武装起义和红军部队的领导机关，如湘赣边界秋收起义成立了以毛泽东任书记的中共湖南省委前敌委员会，百色起义时组建了以邓小平任前委书记的中共广西前敌委员会。可以说，由相关领导人员组成、体现党的集体领导的前委，是人民军队党委制的雏形。

在人民军队内部实行集体领导的党委制，开端于 1927 年 10 月初毛泽东领导进行的三湾改编。三湾改编在湘赣边界秋收起义的部队中建立了党的各级组织，“支部建在连上”，班、排设立党小组，营、团建立党委；规定整个部队由前委统一领导，“部队的一切重大问题，都必须经党组织集体讨论决定”。[1]由此，形成从前委到支部的、自上而下的党的组织体系，解决了党直接有效地掌握士兵群众即掌握部队的重大问题，创造性地建立了通过党的组织领导军队的制度，从而使部队置于党的领导之下。

1929 年 12 月，毛泽东主持在福建省龙岩市上杭县古田召开的红军第四军第九次党代表大会，在所通过的《决议》中明确规定：“党对于军事工作要有积极的注意和讨论。一切工作，在党的讨论和决议之后，再经过群众去执行。”并且对此做出具体细化的规定：“党的各种会议（从支部到前委）均须将军事计划及报告列于议事日程，加以讨论和决定”，强调“一成决议，便须坚决执行”。[2] 由此，明确了党对军队绝对领导的原则，明确了以党委制为核心的党对军队的领导体制。正是由于这些决定及其

[1] 中共中央文献研究室编：《毛泽东传（1893—1949）》（一），中央文献出版社，2013 年，第 157 页。

[2]《中国共产党红军第四军第九次代表大会决议案》（1929 年 12 月），《中共中央文件选集》第 5 册，中共中央党校出版社，1991 年，第 802、804、806 页。

深远意义，《古田会议决议》成为人民军队建设的纲领性文献，在建设党的新型人民军队的过程中发挥了重大作用。

但是，1931 年，“左”倾教条主义路线机械地搬用苏联红军的做法，片面强调“政治委员制度”，给予政治委员在本部队中的最高权力：“政治委员有监督一切军事行动、军事行政的权力”，有发布命令和副署命令之权；如果政治委员与同级军事指挥员发生争执，“政治委员有停止军事指挥员命令之权”。[1] 这年 8 月 30 日，“左”倾路线控制的中共中央在《中央给苏区中央局并红军总前委的指示信》中，否决了党委制，批评党委制“以党包办一切，于是军事指挥与政治委员的权能便表现不出来”，并把之上升为严重的政治错误：“这一切都还存留着极浓厚的国民党工作方式的残余。”[2] 据此，11 月 1 日至 5 日召开中央苏区党的第一次代表大会（即赣南会议），正式作出决议：“红军中包办一切军队行政的各级党的委员会应即取消”，“把在红军中超过政治委员政治部职权的各级党的委员会取消，党的一切组织都应该在政治部管理之下，这样才是彻底实行政治委员制度的主要前提”。[3] 由此，在红军中以扭曲的政治委员全权代表制取代了党委集体领导制。

否决党委制的危害

“左”倾教条主义的“政治委员制”，实际上就是政治委员

---

[1] 总政治部办公厅编：《中国人民解放军政治工作历史资料选编》第 1 册，解放军出版社，2002 年，第 602—603 页。

[2]《中共中央文件选集》第 7 册，第 358 页。

[3] 同上书，第 478 页。

“一长制”。它的实行，出现两个方面的问题。一是它由于缺乏集体决策和监督制约的机制，不仅不能增强党对军队的领导，反而容易助长“个人包办”倾向的发展。湘鄂西斗争中，政治委员多次使用最后决定权造成极严重损失。[1]粟裕在回忆红军北上抗日先遣队历史时，反复叙说了政委乐少华滥用所谓“政治委员最后决定权”进行瞎指挥，所造成的严重后果。[2]这些例子，突出地暴露了“政治委员制”的严重缺陷。二是影响甚至损害党对军队的领导。1934年，周恩来就此指出：“我们的政治委员负有保障上级命令执行的绝对责任，如果军事指挥员对命令不了解，或不执行，政治委员要向其解释，监督其执行。可惜得很，我们有些政治委员亦不执行命令，这是更坏的现象。”[3]

概括地说，取消党委制、片面突出扭曲的“政治委员制”，是对党对军队绝对领导的基本制度的一个破坏。

实践中，它为博古、李德等人在中央苏区全面推行“左”倾路线提供了条件，也成为第五次反“围剿”失败和长征初期损失的重要原因。因为其时，中央的决策基本上是政治上博古做主，军事上李德做主，特别是由于博古不懂军事，就把军事指挥大权完全交给了李德，形成李德个人专权党的军事工作的局面。对此，李德自述说：我“参加政治局及其常委讨论军事问题的会

[1] 参见贺龙：《回忆红二方面军》，《近代史研究》1981年第1期。

[2]《粟裕战争回忆录》，解放军出版社，1988年，第113页。

[3] 周恩来：《一切政治工作为着前线上的胜利》（1934年2月7日），中共中央文献研究室、中国人民解放军军事科学院《周恩来军事文选》第一卷，人民出版社，1997年，第318页。

议”，“主管军事战略、战役战术领导、训练以及部队和后勤的组织等问题”，“我掌握了红军行动的决定权”。[1] 1939年9月，李德在给共产国际的报告中，特别说明了他的军事指挥权力的问题：“我单方面地同他（博古——引者注）保持联系，实际上我掌握了红军行动的决定权。”“实际上我对每个涉及红军的问题都提出了建议，并且直到红军进入贵州省之前我的所有建议均被采纳。除此之外，一些建议只由几个同志进行了讨论，主要是博古同志和周恩来同志，因此造成了对集体领导原则的部分违反。最终我直接干预了指挥部和司令部的工作，我自己起草了作战文件。”并且“为维护自己的观点，我表现出过于固执和强硬，结果，确实在中共中央书记博古同志支持下，其他意见受到压制，前线指挥官的提议也常常不予考虑”。[2] 结果，李德脱离中国革命实际的指挥和个人专断，导致了第五次反“围剿”失败和长征初期的严重损失。

长征途中张国焘的军阀主义、分裂主义，与他拥兵自重、党指挥枪的原则和集体领导制度被破坏紧密联系在一起。1937年3月31日，中共中央政治局《关于张国焘同志错误的决定》就此指出：“他用全力在红军中创造个人的系统。他把军权看做高于党权。他的军队，是中央所不能调动的。他甚至走到以军队来威逼中央，依靠军队的力量，要求改组中央的地步。在军

[1]〔德〕奥托·布劳恩：《中国纪事（1932—1939）》，现代史料编刊社，1980年，第46、343页。

[2]《布劳恩给共产国际执行委员会的书面报告》（1939年9月22日于莫斯科），中共中央党史研究室第一研究部译：《联共（布）、共产国际与中国苏维埃运动（1931—1937）》第15卷，中共党史出版社，2007年，第344、345页。

队中公开进行反中央的斗争。最后他不顾一切中央的命令，自动南下，实行分裂红军，成立第二‘中央’，造成中国党与中国苏维埃运动中空前的罪恶行为。”“他以无原则的方法与派别观念团结干部，把个人的威信与党的威信对立。”[1]红一、红四方面军会师后，中共中央为团结张国焘、落实两河口会议北上创建川陕甘根据地的方针，任命张国焘为红军总政委。但张国焘拒不执行中共中央政治局的北上决定，利用总政委的职责违抗中央的屡次训令与电令，把总政委的职务作为其抗拒中央的工具。党和张国焘的斗争，核心是坚持党指挥枪的原则还是军阀主义的以枪指挥党。张国焘的军阀主义和分裂主义，是对党对军队绝对领导根本原则的破坏，也是党的集体领导制度被破坏的严重后果。与此同时，它把“政治委员制”在保证党的绝对领导方面的缺陷，暴露得非常明显。

长征的发生和初期遭受的严重损失、张国焘军阀主义膨胀和分裂主义的发生，充分暴露了放弃党委制集体领导制度的严重危害性。

长征对人民军队党委制领导制度确立的影响

第一，长征中，在清算“左”倾教条主义军事指挥错误的同时，恢复了党对军队绝对领导的基本制度。1935 年 1 月 1 日中共中央在贵州猴场召开的政治局会议，针对李德擅权的状况，明确规定：“关于作战方针，以及作战时间与地点的选择，军委必须

[1]《中共中央文件选集》第 11 册，第 165 页。

在政治局会议上做报告。”[1]这个决定，实际上取消了李德的军事指挥权，是对博古、李德取消军委集体领导、个人包办红军指挥工作的否决和批判。

对党、红军和中国革命具有生死攸关意义的遵义会议，对博古、李德专擅军事领导权的行为提出严厉的批评：他们的“领导方式是极端的恶劣。军委的一切工作为华夫同志个人所包办，把军委的集体领导完全取消”；批评博古放任李德错误指挥是“严重错误”：“他代表中央领导军委工作，他对于华夫同志在作战指挥上所犯的路线上的错误以及军委内部不正常的现象，不但没有及时地去纠正，而且积极地拥护了助长了这种错误的发展。政治局扩大会议认为 ×× 同志在这方面应负主要的责任。”会议检讨和批评了党过去忽略军事领导的错误：“战略战术方面则极少注意，而把这一责任放在极少数的同志身上，首先是 ×× 同志（博古——引者注）与华夫同志。”在《决议》中明确规定：“必须彻底纠正过去军事领导上所犯的错误，并改善军委领导方式。”[2]遵义会议在党对红军的领导体制上，强调实行集体领导的制度。这一重大决策，成为遵义会议解决党的军事路线、组织路线和政治路线的重要内容，意义深远。据此，1935 年 2 月 5 日，中共中央书记处致电坚持中央苏区斗争的项英及中央分局，要求他们“成立革命军事委员会中区分会”，“一切重要的军事问题可经过军委讨论，分局则讨论战略战术的基本方针”。[3] 2 月 11 日，中共中

[1]《中共中央文件选集》第 10 册，第 446 页。
[2] 同上书，第 469、470 页。
[3]《中国人民解放军政治工作历史资料选编》第 3 册，第 32 页。

央及中革军委又致电红二、红六军团，指出："为建立军事上的集体领导，应组织革命军事委员会的分会"，"讨论战略战术的原则问题及红军行动的方针"。[1]随着对博古、李德领导错误的纠正，红军各部队在团以上机构中逐步恢复了党的集体领导制度（实际就是党委制）。党的集体领导制度，对长征的胜利起了有力的保证作用。

第二，在与张国焘军阀主义、分裂主义的斗争中，中共中央强调了党对军队绝对领导的原则和运用了党委决策的制度。沙窝中央政治局会议指出："必须在一、四方面军中更进一步的加强党的绝对领导，提高党中央在红军中的威信"，强调"中国工农红军是在中国共产党中央的唯一的绝对的领导之下生长与发展起来的，没有中国共产党就没有中国工农红军，就没有苏维埃革命运动"，"必须使一、四方面军的每一个同志了解一、四方面军都是中国工农红军的一部分，都是中国共产党中央所领导的"。[2]战胜张国焘分裂主义的因素是多方面的，但强调红军是党的军队，号召"红四方面军中的全体忠实于共产党的同志团结在党中央周围"，同张国焘的机会主义倾向"做坚决的斗争，以巩固党与红军"；[3]运用共产国际和党的组织关系与中共中央西北局会

[1]《中国人民解放军政治工作历史资料选编》第3册，第39—40页。

[2]《中央关于一、四方面军会合后的政治形势与任务的决议（沙窝会议）》（1935年8月5日中央政治局通过），《中共中央文件选集》第10册，第529—530、534页。

[3]《中央关于张国焘同志的错误的决定（俄界会议）》（1935年9月12日），《中共中央文件选集》第10册，第558页。

议集体决策的形式等[1]，发挥了重要的作用。

第三，长征结束后，中共中央总结和汲取了第五次反“围剿”失败和张国焘军阀主义、分裂主义的严重教训，并为适应即将走向全国抗战的形势，强化党对军队的绝对领导。一是，加强军队中党的组织，明确其地位和作用。规定：“健全与加强党在军队中的组织，提高各级党委员会之作用与威信，党的组织应该成为部队生活中的决定的骨干，政治工作的支持与依靠。”并具体规定：“在军、师及独立行动之单位组织军政委员会，这是党的组织，他指导军队的全部政治和军事工作，并向党中央负责。”[2]二是，严厉批评张国焘以军反党的错误，明确和强调党指挥枪的原则。1937年3月，毛泽东在中共中央政治局扩大会议上指出：张国焘“要用枪杆子审查中央的路线，干涉中央的成分和路线，这是完全不对的，根本失去了组织原则。红军是不能干涉党中央的路线的，张国焘在分裂红军问题上做出了最大的污点和罪恶”[3]。会议通过的《中央政治局关于张国焘同志错误的决议》指出：张国焘的错误，“对于全党应该是一个严重的教训”，“更号召全党同志，同张国焘路线做坚决斗争”[4]。在党的六届六中全会上，毛泽东再次针对张国焘同党争

[1] 西北局先后召开的求吉寺会议、岷州会议、漳县会议、洮州会议等，在贯彻中共中央北上战略、纠正张国焘的西进主张等方面，即在战胜张国焘分裂主义方面发挥了重大作用。

[2]《苏区党代表会议组织问题报告提要》（1937年5月10日博古在苏区党代表会议上的报告），《中国人民解放军政治工作历史资料选编》第3册，第820页。

[3] 中共中央文献研究室编：《毛泽东年谱（1893—1949）》（修订本）上卷，中央文献出版社，2013年，第668页。

[4]《中共中央文件选集》第11册，第167、168页。

权的历史教训，告诫全党：“共产党员不争个人的兵权（决不能争，再也不要学张国焘）”，强调党对军队绝对领导是根本的原则：“我们的原则是党指挥枪，而决不容许枪指挥党。”[1]

全国抗战爆发后，中共中央根据抗日战争的形势，在前方设党的军委分会，在八路军、新四军成立军政委员会，明确规定“为健全党的组织，以集体的领导方式来代替政治委员制度，故在师以上及独立行动之部队则组织军政委员会”[2]，“它指导全部的军事和政治及党的工作”[3]。贺龙曾就此评论说：“军政委员会的形式实际上是恢复了党委制。”[4] 解放战争时期，党明确在军队中实行了党委制。

长征中恢复的以党委制为核心的“党指挥枪”的基本制度，从此确立并贯穿在人民军队其后的整个活动之中。

---

[1] 毛泽东：《战争和战略问题》，《毛泽东选集》第二卷，人民出版社，1991 年，第 546、547 页。

[2]《中央关于红军中党及政治机关在新阶段的组织的决定》（1937 年），《中共中央文件选集》第 11 册，第 268 页。

[3]《中央组织部关于改编后党及政治机关的组织的决定》（1937 年 8 月 1 日），《中共中央文件选集》第 11 册，第 312 页。

[4] 李书吾、沈国权：《党对军队绝对领导的根本组织保证——我军党委制的历史考察及其启示》，《军事历史研究》2007 年第 3 期。

延安时期研究

毛泽东与延安时期的学习哲学运动

延安时期，在毛泽东的倡导和推动下，中国共产党曾掀起了空前规模的学习哲学的高潮，并取得了显著的效果。它是当时在全党开展的大规模的学习运动的主要组成部分之一，有力地促进了中共六届六中全会提出的把马克思主义中国化的进程，促进了党的理论建设，为延安整风做了重要的理论准备。

一

毛泽东把哲学视为认识世界和改造世界、正确进行中国革命的重要工具，很早就注意“认识问题的方法论”的问题，[1] 1921年2月，他在阐述社会改造方法时说：“所谓研究主义，是研究哲学上、文学上、政治上、经济上以及各种学术的主义”[2]，把哲学研究放在改造社会方法的突出的地位。本着这样的认识，在后来的学习和革命中，他非常注重哲学的学习。1929年，毛泽东提出要批评“唯心作风”。

长征到达陕北后，鉴于“左”倾教条主义给党和中国革命造

[1]《毛泽东文集》第二卷，人民出版社，1993年，第378—379页。

[2] 陈晋：《毛泽东与先进文化论纲》，《党的文献》2002年第3期。

成的巨大灾难，为了从根本上排除它对党的干扰和破坏，针对“左”倾路线领导人对他“狭隘经验论”的指斥，毛泽东“发愤读书”。（毛泽东后来说：“我因此，一到延安就发愤读书。”[1]）这个“发愤读书”涉及的面很广，但主要是读哲学书。1939年毛泽东在给何干之的信中坦承：他正在大力“作工具的研究，即研究哲学、经济学、马列主义，而以哲学为主”[2]。为此，毛泽东把当时在延安能够找到的国内外哲学书籍，几乎都找来读了。

粗略统计，在这个时期，毛泽东精读了《资本论》《反杜林论》《谈谈辩证法问题》《从猿到人》《唯物论与经验批判论》等马克思主义经典著作，阅读了苏联哲学家西洛可夫、爱森堡的《辩证法唯物论教程》，米丁等的《辩证唯物论与历史唯物论》，阅读了当时在延安能够找到的其他中外哲学著作，如塔尔海玛的《现代世界观》，河上肇的《马克思主义经济学基础理论》，艾思奇的《哲学与生活》《哲学选辑》《思想方法论》，李达的《社会学大纲》等，并且对所读之书写下了大量的批注，比如《毛泽东哲学批注集》一书收入毛泽东研读十本哲学书籍的批注，而其中八本书的批注是延安时期的。

其时，毛泽东对哲学的研究，达到了如饥似渴的程度。亲历其境的美国记者斯诺在《西行漫记》中描写道：“毛泽东是个认真研究哲学的人。我有一阵子每天晚上都去见他，向他采访共产党的历史，有一次一个客人带了几本哲学新书来给他，于是毛泽

[1] 郭化若：《毛泽东抗战初期光辉的哲学活动》，《中国哲学》第1辑，生活·读书·新知三联书店，1979年，第32页。

[2]《致何干之》（1939年1月17日），《毛泽东书信选集》，人民出版社，1983年，第136页。

东就要求我们改期再谈。他花了三四夜的时间专门读了这几本书，在这期间，他几乎是什么都不管了。他读书的范围不仅限于马克思主义哲学家，而且也读过一些古希腊哲学家、斯宾诺莎、康德、歌德、黑格尔、卢梭等人的著作。”[1] 1938年春，潘梓年出版了一本哲学著作《逻辑与逻辑学》，毛泽东对之感觉“颇为新鲜”，于是只用四天时间，就读完了该书。

与此同时，他投入很多时间和精力研究哲学问题。据郭化若、莫文骅回忆，1938年年初，毛泽东约集他俩和何思敬、艾思奇、任白戈、徐懋庸等人，举行哲学座谈会，“采取的方式是每周讨论一次，晚上七八点钟开始，持续到深夜十一二点钟。每次讨论都是由哲学家艾思奇与和培元等先讲，然后讨论。毛泽东同志除了插话，都是在最后讲自己的看法。议论的中心围绕军事辩证法问题较多，实际上是对红军在十年土地革命战争中的经验教训进行理论上的探讨”[2]。并且非常认真地探讨有关问题，如对艾思奇《哲学与生活》中的“差别不是矛盾”的说法提出异议，致信艾思奇说：“其中有一个问题略有疑点，请你再考虑一下，详情当面告诉。今日何时有暇我来看你。”[3]对于陈伯达撰写的《墨子哲学思想》，毛泽东写信告诉他说，“有几点个别的意见，写在另纸，用供参考”，并且连写两信致张闻天转告陈伯达，详列他的七点意见和三点补充意见，“请转伯达同志考虑……是否有当，

[1] 埃德加·斯诺：《西行漫记》，生活·读书·新知三联书店，1979年，第67、68页。

[2]《郭化若回忆录》，军事科学出版社，1995年，第128页；莫文骅：《终生难忘的怀念》，《中共党史资料》第41辑。

[3]《致艾思奇》（1937年），《毛泽东书信选集》，第112页。

请兄及陈同志斟酌”。[1]

面临严峻的战争形势，日理万机，而毛泽东如此痴迷哲学问题的研究，这在中外历史上是罕见的，足以说明毛泽东对学习哲学深远意义的理解和对中国共产党理论建设的重视。

二

在自己刻苦研读的同时，毛泽东大力倡导全党学习哲学。

第一，强调学习哲学对党的极端重要性。毛泽东总结党的历史经验和教训，清楚地认识到：“一切大的政治错误没有不是离开辩证唯物论的。”[2]1937年6月5日，他在中共中央政治局会议上分析党建立15年来所犯错误特别是“左”的错误、党内存在“左”的传统时，特别强调了“唯物辩证法思想在党内还没有普及与深入的原故”，他分析说：“党还只有十五年历史，马克思主义的理论与实际的传统还不十分深厚，解决问题还不能样样带马克思主义原则性，还没有很早及人人都学好唯物辩证法。”要彻底地克服“左”倾习惯和传统，“在于普及与深入马克思主义的方法论（唯物辩证法）于多数干部中”。[3]有鉴于此，他反复强调了用辩证唯物主义和历史唯物主义武装全党的重要性。陈云回忆说：“毛主席说过，我们共产党内能有100多到200人真正学通

---

[1]《致陈伯达》（1939年2月1日）、《致张闻天》（1939年2月20日），《毛泽东书信选集》，第140、144页。

[2]《毛泽东哲学批注集》，中央文献出版社，1988年，第311页。

[3] 毛泽东：《关于十五年来党的路线和传统问题》（1937年6月5日），《毛泽东文集》第一卷，第508、510页。

了哲学，那么我们能够打败帝国主义。”[1]把学习和掌握马克思主义哲学的重要性，提升到关系党是否犯错误和能否夺取中国革命胜利的高度。

第二，号召全党学习哲学。陈云当时有一个思想困惑：人为什么会犯错误？像党的领导人陈独秀、瞿秋白、李立三都是有学问的人，为什么还会犯错误？自己过去也犯过错误，犯错误是否因为经验少？他曾就此向毛泽东请教。毛泽东告诉他，犯错误的重要原因是“思想方法不对头”，建议他读哲学著作，学习唯物辩证法。陈云回忆说，“那时毛主席叫我们都要学哲学”[2]，“毛泽东同志亲自给我讲过三次要学哲学”[3]。针对中日军事力量悬殊、中国抗日战争面临非常严峻的形势，毛泽东对郭化若说：“用唯物辩证法说明军事问题，大有文章可做。”[4]指示郭化若撰写《军事辩证法之一斑》，运用唯物辩证法探讨战争的本质，战争与政治、经济的关系，战略战术的同一和差别，战略的全局性和战术的局部性等。[5]毛泽东反复指出党存在理论水平不高的严重缺陷，号召全党通过学习特别是哲学学习来弥补这些不足。1938 年 9 月，在他倡导下成立的新哲学会，在《新哲学会缘起》中指出：目前“在哲学上、在理论上，我们更缺少较专门化的东西，这是抗战以来我们的理论工作中的一个很大的缺陷”。指出该会的目

[1] 转引自《当代中国研究所纪念陈云诞辰 100 周年学术座谈会发言摘登》，《当代中国史研究》2005 年第 4 期。

[2] 同上。

[3]《陈云文选（1956—1985）》，人民出版社，1986 年，第 257 页。

[4] 周尝棕：《郭化若与〈孙子兵法〉》，《百年潮》1999 年第 5 期。

[5] 发表在 1941 年的《八路军军政杂志》上。

的是“把目前做得不很够的理论工作推进一步”，把当时在延安的各个学科的学者组织起来，推动大家运用辩证唯物主义和历史唯物主义“来研究一切抗战建国的经验教训，研究一切的其他的科学”。[1]1940年在新哲学会第一次年会上，毛泽东指出：“理论这件事是很重要的，中国革命有了许多年，但理论活动仍很落后，这是大缺憾。要知道革命如不提高革命理论，革命胜利是不可能的。过去我们注意的太不够，今后应加紧理论研究。”[2]

第三，大力宣讲辩证唯物主义和历史唯物主义。毛泽东相继撰写了《论反对日本帝国主义的策略》《中国革命战争的战略问题》《实践论》《矛盾论》《论持久战》等富有哲学思想的论著。如《论反对日本帝国主义的策略》运用马克思主义的辩证法，对党的抗日民族统一战线策略做了完整的分析和系统的说明；《中国革命战争的战略问题》运用唯物辩证法，分析“左”倾盲动主义军事路线的错误，系统地阐明了有关中国革命战争战略方面的诸问题；《实践论》和《矛盾论》分别从辩证法和认识论两个方面对中国革命的历史经验作出了哲学总结。在《论持久战》中，他运用对立统一规律特别是矛盾特殊性的理论，具体分析了中日双方互相矛盾着的基本特点以及它们的相互关系和发展趋势，揭示了战争的发展规律和基本过程，得出了“抗日战争是持久战”“最后胜利是中国的”的正确结论。需要特别说明的是，这些论著最先都是在会议和学校讲演的。

---

[1]《新哲学会缘起》,《解放》第53期（1938年9月30日）。

[2] 中共中央文献研究室编：《毛泽东年谱（1893—1949）》（修订本）中卷，中央文献出版社，2013年，第194页。

毛泽东后来回忆说："那时我可讲得多，三天一小讲，五天一大讲。"[1]如《论反对日本帝国主义的策略》是在瓦窑堡党的积极分子会议上讲的，《实践论》《矛盾论》是为抗大学员讲课的内容，《论持久战》是在延安抗日战争研究会上的演讲。通过这些大量的、听众甚多的演讲，强劲地宣传了马克思主义的哲学思想。

第四，采用多种方式，推进哲学的学习和研究。比如，艾思奇的《大众哲学》以通俗的语言深入浅出地"把哲学还给民众"，毛泽东非常重视该书，不仅自己反复阅读，而且把它作为延安干部学习的重要教材。他特意致信在西安红军办事处工作的叶剑英，要求多买一些《大众哲学》带回延安，"作为学校与部队提高干部政治水平之用"[2]。比如，毛泽东提议成立了延安新哲学会[3]和中国古代哲学研究会，通过学会及其学术活动来推进对哲学的学习和研究。毛泽东积极参加新哲学会和中国古代哲学研究会的活动，以自己的表率作用来带动大家深入探讨哲学问题。再如，鼓励研究哲学问题。1937年，毛泽东致信艾思奇，称赞其《大众哲学》，说"我读了得益很多"[4]。艾思奇备受鼓励，其后有大量哲学著述发表，成为延安哲学学习的一面旗帜。1940年，范文澜在延安新哲学会上做了一个关于中国经学简史的讲演，毛泽东称

---

[1] 金冲及主编：《毛泽东传（1893—1949）》下，中共文献出版社，1996年，第603页。

[2]《致叶剑英、刘鼎》（1936年10月22日），《毛泽东书信选集》，第80页。

[3] 所谓新哲学，就是马克思主义的哲学，即辩证唯物论和历史唯物论。

[4]《致艾思奇》（1937年），《毛泽东书信选集》，第112页。

赞之："用马克思主义清算经学这是头一次。"[1]在得知陈伯达在北平中国大学开过先秦诸子课后，毛泽东提议他在延安举办中国古代哲学讲座，并经常去听。毛泽东一去，许多人也跟着去听，陈伯达在延安理论界的名声由此而起。1939年1月，陈伯达写出《墨子哲学思想》一文，毛泽东致信陈伯达，称赞说："这是你的一大功劳，在中国找出赫拉克利特（赫拉克利特为古希腊唯物主义哲学家——笔者注）来了。"[2]陈伯达受到鼓舞，于是又写了《孔子的哲学思想》《老子的哲学思想》，毛泽东两次去长信，提出自己的意见，用以鼓励。

三

经过毛泽东的倡导和推动，整个延安学哲学蔚然成风，形成空前规模的学习哲学的热潮。

一是成立了一些研究哲学的团体。如延安新哲学会，从1939年夏天成立，一直持续到延安整风运动后期，组织了一系列活动宣传和普及马克思主义哲学，成为在延安颇负盛名的哲学学术团体。中国古代哲学研究会，由毛泽东任组长（会长），陈云任副组长（副会长），参加者有党政军主要负责干部四五十人，它也坚持到1942年，主要学习中国古代哲学家的哲学思想。1940年年初，先后成立了"自然辩证法讨论会"（又叫"《反杜林论》读书会"）和"自然科学研究会"（到1941年年底，该研究会会员

---

[1]《致范文澜》（1940年9月5日），《毛泽东书信选集》，第163页。

[2]《致陈伯达》（1939年2月1日），《毛泽东书信选集》，第140页。

达到330人)。

二是出版了许多马列主义的哲学著作。如《马克思恩格斯关于唯物史观的书信》《列宁关于辩证法的笔记》《哥达纲领批判》《马克思学说的历史命运》《马克思与马克思主义》《列宁主义基础》《反杜林论》《斯大林的早年哲学思想》等。编纂了一批哲学教科书,如艾思奇的《哲学讲座》,柯柏年、王石巍的《马克思恩格斯及马克思主义》,周扬的《马克思主义与文艺》,博古的《辩证唯物论与历史唯物论基本问题》,吴亮平和艾思奇的《唯物史观》,艾思奇的《哲学选辑》以及《马恩列斯思想方法论》,以解放社名义出版的《马克思恩格斯论中国》等。

三是组织了许多学习小组。毛泽东组织了一个哲学小组,开始时成员有艾思奇、吴亮平、何思敬、和培元、杨超、陈伯达。"这个活动,后来被一些高级领导同志知道了,他们也自愿地参加座谈讨论,由于人数增多,又移址于兰家坪中组部的大窑洞。这一活动激起了人们学习研究哲学的浓厚兴趣。"[1]如萧劲光、许光达、陈伯钧、莫文骅等都参加了进来。小组每周活动一次,每次总是毛泽东先提出一些问题,让大家准备,然后一起讨论。杨超回忆说:有一次,"当时毛主席在小组中征求对他著作的意见,讨论时毫无拘束,就在他家中开会。……我们在讨论中,有一段主要矛盾和主要矛盾阶段的论述,在会议中大家都敞开思想,发言踊跃。对主要矛盾阶段问题讨论中有人讲:'主席,如果说有主要矛盾阶段,那么非主要矛盾阶段和次

[1] 郭化若:《在毛主席身边工作的片断》,杨春贵编著《毛泽东的哲学活动——回忆与评述》,中共中央党校科研办公室,1985年,第157页。

要矛盾阶段如何解释？’以后，主席就把这种思想概括在《矛盾论》中矛盾运动的形式、过程、阶段的概念中，充实了矛盾运动过程论的思想”[1]。

在毛泽东的带动下，延安各机关纷纷成立哲学研究小组。他们经常举行新哲学报告会、座谈会、讨论会，开展新哲学的学习研究活动。

张闻天在中央宣传部成立了一个学习小组，后来中央文委、中央办公厅等机关的人员也都来参加，学习小组扩大成为100多人的学习集体。“这个小组是依照艾思奇同志的提纲进行学习的。提纲是分章分节写的。艾思奇同志每一个星期或两个星期写一节。写完一节，就油印出来，发给全组的同志。”时为中央宣传部哲学小组成员的温济泽回忆时说，“小组每星期开会一次，艾思奇同志是组长，我是秘书，每逢星期六开会，朱德、张闻天、罗迈（即李维汉）、徐特立、柯柏年、萧劲光、莫文骅等同志都参加了，学习时间大概是一年半。”[2]

中央组织部也成立了一个学习小组，陈云与李富春任正副组长。陈云回忆说：“我连续学了5年。那时毛主席叫我们都要学哲学……我是中央组织部长，我们有6个人在一起学习，我一个、王鹤寿一个、王德一个，还有李富春、陶铸、陈正人。”[3]他们每天上午九点以前为自学，每周集体讨论一次。学习小组重点

[1]《延安时期毛泽东哲学思想》，陕西人民教育出版社，1993年，第135页。

[2]温济泽：《和艾思奇同志相处的日子》，温济泽等编《延安中央研究院回忆录》，中国社会科学出版社、湖南人民出版社，1984年，第203—204页。

[3]转引自《当代中国研究所纪念陈云诞辰100周年学术座谈会发言摘登》，《当代中国史研究》2005年第4期。

学习哲学，先后把《哲学选辑》《唯物史观》等作为教材。

中宣部、中组部的这两个小组由于坚持得好、活动开展得好，被评为当时延安干部学习的模范小组。

据江华回忆，毛泽东在抗大为他们讲授“辩证法唯物论”，但由于他们这一期结束在抗大的学习时，哲学课还没有讲完，于是“中央又举办了一个哲学训练班，邵式平同志任班主任，学员都是中央和军委机关以及边区党政机关的领导干部，还有抗大的部分学员，共100多人，仍由毛主席讲课。我也参加了这个训练班”[1]。

四是经常举办各种类型的哲学演讲。当时在延安的学者和培元、艾思奇、吴亮平、柯柏年、王学文、王思华等都有大量的哲学演讲，他们有的讲军事辩证法，有的讲实际生活中的哲学问题，有的介绍中外哲学史方面的知识，有的介绍哲学方法。仅举一个时期演讲的题目为例：艾思奇演讲《孙中山先生的哲学思想》，陈唯实演讲《斯大林对唯物辩证法的新发展》，周扬演讲《契尔那夫斯基的美学》（即车尔尼雪夫斯基），范文澜演讲《中国经学史的演变》，何思敬演讲《黑格尔的逻辑学》，郭化若演讲《军事辩证法》，和培元演讲《形式逻辑和辩证法》，陈伯达演讲《中国近代哲学思潮》。这些演讲，大部分发表在延安当时出版的《解放》周刊、《中国文化》月刊、《八路军军政杂志》和《解放日报》上。

五是介绍学习研究哲学的方法。如艾思奇发表了《怎样研究辩证法唯物论》《正确的工作态度和工作方法就是辩证法——学习哲学的基本认识》《关于研究哲学应注意的问题》《反对主观主

[1]《追忆与思考——江华回忆录》，浙江人民出版社，1991年，第165页。

义》等，和培元发表了《论新哲学的特性与新哲学的中国化》，徐特立发表了《怎样学习哲学》，刘亚生发表了《研究新哲学的方法问题——贡献给初学新哲学者的一点意见》等。

四

延安的哲学学习运动，对党的理论建设产生了深刻的影响。

第一，研读哲学成为干部教育的重要内容。从1937年5月起，毛泽东每星期二、四上午给抗大第二期学员讲授“辩证法唯物论”，历时3个月，讲课110多个小时。“知识青年学员普遍反映，听了毛主席讲哲学，眼睛亮了，视野宽了，抗战决心大了，争取胜利的信心足了。”时在抗大任职的胡耀邦总结说，抗大“第二期收了一批知识青年，取得了一些教育经验，最重要的经验就是让学员掌握哲学武器”。[1]鉴于哲学学习的重要性，哲学被列入延安在职干部教育计划，广大干部也积极参加到学习哲学之中去。曾任中共青海省常委，青海省、江西省副省长，中共江西省委政法委员会副书记，江西省第六届人大常委会副主任的郑校先回忆说：“1939年底我入军政学院学习，除集中上课外，其他时间主要就是阅读学院发的教材，自学时间较多。马克思恩格斯原著《资本论》《费尔巴哈论》《反杜林论》等书，很难读懂，要逐字逐句很费力地去研读、去理解，每小时只能读5页左右，等于是硬啃下来的。”[2]不仅在延安，敌后抗日根据地也掀起了学习哲

[1]《郭化若回忆录》，第122页。

[2] 郑校先：《回忆在延安的学习生活》，《中华魂》2004年第11期。

学的热潮。1940年朱德在延安召开的学习大会上指出："在学习上，延安是师傅，我们是跟着延安走的，这里学什么，我们那里也学什么。"前方学习的空气确实是热烈的，根本不愿意学习的占极少数，师长、旅长、团长都参加了学习。通过学习，"不论在战略战术上、政治工作上、文化娱乐工作上、群众运动上，都更提高了一步"[1]。

1937年二三月进入抗大学习的江华回忆说，在抗大学习期间，"给我印象最深、最有教益的是毛主席讲授的哲学课"。"听毛主席讲授哲学，是我第一次系统地学习马克思主义理论。它对我以后的革命和人生道路产生了重要的积极影响，使我开始懂得一点运用辩证唯物主义的立场、观点、方法去分析问题，解决矛盾。""现在回想起来，过去几十年革命实践中，凡是能够坚持调查研究，实事求是，一切从实际出发，工作就顺利，有成绩；否则，就不顺利，甚至犯错误。真可以说，学哲学，终身受益。"[2]

第二，为党确立实事求是的思想路线做了重要的理论准备。此前，党的思想路线在很长时间里存在两种严重的偏差，一是教条主义盛行，机械地背诵马克思、列宁的原话，机械地照搬照抄苏联的经验，机械地执行共产国际的指示，机械地执行上级的决定；二是形而上学非常严重，"非左即右""不革命即反革命"的思维颇为突出，结果造成严重的损失。毛泽东号召学习哲学的目的非常明确，就是在思想战线上清除教条主义的影响，确立实事

[1]《朱德同志在延安在职干部学习周年总结大会上的讲话》，《解放》第110期，第7页。

[2]《追忆与思考——江华回忆录》，第165、166页。

求是的思想路线，他说："我们要反对主观主义，就要宣传唯物主义，就要宣传辩证法。"[1] 哲学就是明白学，是理性思维。通过学习马克思主义哲学的运动，从认识论上、思想认识根源上清除教条主义，对全党是一次重大的思想武装。特别是在中央领导层，认识客观实际、遵循规律成为许多人的共识。朱德指出："学习马列主义，第一便要求能正确地认识客观现实、认识世界。……第二个要求，便是理论与实践的一致，把理论运用在实际中来改造实际，从改造实际中更加丰富了发展了理论的内容。"[2] 任弼时指出："我们学习理论，是为了了解一切事物发展的规律，我们要知道革命运动的规律，知道社会发展的规律，也就是我们行动有办法，而不是盲目的乱碰。""要把工作做好，我们就要能够依据当前运动发展的规律，依据理论去分析该地方的各种情形，那我们才能够正确的实现党的路线，使我们党的路线在实践当中收到很大的效果。"[3] 叶剑英指出：世界上一切东西的发展都有它的规律性，获得这个规律要具有一个武器，这就是唯物辩证法。要把唯物辩证法正确地运用在军事领域中，作为判断情况、定下决心、指导战争的唯一法宝。[4] 张闻天指出：哲学应更多研究中国革命的实际问题，使新哲学会的研究与实践斗争更密切地联系起来，使新哲学会的研究成为生动的、

[1] 毛泽东：《整顿党的作风》(1942年2月1日)，《毛泽东选集》第三卷，第827页。

[2]《朱德同志在延安在职干部学习周年总结大会上的讲话》，《解放》第110期，第7、8页。

[3]《任弼时同志在延安在职干部学习周年总结大会上的讲话》，《解放》第110期，第9页。

[4] 中国人民解放军军事科学院编：《叶剑英年谱（1897—1986）》上，中央文献出版社，2007年，第343页。

实际的、有兴趣的工作。张闻天还从向群众学习、尊重群众的实践经验的角度，论述了辩证唯物主义的认识论："没有群众的革命实践，就不会有马列主义。马列主义根据社会发展规律与革命运动规律的正确把握而预测未来，指导未来。但群众的实践是无穷的，它比马列主义所能预见的要复杂得多，丰富得多。所以党必须不断的向群众学习，总结他们实践中的一切新的经验，以丰富与发展马列主义，使党能够更好的领导群众。"张闻天并指出："群众的实践是测量党的领导之是否正确的最后标准。党要根据群众的实践来考验党的决定的是否正确，如果群众的实践证明党的决定是不完全正确的，那党必须根据群众实践的经验来校正或修改党的决定；如果群众的实践证明了党的决定是错误的，那党必须抛弃过去的决定，根据群众实践的新的经验，来重新采取新的决定。"[1]陈云强调了思想方法的重要性："理论上、思想方法上搞好了，对党对革命是有很大好处的。"[2]在一定意义上，大规模的哲学学习为推进延安时期的马克思主义中国化进程、为延安整风运动打下了良好的基础。

第三，大幅度地提高了毛泽东的威信。遵义会议上，毛泽东增补为中央政治局常委，进入党的领导核心，事实上确立了毛泽东在党中央和红军的领导地位。但应该说，这是针对当时军情紧急的一种选择，主要是对毛泽东军事领导才能的看重。而毛泽东在陕北的大量的哲学研读和著述，大幅度地提高了他的理论水

---

[1] 张闻天：《略谈党与非党员群众的关系》（1939年11月7日），《张闻天文集》第三卷，中共党史出版社，1994年，第32页。

[2]《陈云文选（1926—1949）》，人民出版社，1984年，第193页。

准。他的大量充满唯物论、辩证法的论著，展现了他的高瞻远瞩和深厚的理论修养，因此得到党的领导层的普遍认同和钦佩，毛泽东在党内和党的领导层的威望空前提高。陈云、任弼时在这时的谈话很有代表性。1941 年 10 月，陈云在中央书记处和政治局会议上发言时说："遵义会议前后，我的认识有一个过程。会前不知道毛主席和博古他们的分歧是原则问题，对毛主席也只是觉得他经验多。遵义会议后，开始知道毛主席是懂军事的。红军南渡乌江后，方才佩服毛主席的军事天才。到莫斯科及回国后直至十二月会议，在独立自主问题上、徐州会战问题上，对毛主席有了更多的了解，认识到他是中国革命的旗帜。""过去我认为毛泽东在军事上很行，因为长征中遵义会议后的行动方针是毛泽东出的主意。毛泽东写出《论持久战》后，我了解到毛泽东在政治上也是很行的。"[1] 任弼时在 1943 年九月政治局会议上说：中央苏区时认为毛泽东"有独特见解，有才干"；"一九三八年到莫斯科及回国后，阅读了毛泽东的《论持久战》《新民主主义论》《中国革命战争的战略问题》，又看到毛泽东在处理国共关系、领导整风运动以及对各种政策之掌握，对毛泽东则完全'爱戴佩服'，而且'认识到他一贯正确是由于坚定的立场和正确的思想方法'"。[2] 陈云、任弼时对毛泽东由"军事上很行"到"政治上也是很行的"，由"有独特见解，有才干"到"他一贯正确""完全'爱戴佩服'"的认识变化，主要是由于毛泽东的一系列论著所引起

[1] 中共中央文献研究室编：《陈云年谱》上卷，中央文献出版社，2000 年，第 330—331、328 页。

[2] 中共中央文献研究室编：《任弼时年谱》，中央文献出版社，2004 年，第 452、453 页。

的。中国共产党自成立起，就非常重视理论建设，看重理论，毛泽东有深刻的感受，他在后来评论六届六中全会时说“六中全会以前虽然有些著作，如《论持久战》，但是如果没有共产国际指示，六中全会还是很难解决问题的”[1]。毛泽东强调的是共产国际指示的重要性，但单独提出《论持久战》等论著，反映了党内重视理论的现象。而毛泽东的富有哲学思想的论著，充分证明了他的深邃的理论修养，全党绝大多数人为之折服。应该充分肯定这一点的重要性，作为党的领袖，毛泽东理论水准的大幅度提升，为正确地领导中国革命、制定正确的路线方针政策策略，提供了理论条件；而全党对他的崇敬、中央领导层对他的认同，从组织上保证了党的正确的路线方针政策策略的贯彻执行，因此意义是非常重大的。

第四，有力地促进了领导干部的理论水平和工作能力的提高。中国共产党一成立就投入到激烈的革命斗争中，存在理论准备不足的缺陷，党在大革命和土地革命时期犯错误与之紧密相关。毛泽东倡导的学习哲学运动，目的就是改变广大党员和干部理论水平普遍偏低的状况，通过理性思维，特别是克服弥漫全党、危害甚烈的教条主义，以及把共产国际决议和苏联经验神圣化的错误倾向。它是延安时期全党大规模学习运动的先导，又是这个运动的主要组成部分，并且是成效显著的部分。因为马克思主义哲学是清除教条主义、形而上学思维的锐利武器。它给人耳目一新的感觉，可以使人产生恍然大悟的效果。陈云的话很

[1] 中共中央文献研究室编：《毛泽东文集》第三卷，人民出版社，1996年，第425页。

有代表意义："延安整风时期，毛泽东同志提倡学马列著作，特别是学哲学，对于全党的思想提高、认识统一，起了很大的作用。"[1]"毛主席的一个无可比拟的功绩，是从遵义会议到抗日战争胜利，为我们党培养了一代人。……一批老同志以及'三八式'的一大批干部，为抗日战争的胜利和全国的解放准备了人才。"[2]陈云本人由此受益很多，他后来多次讲到，在延安那段学习对他帮助很大，自从学习哲学以后，讲话做事才有了唯物论、辩证法，可以说终身受用。他说："毛泽东同志亲自给我讲过三次要学哲学。在延安的时候，有一段我身体不大好，把毛泽东同志的主要著作和他起草的重要电报认真读了一遍，受益很大。我由此深刻地领会到，工作要做好，一定要实事求是。"[3]李先念也是运用哲学武装自己的一个典型。1938 年他入马列学院学习，"学习特别用功"，"特别用功于哲学"。[4]李先念在中国革命和建设中的多谋善断及其丰功伟绩，和他在这个时期的学习紧密地联系在一起。

[1]《陈云文选（1956—1985）》，第 257 页。

[2] 转引自《当代中国研究所纪念陈云诞辰 100 周年学术座谈会发言摘登》，《当代中国史研究》2005 年第 4 期。

[3]《陈云文选（1956—1985）》，第 257 页。

[4]《李先念传》编写组编：《李先念传（1909—1949）》，中央文献出版社，2009 年，第 293 页。

中共中央领导人年谱中几则史实表述之辨思

中共中央领导人年谱中，有几则史实的表述，各不相同，并且个别表述容易使人生疑。这种情况，会影响人们的理解和对史料的运用。因此，我围绕这几则史实，提出自己的思考。

一、中共中央总结东征、决定西征会议的地点和会议类别

1936 年 5 月，红一方面军东征返回陕北后，中共中央召开会议进行东征总结和研究西征部署，并对红一方面军人事安排进行了调整。这是一次非常重要的会议。但关于这次会议，在中央领导人年谱和传记中记载很不相同。《张闻天年谱》称：5 月 8 日至 9 日，“主持在延长县交口镇太相寺召开的中共中央政治局扩大会议”[1]。《毛泽东年谱》没有这次会议的记载，但有相关活动：5 月 13 日，“出席红一方面军团以上干部大会”，地点是“延川县大相寺”；[2]《毛泽东传》的记载与《张闻天年谱》相同：在“延

[1] 中共中央党史研究室张闻天选集传记组编:《张闻天年谱》上卷，中共党史出版社，2000 年，第 320 页。

[2] 中共中央文献研究室编 :《毛泽东年谱（1893—1949）》（修订本）上卷，中央文献出版社，1993 年，第 540 页。

长县交口太相寺”，“在五月八日召开中央政治局扩大会议。毛泽东出席会议，作了‘目前形势与今后战略方针’的报告”。[1]《周恩来年谱》的记载是：5月8日、9日，“在大相寺出席中共中央负责人及红一、红十五军团干部会议。会议总结红军东征的经验，决定西征”[2]。《彭德怀年谱》的记载是：5月13日，“出席于延川大相寺召开的团以上干部会议（一说政治局扩大会议）”[3]。《叶剑英年谱》的记载是：5月8日、9日，“中共中央在延长县大相寺召开政治局扩大会议”[4]。《杨尚昆年谱》的记载是：“5月8日至9日，出席在延长县交口镇大相寺召开的中央政治局扩大会议，讨论东征回师后的战略方针问题；5月13日，出席延川县相国寺举行的红一方面军团以上干部大会，总结东征。”[5]

这样就出现两个问题，一是会议地点，是叫“大相寺”还是“太相寺”，该地属于“延长县”还是“延川县”。经查，延长县交口镇没有“太相寺”或“大相寺”的地名[6]，延川县关庄乡有叫“太相寺”的村庄。而延川关庄、禹居、文安驿等地，是东征

[1] 中共中央文献研究室编：《毛泽东传（1893—1949）》上，中央文献出版社，1996年，第384页。

[2] 中共中央文献研究室编：《周恩来年谱（1898—1949）》，人民出版社、中央文献出版社，1989年，第308页。

[3] 王焰主编：《彭德怀年谱》，人民出版社，1998年，第144页。

[4] 中国人民解放军军事科学院编：《叶剑英年谱（1897—1986）》上，中央文献出版社，2007年，第126页。

[5] 中共中央党史研究室编：《杨尚昆年谱（1907—1998）》上卷，中共党史出版社，2007年，第225页。

[6] 笔者家乡就在交口镇，自幼在那里生活并曾工作几年，知道全镇基本情况，在村庄中并无“大相寺”之名。20世纪70年代当地开辟毛泽东等领导人东征途经交口镇的旧居以志纪念，但无中央领导人开会的旧址。

红军回师后的驻地，因此，此地在延川县域应是确定的（大部分红军将领回忆会议的地点是在延川县，现在当地中共党史表述也是延川县）。至于“大相寺”还是“太相寺”之谓，按理应是“大相寺”，因为当地方言把“大”发成近似“太”的音，但是现在延川地图或当地称谓都是“太相寺”。

二是会议名称和时间。即是一次中央负责同志与红一方面军干部的会议，如《周恩来年谱》和《彭德怀年谱》之说；还是分别召开过中央政治局会议和红一方面军团以上干部会议，如《毛泽东传》《杨尚昆年谱》的表述。

参加东征并参加东征总结会议的红军将领的回忆基本一致。时任红一军团政委的聂荣臻回忆说：5月14日，一方面军在大相寺召开团以上干部会议，洛甫讲话，博古参加。[1]红十五军团政委程子华回忆说：“中共中央于一九三六年五月十四日至十七日，在延川大相寺召开了红军团以上干部会议，我和徐海东出席了会议。”[2]中央军委卫生部部长黄克诚回忆：“五月中旬，中央在大相寺召开了一次由军队团以上干部参加的会议，毛泽东在会上批评了红一军团在调人调物支援兄弟部队方面的本位主义。”[3]时任红四师第十一团政治委员的李志民回忆：1936年5月14日，中共中央在陕北延川县大相寺村召开了团以上干部会议（即“大相寺会议”），总结抗日先锋军“东征战役”的经验。[4]教导营政委王宗槐回忆：1936年5月中旬的一天，我参加了在大相寺召开的

---

[1]《聂荣臻回忆录》，解放军出版社，2005年，第250页。
[2]《程子华回忆录》，解放军出版社，1987年，第127页。
[3]《黄克诚回忆录》，解放军出版社，1989年，第249页。
[4]《李志民回忆录》，解放军出版社，1993年，第281页。

红一方面军团以上干部会。我记得这次干部会是在一个大席棚里开的，主要是总结东征，动员西征。[1]红一军团第四师政治部副主任王平回忆：（1936年）5月14日，红一方面军在延川县大相寺召开了团以上干部会议，毛泽东、周恩来、张闻天、博古、彭德怀等中央领导参加了会议。[2]红四师通信主任张震回忆：5月13日，红一方面军在延川县大相寺召开团以上干部会议。[3]红军将领的回忆，与《毛泽东年谱》《杨尚昆年谱》的记载相吻合，基本可以肯定：在1936年5月13日（一说14日），在延川县大相寺召开了红一方面军团以上干部会议。

那么，在红一方面军团以上干部大会之前，是否召开了一次中央政治局扩大会议呢？答案应该是肯定的。第一，召开会议是毛泽东和彭德怀建议的，4月28日21时，毛泽东、彭德怀致电张闻天："东面的情况已根本地发生变化，丧失了继续作战的可能，为稳固计决定西渡。""提议开政治局会议讨论新的行动方向及其他与此关连的问题，地点拟在延长。"[4]5月5日红军全部返回陕北后，在8日、9日开会合乎情理。在军情紧急时刻，确定红军战略发展问题的会议不可能拖得太晚。第二，《张闻天年谱》使用的是当时的会议记录，内称：5月8日至9日，"主持在延长县交口镇太相寺召开的中共中央政治局扩大会议"，"政治局全体"和"各军团首长"出席，毛泽东作"目前形势与今后战略方针"

[1]《王宗槐回忆录》，解放军出版社，1995年，第107页。

[2]《王平回忆录》，解放军出版社，1992年，第140页。

[3]《张震回忆录》上，解放军出版社，2003年，第111页。

[4]《毛泽东年谱（1893—1949）》（修订本）上卷，第538—539页。

的报告。[1]除了“太相寺”属地有误外，主要内容应该是准确的。第三，从张闻天、周恩来的行迹看。张闻天5月初从瓦窑堡赴延长迎接东征红军，10日，他致电李维汉说，“我明日动身回瓦”；13日，致电彭德怀、毛泽东：“我们十二日到瓦。”[2]由此判断，张闻天在“太相寺”参加的会议只能在5月10日以前。周恩来5月2日至5日在延长一带迎接东征红军，5月12日与张学良举行第二次延安会谈。按照当时的交通条件，从延长到延川、从延川到延安，均需要两天时间，即周恩来在“太相寺”参加会议的时间也只能是5月8日至9日。他们的行止时间说明他俩不可能参加5月13日召开的红一方面军团以上干部会议，参加的只能是另一次会议，即许多记载中的在5月8日召开的中央政治局扩大会议。第四，程子华的回忆有助于理解两次会议的关系，他说：“五月十一日，中央在延川县大相寺村召开了中央政治局扩大会议”，“十四日，红一方面军总部在大相寺召开团以上干部会议，传达和讨论了中央政治局扩大会议精神”。[3]

这里，还有几个小问题需要辨析：（一）4月28日，毛泽东、彭德怀提议召开政治局会议，“地点拟在延长”，为什么改变在延川的“太相寺”了？主要是因为红军和毛泽东、彭德怀等领导人是从清水关、铁罗关西渡黄河，而这些渡口在延川县境。（二）《杨尚昆年谱》记载两次会议分别在“大相寺”和“相国寺”召开，但实际应是一地，因为“大相寺”本是“相国寺”，因其比较大

[1]《张闻天年谱》上卷，第320页。

[2]同上书，第321页。

[3]《程子华回忆录》，第126页。

而称为“大相国寺”，简略为“大相寺”。（三）关于张闻天、博古出席红一方面军干部会议的回忆，有误，因为此时张闻天等已经离开“太相寺”了。另外，关于会议日期的回忆，有的也存在差错。

二、关于1936年5月15日中共中央政治局常委会议的地点和参加者

这次会议的议题是“对外邦如何态度——外国新闻记者之答复”。其时，美国记者斯诺即将来访，这是中国共产党让国内外特别是世界了解自己的一次十分重要的活动，中共中央非常重视。这次会议专门为此召开，主题是讨论如何回答斯诺的提问。斯诺的访问非常成功，而这次会议是斯诺采访苏区整个过程的一个重要环节，因此颇为人们重视。但关于会议地点，《毛泽东年谱》《王稼祥年谱》《杨尚昆年谱》都说在“大相寺”，《张闻天年谱》没有说地点，但说由张闻天主持会议，《张闻天传》则说会议地点在瓦窑堡。但如前所述，张闻天11日“动身回瓦”“十二日到瓦”，其时不在大相寺。当然从时间上说是可能的，12日到瓦窑堡，13日再启程返回大相寺，14日到，15日开会，但从情理上说，颇不合理。而且如果在大相寺召开，时在该地的周恩来应参加，但《张闻天年谱》记载的与会者是博古、王稼祥、凯丰，以及罗迈、林伯渠、杨尚昆、吴亮平、陆定一，而无周恩来。另外彭德怀也应参加，因为在1936年1月17日中央政治局会议上，经张闻天提议并得到通过，决定彭德怀、张浩参加政治局工作。此后，彭德怀参加了中央政治局的许多会议。其时，彭德怀

就在大相寺，但会议记录中没有他。综合思考，这次会议的地点应该不是大相寺，而是当时中央机关的驻地瓦窑堡。

关于毛泽东与会问题。《毛泽东年谱》记载："在大相寺出席中共中央政治局常委会议，会议讨论国际关系和我党的外交政策问题。"[1]并记录了毛泽东的发言要点。《张闻天年谱》说出席会议的有毛泽东、博古等，并专门注明这次会议记录所列与会人员名单"漏记毛泽东"。但其时毛泽东在大相寺。《毛泽东年谱》记载：5月13日出席红一方面军团以上干部大会，作"目前形势与今后战略方针"的报告，"15日晚，作大会结论"。[2]如果确定会议是在瓦窑堡召开，则毛泽东不可能与会。

三、关于红二方面军番号使用问题

红二方面军组成于1936年7月5日，这是确凿无误的，但在此前就出现了使用该番号的现象。5月20日，以张浩、张闻天、毛泽东、周恩来、博古、彭德怀、林彪、徐海东等名义致张国焘等电报中，有"弟等对于兄等及二、四两方面军全体同志之艰苦奋斗表示无限敬意"[3]之语。以后又多次使用"二方面军"的称谓，如5月25日，以张浩、张闻天、毛泽东、周恩来、秦邦宪、彭德怀、林彪、徐海东等名义致朱德、张国焘、刘伯承、徐向前、陈昌浩并转任弼时、贺龙等电报中，指出：红一方面军西

[1]《毛泽东年谱（1893—1949）》（修订本）上卷，第541页。
[2] 同上。
[3] 同上书，第542页。

征，“向陕、甘、宁发展，策应四方面军与二方面军”[1]，并建议在国内国际政治形势暴风雨般向前发展之时，“四方面军与二方面军，宜趁此十分有利时机与有利气候速定大计，或出甘肃，或出青海”[2]。6月19日，张浩、张闻天、周恩来、毛泽东、彭德怀电告朱德、张国焘并转任弼时：“关于二、四方面军的部署，我们以为宜出至甘肃南部，而不宜向夏、洮地域。”[3]张国焘也使用“二方面军”的番号，如1936年5月30日他致电林育英，在询问“国际代表团现如何代表中央职权”的问题中，有“对二方面军如何领导”之问。6月1日，四方面军红军大学政治部编写的宣传教育材料，在讲到全国素有声望的红军主力时，把一、二、四方面军并列。6月10日，张国焘、朱德、徐向前、陈昌浩复电张浩、张闻天、毛泽东、周恩来、秦邦宪、彭德怀、林彪、徐海东，表示“一致同意”5月25日来电，说“拟于六月底出动，向夏、洮西北行动，大约七月二十日前后可达夏、洮。二方面军大约六月二十号前后集甘孜休息十天跟进”。[4]7月2日，张闻天致电博古，说：“二方面军（与四方面军）已正式汇合。……国焘已同意我们上次出甘南的指示。”[5]在二方面军尚未组建时，就使用其番号和称呼，颇令人疑惑。

实际上，组建二方面军，是中共中央很早就有的设想。1931

[1] 中国工农红军第四方面军战史编辑委员会编：《中国工农红军第四方面军战史资料选编（长征时期）》，解放军出版社，1992年，第520页。

[2] 同上书，第524页。

[3] 同上书，第543页。

[4] 同上书，第526、540页。

[5]《张闻天年谱》上卷，第336页。

年12月4日，中共中央在《关于敌军进攻的军事布置，红军的行动方向与编制》的指示中，提出："鄂豫皖第四军应扩充编成第四、第九两军。湘鄂西第三军应先编足两师。鄂北红九军改成独立师。在此三部分打通后，应成立红军第二方面军，归鄂豫皖苏区革命军事委员会管辖。"[1]但在此前的11月7日，鄂豫皖地区的红军已经成立了红四方面军。[2]1933年5月12日，中央军委在"关于红军的组织机构的变更及干部的任免给各军的通知"中，提到一、二、四方面军，说明中央还有组建二方面军的计划，但没有说明以哪支红军组建。在中央苏区红军和鄂豫皖红军组建为第一、第四方面军后，以作为主力红军的二、六军团组建二方面军，似在情理之中，但长征前也未能组建。

具体考察一下，二方面军的成立，应该与中共中央和张国焘分裂主义斗争紧密相关。中共中央率红一方面军主力单独北上后，因通信密码留在红军总部，与红二、六军团失去联系。只有红军总部保持与红二、六军团的联系。1936年3月23日和30日，朱德、张国焘以红军总司令、总政委名义两次致电二、六军团，提议："最好"你军"与我们会合，一同北进"。[3]对于这个决策，朱德后来对二方面军同志回忆说："他（指张国焘）没有决定北上前，是想叫二方面军在江南配合他，他好在甘孜呆下来保存实

[1] 中央档案馆编：《中共中央文件选集》第7册，中共中央党校出版社，1991年，第542页。

[2] 1932年3月，张国焘、陈昌浩在给中央的报告中说：鄂豫皖地区的红军"仍命名为红军第四方面军，将来再改称第二方面军"[张国焘、陈昌浩：《关于豫南、皖西战况给中央的报告》（1932年3月21日）]。后来并没有付诸实践。

[3] 中共中央文献研究室编：《朱德年谱（新编本）》（1886—1976）上，中央文献出版社，2006年，第559、560页。

力，他的中央就搞成了。他想北上时，才希望二方面军渡江北上。”同时，他又“怕二方面军和他作对，搞不到一起”。“我想二方面军过江对我们就气壮了，所以总想你们早点过来好。”“过江不是中央指示，是我们从中抓的，抓过来好，团结就搞起来了”，“二方面军过江，我们气壮了，北上就有把握了”。[1]已与中央失去联系的贺龙、任弼时把朱、张的电报当成中央的命令，在30日晚复电朱、张，决定放弃在黔西南地区建立新根据地的计划，率部北上。31日，朱德、张国焘、徐向前、陈昌浩将之电告林育英和时在山西东征前线的中央领导人。

但是，在张国焘自设“中央”、否认中共中央的情况下，调动二、六军团北上的决定，引起中共中央的担心，4月1日，以林育英之名义致电朱德、张国焘：“二、六军团在云贵之间创立根据地，是完全正确的”，“将二、六军团引入西康的计划，坚决不能同意”。[2]但是，张国焘没有理睬这个异议，二、六军团不知道这些情况，所以仍然依令北上了。

目前没有材料说明中共中央成立二方面军的具体决策过程，但在5月20日致张国焘等的电报中提出“二方面军”的番号，应当是有深意的。在川北方面，除已有的四方面军之外，新的“二方面军”自然就是由即将到来的二、六军团组建了。这大约是中央防止张国焘控制二、六军团的一种措施。

张国焘对此的最初态度也无具体资料说明，但从他在接到

[1]《朱德委员长谈二方面军渡江同四方面军会合前后的经过情况纪要》(1960年11月9日)，中共中央文献研究室编:《朱德传》，人民出版社，1997年，第371页。
[2]《朱德传》，第371页。

林育英等5月20日电报后，在5月30日致林育英电中，也使用“二方面军”番号看，他是同意把二、六军团编为二方面军的。此时，张国焘因南下失败、其分裂党和红军的问题而非常焦虑，迫切希望了解共产国际对党和红军领导权限的态度，他在致林育英电中说：“弼时等快到了，不能再不确定，请速明白答复。”[1]并且决定取消其“中央”，于是在6月3日，以朱德、张国焘、陈昌浩、徐向前联署发出“军委、总部仍恢复到一、四方面军会合时的旧制”的电报通知。而其中的一个主要内容就是：“决定成立方面军。以陕北红军为一方面军，二、六军（团）为二方面军，四、五、九、卅、卅一、卅二六个军为四方面军。”[2]应该说，这是张国焘依照陕北中央的意见作出的决定。7月5日，组建红二方面军的命令，也是他用一、四方面军会合时的中革军委名义下达的。[3]

而把三十二军编入二方面军，则是朱德、贺龙的智慧。1960年11月9日，朱德回忆此事说：“后来任、贺来了，我和他们背后说如何想办法去会合中央，如何将部队分开，不让他指挥。贺老总很聪明，向他要人要东西，把三十二军带过来了，虽然人数少，但搞了他一部分。”[4]贺龙要求四方面军支援，张国焘最后答应把红三十二军（原九军团）编入二方面军。

正是因为二方面军的组建有这么复杂的情况，才出现了7月

[1]《中国工农红军第四方面军战史资料选编（长征时期）》，第526页。

[2]郝成铭、朱永光主编：《中国工农红军西路军（文献卷上）》，甘肃人民出版社，2004年，第115页。

[3]同上书，第136页。

[4]《朱德委员长谈二方面军渡江同四方面军会合前后的经过情况纪要》（1960年11月9日），《朱德传》，第376页。

5日成立而在5、6月间已经使用“二方面军”番号的情况。

四、关于中共中央西北局成立时间和中共中央“批准”的问题

《毛泽东年谱》《周恩来年谱》《张闻天年谱》都称：1936年7月27日，中共中央西北局成立，张国焘任书记，任弼时任副书记，朱德、关向应、贺龙、徐向前、王震、陈昌浩等为委员。并都称“中共中央批准”；而《朱德年谱》仅写中共中央西北局成立，没有“中共中央批准”的表述。这又显得矛盾，并且“中共中央批准”的提法颇使人生疑。因为让张国焘在四方面军成立中共中央西北局之事，颇为复杂。1935年12月22日林育英致电张国焘劝告他注意党内团结时，就提议张国焘可以组织由驻莫斯科中共代表团代管的中共中央西北局或西南局，认为“此或为目前使党统一的一种方法”[1]。1936年1月24日，林育英在劝张国焘取消其第二“中央”时，又向之提议“可即成立西南局直属代表团”。张闻天同一天的电报也说：“成立西南局，直属国际代表团，暂时与此间发生横的关系。”[2] 但张国焘的答复是仍不承认党中央，“亦可兄处和此间同时改为西北局和西南局”[3]。直至6月6日，张国焘被迫取消其“中央”，成立“西北局”（本应为“西南局”，因电文错译而称“西北局”）。但他仍不承认陕北的中央，宣称在

[1]《中国工农红军西路军（文献卷上）》，第71页。

[2] 同上书，第82、83页。

[3] 同上书，第88页。

陕北的党中央也取消中央名义："我们双方都同时取消中央的名义，中央的职权由驻国际的代表团暂行行使。……在陕北方面，现在有8个中央委员7个候补委员，我们这边有7个中央委员，3个候补委员，国际代表团大约有20多个同志，这样陕北方面设中央的北方局，指挥陕北方面的党和红军工作。此外当然还有白区的上海局、东北局，我们则成立西北局，统统受国际代表团的指挥。"[1] 直至6月27日，张国焘关于二、六军团与四方面军在甘孜会师的电报，对致电方的称谓仍是"育英、北方局同志和一方面军首长"[2]，仍不承认在陕北的中共中央。对于张国焘的这种否认中央的态度，中共中央是清楚的，为团结、争取张国焘和四方面军，1936年5月20日，中共中央致电张国焘等，表示："中央与四方面军的关系，可如焘兄之意暂时采用协商方式"[3]。5月30日，张国焘回复林育英："我们赞成此间对一方面军暂取协商关系，对北方局（指陕北的中共中央——笔者注）取横的关系，原则上争论由国际或七次大会解决。"[4] 这种关系，虽然不正常但当时双方都认可了。正因如此，5月29日毛泽东在致彭德怀等电报中，通报说："对国焘关系承认临时采取协商方式。"[5] 因此，中央与张国焘往来电报都是以张浩、张闻天、毛泽东、周恩来、博古、彭德怀等在陕北的领导人列名的方式，而不是用中共中央或中央书记处的名义。甚至如7月22日关于形势和二、四方面

---

[1]《中国工农红军第四方面军战史资料选编（长征时期）》，第534页。

[2] 同上书，第545页。

[3] 同上书，第520页。

[4] 同上书，第526页。

[5] 同上书，第525页。

军“宜迅速出至甘南为有利”的电报，8月3日热烈欢迎二、四方面军北上的电报，仍是以张浩、张闻天、毛泽东、周恩来、秦邦宪、彭德怀名义致电张国焘、朱德、任弼时的；并且用词也比较委婉，多含建议的语句，比如9月15日毛泽东、周恩来、彭德怀致电张国焘等，提出四方面军应以主力控制隆静会定大道，“以上建议请考虑”。直到9月26日张国焘西进青海计划失败后，他致电张浩、张闻天、毛泽东、周恩来、秦邦宪、王稼祥、贺龙、任弼时、刘伯承，称：“关于统一领导万分重要，在一致执行国际路线和艰苦斗争的今天，不应再有分歧。因此我们提议：请洛甫等同志即用中央名义指导我们，西北局应如何组织和工作，军事应如何领导，军委主席团应如何组织和工作，均请决定指示，我们当遵照执行。”[1] 其自1935年9月以来否认中共中央的态度至此发生变化。也就是在此之后，陕北的中共中央才用“中央书记处”和下令的方式。也就是说，在7月27日，中央与张国焘之间的问题并没有解决，张国焘并不认同中共中央。那么，在他不承认并因此而闹分裂，中共中央为争取他而多所迁就的时间，怎么可能有“批准”这样的手续呢?

对于西北局的成立，当事人的说法可以让我们了解个大概。张国焘1937年2月6日发表的《从现在来看过去》中说：“一九三五年一、四方面军在川西北地区会合时，我与当时的党中央有过分歧；但在十二月决议后，我和党中央在政治上很自然的归于一致。在这政治上一致的基础上，又在西康地区自动的取

[1]《中国工农红军第四方面军战史资料选编（长征时期）》，第722页。

消自称中央的错误行为，成立西南局。”[1]言下之意西北局（他称为“西南局”）是他“自动”成立的。徐向前回忆说是双方协商成立的：“取消‘临时中央’的问题，大家都很关心，经张国焘与中央磋商，决定由二、四方面军领导人组成西北局。”[2]任弼时1936年7月9日给二方面军领导干部的信说：“我们到包座后，朱、张等同志提出留我暂在西北局工作一时期，我以快将会合和随二方面军单独行动必要等理由，多方拒绝，但会议上的决定是兼顾西北局工作，并以副书记职名义加之，说明必要时仍随二方面军行动。”[3]从张国焘、徐向前、任弼时的说法，大约可以得出一个概念：西北局虽然是中共中央为争取张国焘而早就同意成立的，但其具体成立是在二、四方面军会师后，由张国焘等在一次会议上确定的，并且在1936年7月27日以前就成立了。

总之，虽然现有公开出版的资料不能说清楚西北局成立的详细过程，但“中共中央批准成立”和1936年7月27日成立的表述，与当时的历史状况颇多不合。

---

[1]《中国工农红军第四方面军战史资料选编（长征时期）》，第1095页。

[2]《徐向前回忆录》，解放军出版社，2007年，第361页。

[3]《中国工农红军西路军（文献卷下）》，第95页。

试析 1936 年 9 月中共中央政治局会议决议关于党的组织问题的规定

延安时期中国共产党的组织建设获得空前发展，制定和实行正确的党员标准，是其中一个重要原因。而在这个过程中，1936 年 9 月中共中央政治局会议关于党的组织问题的决定，颇引人注目，问题的焦点是关于吸收非工农成分先进分子入党的规定。历史证明，吸收非工农成分先进分子入党，意义重大，但在实践中，它经历了一个复杂的过程。有鉴于此，很有必要对这一规定进行一番考察：它是怎么来的？后来又是怎么演变的？当时党在这方面的政策到底是怎样的？其结果如何？弄清这些问题，有助于加深对延安时期党的建设经验的认识和汲取。

1936 年 9 月中央政治局会议关于党的组织问题的决议，是针对 1935 年 12 月中央政治局会议决议而来的。1935 年 12 月，长征到达陕北的中共中央召开了著名的瓦窑堡会议，制定了抗日民族统一战线的总方针，并且在确定党的政治路线转变的同时，决定组织建设必须与此相适应。会议决议指出：“中国共产党是中国无产阶级的先锋队。他应该大量吸收先进的工人雇农入党，造成党内的工人骨干。同时中国共产党又是全民族的先锋队，因此一切愿意为着共产党的主张而奋斗的人，不问他们的阶级出身如何，都可以加入共产党。一切在民族革命与土地革命中的英勇战士，都应该吸收入党，担负党在各方面的工作。”并具体提出：

“能否为党所提出的主张而坚决奋斗，是党吸收新党员的主要标准。社会成分是应该注意的，但不是主要的标准。应该使党变为一个共产主义的熔炉，把许多愿意为共产党主张而奋斗的新党员，锻炼成为有最高阶级觉悟的布尔什维克的战士。”决议还针对着党内组织发展中的关门主义倾向，说：“党不惧怕某些投机分子的侵入。”[1]1936 年 9 月中央政治局会议则对此予以否定，这次会议通过的决议指出：“扩大与巩固共产党，保障共产党政治上组织上完全独立性，和内部的团结一致性，是使抗日的民族统一战线与民主共和国得到澈底胜利的最基本的条件。因此在苏区内特别在非苏区内有系统的征收党员是非常必要的，但必须避免大批入党的办法，而只吸收经过考察的工人农民与革命知识分子入党。在这个意义上，去年中央十二月决议中‘一切愿意为着共产党的主张而奋斗的人，不问他们的社会出身如何，都可以加入共产党’与‘党不怕某些投机分子侵入’的意见是不正确的。”[2]

变化的内容有几个方面，但焦点是如何对待非工农成分人员的入党问题，是“只吸收经过考察的工人农民与革命知识分子入党”呢，还是其他成分的进步分子也可以入党？

为什么仅仅过了九个月，中央就对前一个决议关于组织问题的决定予以否定呢？主要原因只有一个，就是共产国际对此提出了批评。按照当时的惯例，共产国际执委会书记处调阅了瓦窑堡会议的决议，并于 1936 年 8 月 15 日致电中共中央书记处，在肯定瓦窑堡会议制定的政治路线的同时，对该会组织发展问题的决

[1]《中共中央文件选集》第 10 册，中共中央党校出版社，1991 年，第 620—621 页。
[2]《中共中央文件选集》第 11 册，第 98 页。

定提出批评。指出："使我们特别感到不安的，是你们关于一切愿意入党的人，不论其社会出身如何，均可接收入党和党不怕某些野心家钻进党内的决定……在有步骤地进行党员征集工作和特别在国统区要加强这项工作的时候，必须避免大批接收新党员的做法，而只能接收工人、农民和学生中那些优秀的经过考验的人加入党的队伍。"[1]由于中国共产党是共产国际的一个支部，在组织上必须接受共产国际的指示；由于共产国际在当时对中国共产党人有巨大的威望，因此中共中央根据共产国际的指示，修改了瓦窑堡会议的决定。

如果历史地进行考察，就可以发现瓦窑堡会议关于党的组织问题的决议，有以下几个特点：第一，它批判了第三次"左"倾路线领导时期在组织工作上的"关门主义"倾向，体现了党的"有成分但不唯成分论"的一贯思想。第二，它遵循了党的组织建设必须适应政治建设的基本原则。第三，它与党历来的入党条件相一致（第三次"左"倾路线领导时期除外），如党的一大关于党员的条件规定："凡接受我党的纲领和政策，愿意忠于党，不分性别、国籍，经过一名党员介绍，均可成为我们的同志。"六大党章规定："凡承认共产国际和本党党纲及党章，加入党的组织之一，在其中积极工作，服从共产国际和本党一切决议案，且经常缴纳党费者，均得为本党党员。"[2]虽然六大党章有它的时代特征，但它和一大党章所体现的为党的工作而奋斗的精神，与瓦窑

[1] 中共中央党史研究室科研局编译处编：《国外中共党史中国革命史研究译文集》第一集，中共党史出版社，1991年，第420—421页。
[2]《中共中央文件选集》第4册，第468页。

堡会议的精神是相同的。第四，瓦窑堡会议强调了两个方面：一个是从党的阶级基础中发展党员，且是“大量”的；另一方面强调了以“一切愿意为着共产党的主张而奋斗”作为吸收新党员的标准，即非基本阶级和阶层中这样的人也可以入党。

很明显，瓦窑堡会议关于党的组织发展的决议是符合中国历史实际的，而1936年9月根据共产国际的指示而修改的决定有很大的局限性，是不符合中国实际的。中国半殖民地半封建的国情，决定了共产党在组织发展过程中社会成分的多面性。中国近代社会的两大主题是民族独立、人民解放和国家富强、人民富裕，这是中国人民的最大愿望和最大利益，也是中国人民的最大奋斗目标，不但工人、农民和小资产阶级有革命的愿望和要求，在他们中间可以产生为中国革命奋斗的先进战士，而且民族资产阶级和社会其他人群也有这样的愿望和要求，在他们中间也可以产生这样的先进战士。因此作为领导中国人民革命的领导核心，党的组织就不仅要吸纳工人、农民和小资产阶级中产生的无产阶级的先进战士，而且应该吸纳在民族资产阶级及其他社会人群中产生的为中国革命事业奋斗的先进战士。

中共中央明显注意到了这个问题，因此很快就对1936年9月中央政治局会议“只吸收经过考察的工人农民与革命知识分子入党”的提法，做出修正和补充。在作出上述决议三个月后，即1936年12月20日，在《中央关于不同地区的地方工作指示》中，指出：在友军区域（即国民党统治区域），到处应该建立党的秘密组织，“注意挑选可靠的有能力的优秀分子入党”[1]，而没有规定这些“可

[1]《中共中央文件选集》第11册，第138页。

靠的有能力的优秀分子”的阶级成分。1937年1月3日,《中央关于统一战线区域内党的工作的基本原则草案》,在强调吸收经过考察的工人农民及学生入党的同时,规定:“其他各阶层与各派别的个别先进分子要求入党时则必须得到中央及各地区的中央局与中央分局的批准。”[1] 1937年5月10日,时任中央政治局常委、中央组织部部长的博古在苏区党代表会议所作的组织问题报告中,又指出:“注意调节成份只吸收工农及革命的智识分子入党,对其他成份应该经过郑重的审查与延长候补期。”[2] 这里,并没有否决非工农成分的人入党,而只是提高了他们入党的审批条件。6月,中央政治局常委、负总责者张闻天在白区党代表会议的报告中,在讲到对待群众团体积极分子时说:“我们必须物色与团结其中的积极分子,依靠他们去推动其他广大的群众。……注意于教育积极分子,推动他们在群众中活动,告诉他们活动的方法,并吸收其中最优秀者入党。”[3] 他也没有限制入党者的阶级成分。8月,中央军委总政治部在关于新阶段的部队政治工作的决定中,指出:“吸收党员应从政治上考察。”这就又恢复到瓦窑堡会议决议的精神了。

此后,党在关于从非工农基本群众中发展优秀分子入党问题上的认识,越来越清楚,政策也越来越明确。1939年5月30日,时任中组部部长的陈云在《怎样做一个共产党员》中说:“为了保证党在政治上组织上的纯洁,支部征收新党员的工作,必须把前提放在每个党员的日常群众工作的基础上,在群众运动的

[1]《中共中央文件选集》第11册,第150页。

[2] 秦邦宪:《苏区党代表会议组织问题报告提纲》,《中共中央文件选集》第11册,第223页。

[3] 张闻天:《白区党目前的中心任务》,《中共中央文件选集》第11册,第244—245页。

斗争中发现积极分子，发现愿意并且能够为共产主义而奋斗的分子，接近他们，教育他们，向他们解释共产主义，吸收他们入党。”“对于在日常斗争中和革命运动中训练出来的其他阶级出身的分子，党并不拒绝将他们吸收到自己队伍中来，但是他们必须放弃自己原有的非无产阶级的、非共产主义的立场，承认党纲党章，才能允许加入党的组织。”[1]1940 年，他又指出：详细考察每个党员的社会出身和家庭背景，这是党所必须做的，但“党在考察党员时主要是观察党员的政治立场和对党的事业的实际表现。党也懂得，在反动的家庭和社会环境中未尝没有革命的子女”[2]。1941 年 12 月，陈云进一步对这个问题做出充分的阐述，他说：“共产党是无产阶级的先锋队，党员成分基本上必须是工人、农民及其他小资产阶级分子。但在中国的特殊环境下，不仅可能而且应该吸收中上层社会出身或其他社会地位与中上层有联系的分子入党，只要他们不是投机分子，而是抛弃原有阶级利益，决心为共产主义而牺牲一切者。因此，目前在巩固党的现有基础的同时，必须加强中上层分子中的工作，适当地吸收革命的中上层分子入党，以增强党在中上层社会中的力量。但吸收中上层分子入党，既不能降低入党条件，也不能将一切可能入党者全数收入党内。党不仅要考察他们是否已经具备入党的政治条件，同时必须估计到他们入党之后是否更利于革命活动。依据‘党内小党外大’的原则，大多数进步的中上层分子应该暂时只作党外共产主义者而不必入党。只有必要吸收入党者，才应吸收入党。”[3]作为党在

[1]《陈云文选（1926—1949）》，人民出版社，1984 年，第 69 页。
[2] 同上书，第 133 页。
[3] 同上书，第 162—163 页。

组织工作方面的主要负责人，陈云在公开发表的文章和给各地的电报指示中讲的这些话，表达的是中央的认识、中央的方针和政策。显然，陈云的表述与瓦窑堡会议的决议基本上是一致的。

1945 年，党召开了在党的历史上具有深远意义的七大，七大通过的党章明确规定："凡承认本党纲领和党章、参加党的一个组织并在其中工作、服从党的决议并缴纳党费者，均得为本党党员。"[1] 并对各个阶级、阶层中进步分子入党的介绍、考察、审批做出了具体的规定。七大的这些规定与六大通过的党章及瓦窑堡会议通过的决议，其基本精神是一脉相承的，可以说它体现了党在对待工农、小资产阶级以外的进步分子的一贯政策。

民主革命时期，党在发展非基本群众中的积极分子入党中所遇到的最大问题，是如何对待要求进步的国民党党员。国民党是代表大地主大资产阶级利益的政党，它坚持一党专政，执行狂烈的反共政策，是中国共产党在政治上的主要对手。但由于它曾有革命的历史，并且是当时中国的执政党和第一大党，因此有不少怀有为国为民愿望的人加入了国民党。其中一些人在认识了国民党的本性后，觉悟了，那么对他们要求加入中国共产党的申请应如何对待呢？对此，1941 年 11 月 22 日，中共中央作出《中央关于抗日根据地内国民党员加入共产党的决定》，明确指出："国民党是一个成分复杂的大政党，其中大体可分为反共分子、中间分子与进步分子三类。同时在过去的反共分子与中间分子中，也有由于经验和思想的进步，转而信仰共产主义者。因此不区别反共分子、中间分子与进步分子，一概接收入党，是错误的。同时怀

[1]《中共中央文件选集》第 15 册，第 118—119 页。

疑每个要求入党的国民党员为反共分子，一律拒绝入党，也是错误的。”根据这样的分析，《决定》规定：“对于因职业关系，或集中受训而被迫加入国民党者，如果现在确愿为共产主义而奋斗，要求加入共产党并坦白声明他加入国民党的一切经过，而又具备入党条件时，可以照一般新党员入党手续接收入党。”“对于曾在国民党党部服务，预闻机密，负有政治责任，现在抛弃他原有政治立场，坦白声明他过去在国民党内一切工作经过，并确愿为共产主义奋斗而要求入党者，经过审查和证明之后认为具备入党条件者，可以吸收入党。”针对国民党的具体情况，中央的《决定》具体指出：“国民党内有许多派别（例如CC、复兴、土CC、土复兴及各种地方派别），这些派别常常依靠政治势力或其他办法，强迫他人入党。因此一般国民党员，常常是某一小组织的党员。因此党接收国民党员入党时，除严格拒绝反共分子乘机混入外；不因为他加入过某一小组织而拒绝其入党，但必须详细考察他加入某一小组织的经过，和现在工作上思想上的进步程度。”“国民党员已经加入了共产党后（不论是否加入过国民党的小组织），只要他是忠实的共产党员，则不能因为他过去的政治生活而加以歧视，应与一般共产党员有同样的权利义务，得到同样的信任。”[1]

事实上，党在实际工作中也没有完全局限在1936年9月中央政治局会议的决议中。这次会后，党还是把一些在革命斗争中表现十分突出的非工农成分中的先进分子吸纳入了党的组织。如，申伯纯，地主家庭出身，长期在冯玉祥、杨虎城部队做事，

[1]《中共中央文件选集》第13册，第236—238页。

曾任国民党西安绥靖公署兼十七路军交际处处长、政治处处长，1937 年 3 月入党；阎宝航，曾任奉天基督教青年会干事、总干事，时任蒋介石新生活运动促进委员会书记、国民政府军事委员会少将参议，1937 年 9 月，由博古和刘澜波介绍，加入中国共产党；刘少白，山西著名绅士，有许多土地，也从事商业活动，1937 年加入中国共产党；沙千里，上海著名大律师，1938 年加入中国共产党；齐燕铭，大学讲师，济南《救国时报》主编，1938 年入党；高士一，曾任国民党河北省政府河务委员、河北人民自卫军第五路军总指挥，1938 年入党；常恩多，国民党第五十七军第一一一师中将师长，1939 年 4 月经中共山东分局批准加入中国共产党；何基沣，国民党第二十九军旅长、第七十七军第一七九师师长，1939 年 1 月入党。进入 20 世纪 40 年代后，此类的情况更多。如国民党第三十八军军长赵寿山，曾任吉林省警备司令、长春戒严司令、吉林第十五师师长兼第十旅旅长、吉林省依兰镇守使兼第二十四旅旅长、吉林自卫军总司令的李杜，曾为张学良东北军抗日同志会核心成员、东北竞存学校校长的车向忱，都被吸收加入了中国共产党。甚至曾为蒋经国十分信任，担任国民党政府国防部预备干部局代局长、预干团团长、预干第一总队队长等要职的贾亦斌，国民党精锐部队——伞兵三团团长刘农畯，曾为蒋介石侍从室上校参谋、国民党上海港口警备司令部副司令兼上海铁路运输指挥官的段仲宇等，也在 1949 年 4 月 1 日，经中共上海局批准加入了中国共产党。

综上所述，根据 1936 年 9 月中央政治局会议关于党的组织问题的决议的由来、其后党在这方面认识和政策的演变，及党在实际工作中的情况，我们可以得出的结论是：1936 年 9 月中央政治局会议关于党的组织问题的决议，是根据共产国际指示而作出的，是由于外在因素下的一时的改变，是一个偶然的变化，党并没有因此而从根本上改变了从非工农等基本群众中吸收先进分子入党的政策，瓦窑堡会议的精神实际上是一直延续下来了。

当然，1936 年 9 月中央政治局会议关于党的组织问题的决议，在两个方面也还是有积极意义的。第一，它关于瓦窑堡会议决议中“党不怕某些野心家钻进党内”的批评，是正确的，对此后党的建设尤其是在组织发展方面的工作，敲了警钟，以后党在有关组织发展问题的决定和指示中，都反复强调了这一点。联系民主革命时期叛徒、内奸给党和革命事业造成的重大损失，其意义尤其重要。第二，它所指出的“必须避免大批接收新党员的做法”，是对第三次“左”倾路线时期出现的征收“小集团”整批入党，只要报名、不审查就吸收入党的现象的否定，是有积极意义的，也为党中央所接受，以后中共中央也反复向全党强调了坚持个别征收党员的问题。

同时，还应看到，党后来在肯定和坚持瓦窑堡会议关于组织发展问题的决议的精神时，在非基本成分党员的发展中，非常注意在考察、介绍、审批等方面的把关，程序是十分严格的。这对保证党的组织的纯洁是非常重要的。

《关于若干历史问题的决议》与中共七大

1945年4月20日中共六届七中全会原则通过的《关于若干历史问题的决议》（以下简称《决议》或《历史决议》），是对延安整风运动成果的集中总结，意义深远。它和中共七大有密切关联，一是，它原为中共七大的一项议程，后来为了使七大“集中注意力于当前问题”而改在六届七中全会通过。二是，它为中共七大的成功召开做了重要准备。学术界有一个普遍的共识，认为延安整风为中共七大奠定了基础。而《历史决议》既是对延安整风的总结，也是对延安整风成果的提炼，它充分反映了延安整风的成果，又提升了延安整风中的认识，因此延安整风对中共七大的影响，集中地反映在《历史决议》及其形成过程中。基于这样的认识，本文就此问题做一些探讨。

一、《历史决议》实现了七大代表思想认识的高度统一

延安整风之前，党内存在认识不统一的问题，毛泽东曾就此回忆说：“在一九四〇年以前，就别扭得很，在军事上，在政策上，例如群众运动、减租减息，许多地方都不一致。”[1]邓小平后

[1] 毛泽东：《在中共中央政治局会议上的报告和结论》（1948年9月），《毛泽东文集》第五卷，人民出版社，1996年，第141页。

来也说："遵义会议以后，党内还不断有斗争。在抗日战争初期，还有第二次王明路线，王明由'左'倾机会主义变为右倾机会主义。全党干部包括一些主要干部，对党的历史、两条路线的斗争，怎样把党建设成为一个正确的党、联系群众的党，用什么样的思想作风来武装党等问题的认识，都还不很清楚。"[1]同时存在一些"长期争论的问题"[2]，其中不少是历史上积累的难题，"所谓历史上积累的难题，往往是由于党在工作指导上发生了错误或失误，从而给党的事业造成了重大损失，并在党内的一些重要问题上造成了是非不明、认识分歧的复杂局面"[3]。这种现象，在七大代表中表现得相当突出。

延安整风的一个显著特点，就是通过对党的历史的回顾、反思，破除主观主义，端正党的思想路线。作为其结晶的《历史决议》对党的重大历史作出了客观、公正的结论。

第一，对土地革命时期党的路线作出正式结论。这是延安整风的一个重要内容，也是《决议》的主要内容和成功之点。土地革命时期的三次"左"倾特别是第三次"左"倾错误，给党和中国革命造成惨重损失，使党遭遇严重危机，许多人因此牺牲、受到打击，错误领导的伤痛和历史教训十分深刻。只有很好地总结这段历史，分清是非，才能汲取经验教训，也才能统一因错误领

[1] 邓小平：《建设一个成熟的有战斗力的党》(1965年6月、12月)，《邓小平文选》第一卷，人民出版社，1994年，第345页。

[2] 王宗槐：《苦伢子成长为七大代表》，中共中央党史研究室第一研究部编《忆七大：七大代表亲历记》，黑龙江教育出版社，2000年，第132—133页。

[3] 薄一波：《七十年奋斗与思考》(上卷《战争岁月》)，中共党史出版社，1996年，第374页。

导形成的认识分歧和各种思想情绪。《决议》在广泛讨论和征求意见的基础上，对1931年六届四中全会到1935年遵义会议这段时间中央的领导路线问题，和以王明为代表的、以教条主义为特征的“左”倾错误的主要内容、表现、危害及其原因，作了系统深入的揭露和剖析。聂荣臻就此评论《决议》说：“这个文件搞得相当不错，短短的，纲领式的，分清了我党历史上的路线是非，统一了全党的思想，做出了明确的结论。这是整风运动的一个巨大成果。”[1]

与此同时，对一些重大事件和历史问题，如陈独秀的错误[2]、八七会议、中共六大、立三路线、六届三中全会和四中全会、第三次“左”倾形成时间、六届五中全会、第五次反“围剿”失败、遵义会议等重大事件，《决议》都进行了基于当时认识的分析和评价。

第二，阐述了“以毛泽东同志为代表的正确路线”。《决议》在深入剖析“左”倾错误的同时，高度评价了毛泽东运用马克思列宁主义的理论来解决中国革命问题的杰出贡献。指出：中共六大后，毛泽东“不但在实践上发展了第六次大会路线的正确方面，并正确地解决了许多为这次大会所不曾解决或不曾正确地解决的问题，而且在理论上更具体地和更完满地给了中国革命的方向以马克思列宁主义的科学根据。在他的指导和影响之下，红军运动已经逐渐发展成为国内政治的重要因素”[3]。立三路线时期，毛泽

[1]《聂荣臻回忆录》，解放军出版社，1984年，第562页。

[2]《决议》用了“陈独秀投降主义”的定性表述，对他反对土地革命的主张提出严厉批评。

[3]《决议》，《毛泽东选集》第三卷，人民出版社，1991年，第958—959页。本文所有《决议》的引文，均出自该文，恕不一一注明。

东不但始终没有赞成立三路线，而且以极大的忍耐心纠正了红一方面军中的“左”倾错误，因而使江西革命根据地的红军在这个时期内不但没有受到损失，反而利用了当时蒋、冯、阎战争的有利形势而得到了发展，并在1930年年底至1931年年初胜利地粉碎了敌人的第一次“围剿”。六届四中全会以后，“江西中央区红军在毛泽东同志的正确领导和全体同志的积极努力之下，在六届四中全会后的中央还没有来得及贯彻其错误路线的情况之下，取得了粉碎敌人第二次和第三次‘围剿’的巨大胜利”。《决议》指出：“在第三次‘左’倾路线时期中，以毛泽东同志为代表的主张正确路线的同志们，是同这条‘左’倾路线完全对立的。”并且对毛泽东关于中国革命基本理论和基本策略问题上的主要观点，做了全面系统的论述。

第三，突出地论证了实事求是的思想路线对党的极端重要性。延安整风通过对党的历史的回顾和反思，深刻地揭示出，在党的历史上，在探索中国革命道路的过程中，实际上存在着两种趋向、两种思想方法。一种是照搬照抄的教条主义的方法，以历次“左”倾错误为代表，以王明为典型；一种是以毛泽东为代表的正确路线，实事求是地依据国情探索中国革命。两种思想方法产生两种根本不同的结果，实事求是就胜利，主观主义就失败。《决议》作为对延安整风的总结，突出地反映了这个延安整风的最重要成果。具体体现在三个方面。一是高度评价了党在大革命、土地革命和抗日战争三个历史阶段取得的伟大成绩，指出取得这些成绩的主要原因是“以马克思主义的普遍真理与中国革命的具体实践相结合为自己一切工作的指针”。二是在论述“左”倾路线错误和危害中，明确指出：“一切政治上、军事上和组织上的错误，都是从思想上违背马克思列宁主义的辩证唯物论和历史唯物论而来，都是从主观主义和形式主义、教条主义和经验主义而来。”三是在阐述毛泽东为代表的正确路线过程中，同时论述其原因：毛泽东把马克思列宁主义的科学理论与中国革命实际相结合，创造性地提出了“关于中国革命问题的学说”，并且在分析“左”倾错误在政治、军事、组织等方面的具体表现时，阐述了毛泽东的正确主张和实践，通过正反比较，清晰地论证了实事求是的思想路线及其极端重要性。端正党的思想路线，是延安整风的目的，也是延安整风的最大成果，《决议》集中地反映了这一成果。

《决议》的上述论述，为全党提供了认识党的历史和分歧问题的政治依据和评判标准，提供了如何分析和认识“争论问题”的基本思维和方法，产生了消弭分歧、统一思想认识的重大功效。20 年后，邓小平在回顾这段历史时，对此做出高度的评价：经过整风，“彻底地清算了‘左’倾机会主义和右倾机会主义，最后统一了全党的思想。……在这样的基础上，我们党作出了《关于若干历史问题的决议》”[1]。

《历史决议》由此产生的统一思想的功效，许多七大代表感受很深，王宗槐回忆说：对《决议》，“我们进行了认真的学习，对长期争论的问题取得了统一的认识。……没有《关于若干历史问题的决议》统一全党的思想，七大是开不好的”[2]。罗琼持相同的认识：“1945 年 4 月 20 日通过了《关于若干历史问题的决议》，

[1] 邓小平：《建设一个成熟的有战斗力的党》(1965 年 6 月、12 月)，《邓小平文选》第一卷，第 345 页。

[2] 王宗槐：《苦伢子成长为七大代表》，《忆七大：七大代表亲历记》，第 132—133 页。

全党达到了思想统一，空前团结。”[1]刘志坚认为：“这个若干历史问题决议，对七大统一思想统一认识是很重要的，起到了重要作用。”[2]李士英则说：“《关于若干历史问题的决议》，为七大的召开奠定了思想基础。”[3]

思想认识的高度统一，是中共七大成功召开的重要原因之一，《历史决议》为此发挥的作用，尤其明显。

二、《历史决议》在七大代表间形成团结亲密的良好氛围

首先，如前所述，《决议》对党的历史问题达成共识的表述，为党内团结奠定了扎实的基础，为七大代表统一思想意志、团结一致打下了坚实基础，促成他们之间团结统一的形成。

其次，正确地对待和团结犯错误的同志。毋庸讳言，延安整风运动过程中，出现过一些过火现象，曾对一些犯错误的同志提出了尖锐的批评，甚至有上纲上线的过激的言辞，出现王明、博古的错误是党外问题、否定中共六大和全盘否定六届四中全会到遵义会议之前一切工作等问题。为此，毛泽东在1944年春反复阐述和强调了整风运动的方针，中共中央书记处、政治局会议和党的扩大的六届六中全会，明确否决了王明、博古的错误是党外问题等过激意见。

[1] 罗琼：《七大教育，铭刻终身》，《忆七大：七大代表亲历记》，第311页。
[2] 刘志坚：《七大与全国解放的胜利》，《忆七大：七大代表亲历记》，第235页。
[3] 李士英：《回忆我参加七大前后》，《忆七大：七大代表亲历记》，第316页。

《决议》很好地贯彻了党的“在思想上要清算彻底，作组织结论要慎重和适当”的“惩前毖后，治病救人”的整风运动的方针。一是重申和强调了整风运动的方针。明确指出：整风运动的目的是“为了学习中国革命的历史教训，以便‘惩前毖后，治病救人’，使‘前车之覆’成为‘后车之鉴’”，“我们党关于党内历史问题的一切分析、批判、争论，是应该从团结出发，而又达到团结的，如果违背了这个原则，那就是不正确的”。二是批评了党在过去太着重追究犯错误者个人责任的做法，提出要正确对待犯错误的同志：“任何过去犯过错误的同志，只要他已经了解和开始改正自己的错误，就应该不存成见地欢迎他，团结他为党工作。即使还没有很好地了解和改正错误，但已不坚持错误的同志，也应该以恳切的同志的态度，帮助他去了解和改正错误。”三是在严肃批评“左”倾路线、批评过去犯过错误的同志的错误的同时，肯定他们做的哪些工作是正确的，肯定他们中的绝大多数都有了很大的进步，做了许多有益的工作。四是没有把党史讨论中形成的一些意见写入《决议》。如第三次“左”倾路线造成白区损失 100%、苏区损失 90% 的问题，犯错误者的品质问题，四中全会、五中全会非法的问题，整风运动中提出的教条宗派、经验宗派问题等，都没有写。毛泽东说：“这些不说，我看至多是缺点；说得过分，说得不对，却会成为错误。”[1] 五是呼吁全党加强团结：“在马克思列宁主义思想一致的基础上，团结全党同志如同一个和睦的家庭一样，如同一块坚固的钢铁一样，为着获得抗日战争的彻底胜利

[1] 毛泽东:《对〈论联合政府〉的说明》(1945 年 3 月 31 日),《毛泽东文集》第三卷，人民出版社，1996 年，第 276 页。

和中国人民的完全解放而奋斗。”

《决议》对“惩前毖后，治病救人”方针的这些具体体现，对第三次“左”倾错误的推行负有很大责任的博古，感受很深，他在讨论通过《历史决议》时发言说：这个《决议》是在原则上很严格，而态度对我们犯错误的人是很温和的。我了解这是给我们留有余地。我们要从头学起，愿意接受这个《决议》作为改造自己的起点。[1]博古的话表达了历史上犯过错误而又愿意改正错误的同志的共同认识。历史证明，这个方针，对实现党内团结作用很大。《决议》的这些处理，为七大形成团结一致氛围创造了政治和情感条件。

最后，纠正历史上的冤假错案。在“左”右倾错误统治全党特别是王明“左”倾错误统治时期，他们在组织上实行宗派主义、惩办主义，凡对他们错误主张提出不同意见或执行不力的同志都遭到“残酷斗争，无情打击”，制造了大量的冤假错案；在根据地的肃反斗争中也出现严重错误。这些历史上遗留下来的冤假错案是当时在党的组织建设中存在的一个严重问题，它极大地妨害着党的团结统一。整风运动中，在分清历史是非的基础上，大力纠正历史积案，纠正不正确的处理结论和遗留的问题。《历史决议》把中共中央的这些精神具体化和决议化，在对党的历史上的重大问题做出正确结论的同时，对一些冤屈的同志做出实事求是的评价，还被错误处置的同志以公道。特别是，《决议》明确指出：“在各次错误路线统治时期，和党的任何其他历史时期一样，一切为人民利益而壮烈牺牲了的党内党外的领袖、领导者、干

[1]《胡乔木回忆毛泽东》，第321页。

部、党员和人民群众，都将永远被党和人民所崇敬。”并郑重宣布：“对于一切被错误路线所错误地处罚了的同志，应该根据情形，撤销这种处分或其错误部分。一切经过调查研究确系因错误处理而被诬害的同志，应该得到昭雪，恢复党籍，并受到同志的纪念。”如此一来，平抚了被伤害者，消融了一些同志之间的芥蒂，体现了党保护干部的政策和主张公道的原则，极大地增进了党内团结和七大代表之间的团结。

《决议》在促进党内团结和对七大的重大作用，任弼时感受很深，他在七大预备会议上指出：六届七中全会通过的《关于若干历史问题的决议》正是党的空前团结的反映。这是对七大的思想上的准备，其意义也是非常伟大的。[1]

需要强调的是，《决议》所秉持和体现的这些团结精神，为七大所延续，成为七大的一个基本方针和七大成功的重要因素。

三、《历史决议》营造了浓郁的民主气氛，形成了严谨的作风

《历史决议》是党内民主的产物，这是不争的事实。作为《决议》起草蓝本的《关于四中全会以来中央领导路线问题结论草案》（通称《历史草案》），是毛泽东根据1941年九月政治局会议精神起草的；作为《决议》起草重要方针的关于党史学习中几个主要、重要问题的结论（即毛泽东的《学习和时局》），是中共中央政治局会议的决定，它们都是集体决策的成果。

[1] 高新民、张树军著：《延安整风实录》，浙江人民出版社，2000年，第437页。

而在1944年以后《决议》形成过程中，民主、谨慎之特点非常鲜明。

一是反复修改。1944年5月，中共中央书记处会议决定《历史决议》为中共七大的一项议程，确定由任弼时负责召集的“党内历史问题决议准备委员会”起草。任弼时随即写出《检讨关于四中全会到遵义会议期间中央领导路线问题的决议（草案）》，在由政治局秘书胡乔木做较大修改后，任弼时又在胡乔木的修改稿上连续修改三次。其后，胡乔木写了一个稿子。张闻天参考任弼时、胡乔木之稿，重新构思撰写了新的修改稿。从1945年春开始，毛泽东在张闻天修改稿的基础上，进行了七次修改。

参与《决议》起草工作的胡乔木就此回忆说：“《决议》起草委员会有一段时间工作很紧张，几乎每天开会，开了几个月。”“讨论一阵子，又改稿子，并向毛主席汇报。”“那时中央领导层的讨论也很认真。这种讨论成了当时的主要任务。每次修改都是以这些讨论为基础。这样的讨论历史问题，在党的历史上是空前的。”[1]参加讨论的人员，不仅有“党内历史问题决议准备委员会”的成员（任弼时、刘少奇、康生、周恩来、张闻天、彭真、高岗、博古），还有陈云、聂荣臻、邓发（可能还有王若飞），还有许多高级干部。比如毛泽东第二次修改后，排成铅印稿，分送周恩来、朱德、张闻天、刘少奇、任弼时，并指示：“编号发给四十多个同志，再集他们座谈一次。”[2]

二是广泛征求意见。胡乔木回忆说：“《历史决议》草稿交

[1]《胡乔木回忆毛泽东》，第68、70、73页。
[2] 同上书，第314页。

给中央全会之前，已在相当大的范围进行了讨论。交给全会之后，讨论的范围更大了。讨论是频繁、认真、深入的。每一句话都经过斟酌，特别是一些重要的段落，讨论得很仔细。”[1]《决议》稿曾发给延安的高级学习组讨论，由高岗、李富春、叶剑英、聂荣臻、刘伯承、陈毅、朱瑞、林枫等负责连续开会讨论，提出很多意见。“许多高级干部回忆历史，使对党的历史问题的认识逐渐丰富起来。”[2]与此同时，把起草稿下发七大代表讨论。时在中央党校学习的七大代表杨国宇1944年10月的日记记载：“从5月20日起上面老开会，到10月还未结束。我们则在党校学习讨论《关于若干历史问题的决议》(草案)，改了又改。”[3]时在中央党校工作的陈模也回忆说：“胡乔木多次来到党校，召开座谈会或按地区找人谈话，征求大家对《决议》草稿的意见，听取意见修改后，又来征求对定稿的意见。”[4]《决议》充分发扬了民主，集中反映了中央领导层的共识和全党在当时所能达到的认识水平。而这个民主的过程，是非常谨慎的，毛泽东在《决议》原则通过的第二天就此评论道：“我们现在学会了谨慎这一条。搞了一个《历史决议》案，三番五次，多少对眼睛看，单是中央委员会几十对眼睛看还不行，七看八看看不出许多问题来，而经过大家一看，一研究，就搞出许多问题来了。很多东西在讨

[1]《胡乔木回忆毛泽东》，第73页。

[2] 同上书，第66页。

[3]《杨国宇七大前后日记》，《忆七大：七大代表亲历记》，第198页。

[4] 陈模：《毛泽东与中央党校》，《红岩春秋》2003年第4期。

论中你们提出来了，这很好，叫做谨慎从事。”[1]

三是谨慎的态度和作风，突出地表现在《决议》的内容中。第一，在学习党的历史过程中，许多同志对四中全会和以王明为代表的“左”倾路线表现出极大的义愤，提出严厉的批评。但如前所述，《决议》没有采纳这些非常尖锐的意见，“不写并不是否定”，“今天不写，对党是有利的”。[2]第二，对抗战时期党史路线问题不做结论。“凡总结历史问题，必须在后个阶段，才能看清前一个阶段，将来还要总结的。历史发展到第二、三阶段，才能很好地总结第一阶段。”据杨国宇日记记载，毛泽东在给他们的报告中，说：“七大作风应来个革命，不要随便作总结，反对随便作总结的作风。”[3]

四是谨慎的态度还体现在《决议》通过的决定中和毛泽东的认识中。《决议》是毛泽东呕心沥血的杰作，是集中党的智慧和认识的结晶。但在 1945 年 4 月 20 日的六届七中全会全体会议上，只是“原则通过”。所谓“原则通过”，就是说在基本方面、绝大部分内容都是正确的，但在一些方面或个别问题上还不完善，因此认为有进一步修改和完善的需要和准备。毛泽东在会上就《决议》草案做说明时，这个认识非常明确：“《决议》现在还有缺点，还需要修改，所以今天也只要求基本通过。”[4]在《决

[1] 毛泽东：《中国共产党第七次全国代表大会的工作方针》（1945 年 4 月 21 日），《毛泽东文集》第三卷，第 295 页。

[2]《杨国宇七大前后日记》，《忆七大：七大代表亲历记》，第 201 页。

[3] 同上。

[4] 毛泽东：《对〈关于若干历史问题的决议〉草案的说明》（1945 年 4 月 20 日），《毛泽东文集》第三卷，第 282 页。

议》“原则通过”的次日（即4月21日）召开的七大预备会议上，毛泽东再次说明了这个认识：“若干历史问题的决议，经过三番四复的研究，现在还是基本通过，选举了新的中央委员会之后，再拿去精雕细刻。但这样是不是还会有漏洞呢？还可能有。经过十年八年之后，修中共党史的时候可以看出来，如果有漏洞，就是有漏洞，就说‘这一条历史过去搞掉了，不对，要重新添上’。这没有什么，比如积薪，后来居上，我们对前人也是这样的。有漏洞就改，原则是坚持真理，修正错误。”[1]严谨的认识和态度，可见一斑。

总之，《决议》制定过程中体现的浓郁的民主、谨严作风，为七大创造和准备了良好的氛围，七大继承和发扬了这种作风，从而对七大的成功产生了深刻的影响。

四、《历史决议》为七大提供了重要的理论准备

制定《历史决议》的过程，就是在全党提升对中国革命认识的过程。

党自成立后的奋斗历程非常艰辛和曲折，有两次胜利，也遭受过两次严重失败。由于环境等限制，整风运动前没有系统地进行历史总结。因此，对中国革命的基本问题、对党的许多重大历史问题，党内认识不统一，有的问题分歧很大；整风运动期间，在对党的历史问题的学习讨论中，也发生许多争论，有的“争

[1] 毛泽东：《中国共产党第七次全国代表大会的工作方针》（1945年4月21日），《毛泽东文集》第三卷，第296页。

论得很热烈”[1]，一些争论甚至在《历史决议》形成过程中还存在。《历史决议》要总结党成立24年来特别是第三次“左”倾路线导致严重失败的经验教训，达到使“前车之覆”成为“后车之鉴”的目的，正确地进行中国革命，就必须要分清历史是非，就必须搞清楚中国革命的基本问题。因此在《决议》起草过程中，围绕党的一些重大事件和问题，反复讨论，反复征询意见，反复修改。

比如对中共六大的认识，高级干部中就此发生激烈争论，周恩来为此专门到中央党校做报告。《决议》起草过程中，仍有不同意见，《决议》起草之初对六大评价比较低，说六大“仍然没有在思想上给盲动主义以彻底的清算。这样就埋下了‘左’倾思想在党内得以继续发展的一个根苗”。征求意见中许多人不赞同此说，认为不能说六大埋下了“左”倾思想继续发展的根苗，而应当强调六大的正确方面。于是去掉了“根苗”的说法，仍写得比较简单：“党的第六次全国代表大会进行了两条战线的斗争，批判了陈独秀主义与盲动主义，特别指出党内最主要的危险倾向是脱离群众的盲动主义与命令主义。”又有同志提出对六大的评价应再高一些，修改中就对六大的正确方面做了比较充分的阐述，而对它的缺点只用“这里不来详说”几个字一笔带过。但又有同志提出意见，认为：六大有缺点，应指出，不提反而不好。结果《决议》对六大的正确方面和缺点做了全面的阐述和评价。再如关于四中全会是不是第三次“左”倾路线始点的问题，开始

---

[1] 周恩来：《关于党的“六大”的研究》（1944年3月3、4日），中共中央文献编辑委员会编《周恩来选集》上卷，人民出版社，1980年，第157页。

时说四中全会虽然在清算党内“左”倾错误上没有起过积极作用，而且扩大与发展了许多“左”倾错误，但认为1931年9月20日中央的《由于工农红军冲破敌人第三次“围剿”及革命危机逐渐成熟而产生的紧急任务决议》才是第三次“左”倾路线充分形成的开始。对此不少高级干部提出意见，认为从四中全会起就是“左”倾路线，不应只强调九一八事变后中央9月20日《决议》。经过反复讨论，《决议》最后确定四中全会是第三次“左”倾路线的始点。

这些讨论、修改，就是认识由分歧到达成基本共识的过程，由感性认识向理性认识发展的过程。

具有典型意义的是，《决议》系统分析了“左”倾教条主义在政治上、军事上、组织上和思想上的错误。比如关于第三次“左”倾路线在政治上的错误，《决议》认为主要有三个方面：在革命任务和阶级关系的问题上，混淆了民主革命和社会主义革命的一定界限，主观地急于要超过民主革命；低估农民反封建斗争在中国革命中的决定作用；主张整个地反对资产阶级以至上层小资产阶级。在革命战争和革命根据地的问题上，坚持城市中心论；在进攻和防御的策略指导上，根据需要估计形势，在应当防御时盲目地实行进攻，在应当进攻的时候不会组织胜利的进攻。与此同时，《决议》系统地记述和阐发了毛泽东运用马克思列宁主义解决中国革命问题的贡献，对它进行了概括：政治方面，高度评价了毛泽东对中国社会性质、基本国情、阶级关系以及革命性质、革命任务和革命道路、革命策略等方面所做的突出的理论贡献，阐述了毛泽东有关上述内容的基本观点；军事方面，高度评价毛泽东探索和制定的一整套无产阶级的建军策略，其基本点包括人民军队的理论、人民战争的理论；组织方面，高度评价了毛泽东制定和创立的正确的组织原则和组织路线；思想方面，高度评价了毛泽东根据马列主义的普遍原理，根据辩证唯物论和历史唯物论，具体分析了当时国内外、党内外的现实情况及其特点，并具体地总结了中国革命的历史经验。如此正反内容的阐述，就清晰总结了中国共产党成立以来的历史经验，系统地阐述了合乎中国民主革命实际的一整套理论、路线、方针和政策。这些总结和论述，彰显的是如何运用马克思列宁主义来观察和解决中国革命的一系列基本理论和策略问题，即如何把马克思列宁主义的普遍原理与中国革命的具体实际相结合的问题。

具体到七大而言，《决议》阐述的基本思想和重要观点，为七大文件制定提供了理论准备，其中许多认识、观点，反映在七大的相关报告和发言中。对于许多七大代表来说，这是一次新民主主义理论的教育和普及，在提高他们理论水平、充分发挥代表职责方面，助益很大。

必须强调的是，《决议》对七大的最大理论贡献，是对毛泽东历史功绩和毛泽东思想的深入阐述。《决议》指出：毛泽东“创造性地把马克思、恩格斯、列宁、斯大林的革命学说应用于中国条件的工作”，“党在奋斗的过程中产生了自己的领袖毛泽东同志”，毛泽东“将人类最高智慧——马克思列宁主义的科学理论，创造性地应用于中国这样的以农民为主要群众、以反帝反封建为直接任务而又地广人众、情况极复杂、斗争极困难的半封建半殖民地的大国，光辉地发展了列宁斯大林关于殖民地半殖民地问题的学说和斯大林关于中国革命的学说”。并从政治、军事、组织、思想四个方面，系统论述了毛泽东关于中国革命基本理论和基本策略问题上的主要观点。《决议》指出了毛泽东思想对中国共产党和中国革命的巨大作用："毛泽东同志所代表的我们党和全国广大人民的奋斗方向是完全正确的。""以毛泽东同志为代表的马克思列宁主义的思想更普遍地更深入地掌握干部、党员和人民群众的结果，必将给党和中国革命带来伟大的进步和不可战胜的力量。"《决议》的这些认识和论述，从内容上构成了毛泽东思想科学体系的初始形态。

这是《决议》最重大的理论总结和理论贡献。它为七大成功召开奠定了思想基础，为全党确认毛泽东思想为党的指导思想提供了重要的准备。邓小平说："七大规定毛泽东思想为全党的指导思想。我们党用毛泽东思想教育了整整一代人，使我们赢得了革命战争的胜利，建立了中华人民共和国。"[1]从其深刻影响中国革命进程和指导中国发生历史性巨变的角度去考察，就越发彰显了《决议》这个理论贡献的历史作用。

[1] 邓小平：《对起草〈关于建国以来党的若干历史问题的决议〉的意见》（1980年3月—1981年6月），《邓小平文选》第二卷，第300页。

延安整风三题

延安整风是中国共产党历史上的一件大事，影响巨大而深远。唯因如此，非常引人关注。目前在延安整风的有关问题上，存在不同认识。本文拟就其中几个问题，谈点个人看法，目的是探求真相，引发思考，深化研究。

一、在战火纷飞的抗战时期，毛泽东为什么要集中力量进行全党整风呢？

彼得·弗拉基米洛夫在《延安日记》中就此提出责难，现在也有人感到不解。单从时势考虑，提出这样的疑惑并非没有道理。而研究延安整风，必须回答这个问题。实际上，毛泽东发动延安整风运动，是从夺取中国革命胜利的战略高度和反对党内存在的教条主义的迫切性出发的，同时也有不得不进行的心理因素。

对于党内存在的教条主义及其危害，毛泽东很早就深刻地感受到了。1930年他在《反对本本主义》一文中指出："中国革命斗争的胜利要靠中国同志了解中国情况"，"离开实际调查就要产生唯心的阶级估量和唯心的工作指导，那末，它的结果，不是机会主义，便是盲动主义"。并说不调查研究闭着眼睛瞎说"是共产党员的耻辱”，连着用了四个感叹号：“要不得！要不得！注重调查！反对瞎说！”[1]此后的斗争实践特别是第五次反“围剿”的失败，更加深了他对教条主义危害的认识，也更增强了他反对教条主义的信念。因此，遵义会议后，他在努力摆脱教条主义的干扰，实现党的政治路线转变，提出和制定一系列正确的方针政策和策略，开创大好革命局面的同时，花费很大的精力清除教条主义对党的影响。

首先，毛泽东进行了大量的理论工作。他在《论反对日本帝国主义的策略》中总结党进行政治斗争的经验，指出“左”倾错误的思想根源是认为“圣经上载了的才是对的”的教条主义和主张革命的力量要纯粹又纯粹、革命的道路要笔直又笔直的形而上学思想。在《中国革命战争的战略问题》中突出地提出“如何研究战争”的问题，并从研究战争的方法论，强调研究战争“应该着眼其特点和着眼其发展，反对战争问题上的机械论”[2]。在《实践论》《矛盾论》中，从哲学的高度阐述马克思主义的世界观和方法论，以扫清党内教条主义为主要目标，对中国革命的基本经验进行了系统的哲学总结。《论持久战》《中国革命和中国共产党》《新民主主义论》等一系列著作，无不贯穿了批判教条主义、阐明马克思主义与中国革命实际相结合的思想。

其次，在党的六届六中全会明确提出了“使马克思主义在中国具体化”的战略任务。毛泽东在会上强调指出：“不应当只是学习马克思列宁主义的词句，而应当把它当成革命的科学

[1]《毛泽东选集》第一卷，人民出版社，1991年，第115、112、109页。
[2] 同上书，第173页。

来学习。”“马克思主义必须和我国的具体特点相结合并通过一定的民族形式才能实现。马克思列宁主义的伟大力量，就在于它是和各个国家具体的革命实践相联系的。对于中国共产党来说，就是要学会把马克思列宁主义的理论应用于中国的具体的环境。……离开中国特点来谈马克思主义，只是抽象的空洞的马克思主义。因此，使马克思主义在中国具体化，使之在其每一表现中带着必须有的中国的特性，即是说，按照中国的特点去应用它，成为全党亟待了解并亟须解决的问题。”并指出：“在这个问题上，我们队伍中存在着一些严重的错误，是应该认真地克服的。”[1]随之在中央成立干部教育部，大力加强党的思想建设，努力在全党树立把马列主义与中国实际相结合、实事求是的思想路线。

应该强调的是，毛泽东的上述论述，许多都是在党的会议上发表的，是作为一项战略任务提出的，而六届六中全会关于马克思主义中国化的号召，是对全党的要求和工作部署。可见，毛泽东对主观主义危害的估计之重，反对主观主义的力度之大、迫切感之强。

但是，到1941年前后，毛泽东发觉这些努力并未取得很大的成效。他认为教条主义仍然严重地存在着：“粗枝大叶，不求甚解，自以为是，主观主义，形式主义的作风，仍然在党内严重的存在着。……还不了解系统的周密的社会调查，是决定政策的

[1]《毛泽东选集》第二卷，第533、534页。

基础。”[1]党内存在着不注重研究现状、“闭塞眼睛捉麻雀”，不注重研究历史、“言必称希腊”，“为了单纯的学习”、不注重马克思列宁主义的应用的“极坏的作风”。他特别对当时党的教育现状和思想状况提出尖锐的批评：“在学校的教育中，在在职干部的教育中，教哲学的不引导学生研究中国革命的逻辑，教经济学的不引导学生研究中国经济的特点，教政治学的不引导学生研究中国革命的策略，教军事学的不引导学生研究适合中国特点的战略和战术，诸如此类。其结果，谬种流传，误人不浅。”[2]

1941年1月发生的皖南事变，使新四军遭受惨重的损失。而就党内原因而言，毛泽东认为，事件发生的根本原因，是“有些同志没有把普遍真理的马列主义与中国革命的具体实际联系起来”，“没有了解中国革命的实际，没有了解经过十年反共的蒋介石”。[3]他由此加深了对苏维埃后期的“左”倾错误和抗战初期右倾错误的认识，他指出：“左”和右看似两个极端，实际“两极相通”，都根源于一个思想方法，即不了解中国具体实际或不能揭示中国革命的客观规律的主观主义。[4]

土地革命时期教条主义导致“左”倾错误，使革命遭受严重失败的教训，使毛泽东对教条主义有刻骨铭心的记忆。1936年他就指出苏维埃运动后期的主观主义推行的结果是：“丧失了除

[1]《中央关于调查研究的决定》，《中共中央文件选集》第13册，中共中央党校出版社，1991年，第173页。

[2] 毛泽东：《改造我们的学习》（1941年5月19日），《毛泽东选集》第三卷，第798页。

[3]《毛泽东传（1893—1949）》下，中央文献出版社，1996年，第627页。

[4]《胡乔木回忆毛泽东》，人民出版社，1994年，第192页。

陕甘边区以外的一切革命根据地，使红军由三十万人降到了几万人，使中国共产党由三十万党员降到了几万党员，而在国民党区域的党组织几乎全部丧失。总之，是受了一次极大的历史性的惩罚。”[1]因此，他把反对教条主义的斗争，提升到关系中国革命成败的战略高度。整风运动中，毛泽东一再强调：主观主义，要亡党亡国亡头。[2]主观主义“这种作风，拿了律己，则害了自己；拿了教人，则害了别人；拿了指导革命，则害了革命。总之，这种反科学的反马克思列宁主义的主观主义的方法，是共产党的大敌，是工人阶级的大敌，是人民的大敌，是民族的大敌，是党性不纯的一种表现。大敌当前，我们有打倒它的必要，只有打倒了主观主义，马克思列宁主义的真理才会抬头，党性才会巩固，革命才会胜利”[3]。“马克思列宁主义之箭，必须用了去射中国革命之的。这个问题不讲明白，我们党的理论水平永远不会提高，中国革命也永远不会胜利。”[4]

这种一方面认识到教条主义的极大危害性，而另一方面又发觉克服教条主义的努力没有取得成效的情况，引发了毛泽东强烈的反对教条主义的迫切感，把它视为党的根本性的建设、关系中国革命成败的根本性问题。1943年6月6日，毛泽东在致彭德怀电报中指出：如能搞好整风，“就算是了不起的成绩，我党的百

[1]《毛泽东选集》第一卷，第187页。

[2] 中国延安精神研究会：《延安整风五十周年——纪念延安整风五十周年文集》，党建读物出版社，1995年，第192页。

[3]《毛泽东选集》第三卷，第800页。

[4] 同上书，第820页。

年大计即已奠定”[1]。正是基于这样的战略思考，毛泽东和中共中央发动并花费很大的精力进行了延安整风。

毛泽东并且认为，仅靠过去的方式，解决不了教条主义的问题：“凡此主观主义与宗派主义的思想与行动，如不来一个彻底的认真的深刻的斗争，便不能加以克服，便不能争取革命的胜利。而要进行斗争，加以克服，非有一个全党的动员是不会有多大效力的。”[2]整风运动就是在这样的历史背景下决策和发动的。教条主义在历史上的沉痛教训，特别是在现实中的严重危害，是推动和引发毛泽东发动延安整风运动的基本原因。

二、毛泽东发动延安整风运动是要整王明吗？

多年来，人们在论及延安整风时，强调以王明为代表的“左”倾教条主义的危害，强调延安整风在清除以王明为代表的教条主义的作用，因此给人一种印象：毛泽东为反对王明而发动整风运动。并有人由此认为，整风运动是整王明；更有甚者认为毛泽东发动延安整风是防止王明对他的权力的威胁，是权力之争。实际上，这些都是误解。

第一，说毛泽东要整王明的理由是不成立的。其一，毛泽东与王明没有重大的历史隔阂。由于处在严重的战争环境里，由于党长期处在地下活动，由于交通、通信的严重不便，1931 年 1 月

[1]《毛泽东年谱（1893—1949）》中卷，人民出版社、中央文献出版社，1993 年，第 444 页。

[2] 同上书，第 358 页。

六届四中全会王明进入中央领导核心的经过，同年 10 月王明出国担任中共驻共产国际的情况，远在江西革命根据地的毛泽东并不清楚。王明是怎样上台的，王明在中央具体干了些什么，及其思想、决策对中国革命产生的严重危害等，毛泽东在发动延安整风时都不清楚（而是在整风过程中逐渐了解的）。1931 年后毛泽东在中央苏区受到打击、排斥的遭遇，毛泽东目睹“左”倾领导人一步步把革命带入严重灾难的错误，来自临时中央。而王明与临时中央的关系，毛泽东在很长时间里，特别是在整风运动以前是不清楚的。因此，毛泽东与王明在历史上没有重大的交集，对王明理应没有严重的反感。

其二，六届六中全会后的一段时间里，毛泽东与王明的关系不紧张。抗战全面爆发后，王明回国，提出和推行右倾主张，给党的事业造成了很大危害，给毛泽东的领导造成了很大损害。但是，王明在六届六中全会上表示尊重毛泽东是党的领袖。他说，对毛泽东在会议上的报告，“我都同意”；全党必须统一团结在中央和毛泽东同志的周围，“譬如北辰而众星拱之”[1]。会后，王明表面上表现得对毛泽东十分崇拜、敬仰。在报告、讲演和文章中，他称毛泽东是“中共领袖”，是“我们最敬爱的同志”，“以毛泽东同志为首的中共中央”，等等。对王明，毛泽东采取了与人为善、宽容和同志式帮助的态度。在六届六中全会上，针对对王明的议论，毛泽东说：王明在全会上已表示“完全同意各报告”，“王明在部分问题中说得有些不足或过多一点，这是在发言中难免的。这些问题已弄清楚了。王明在党的历史

[1]《王明言论选辑》，人民出版社，1982 年，第 639 页。

上有大功，对统一战线的提出有大的努力，工作甚积极，他是主要的负责同志之一，我们应原谅之”[1]。因此，六届六中全会并没有把王明从党中央的领导岗位中拿开。会后，他仍担任中央政治局委员、中央书记处书记。由于周恩来常驻国统区，朱德、刘少奇、项英、彭德怀等在敌后抗日根据地，任弼时担任驻共产国际代表，因此，在延安经常出席政治局会议的就是毛泽东、张闻天、王明、康生、陈云、博古、邓发、凯丰等。十二月政治局会议上，王明和康生、陈云增补为中央书记处成员，由毛泽东、张闻天与他们三人组成中央书记处。这两个决定党的党政军大政方针和处理中央日常工作的机构，即最重要的机构，王明都参加了，他是参与中央决策的。

同时，王明担任中央统战部部长、中央南方工作委员会主任、中央妇女运动委员会主任、中国女子大学校长等许多职务。通常说的王明在延安很活跃，他经常向延安各界做报告，发表演讲，在《新中华报》《中国妇女》《解放》《共产党人》等报纸杂志发表文章，“王明的理论”在延安名噪一时，就是这个时期。

六届六中全会确立了毛泽东的领导地位，而此时期王明在党内的地位和活跃，说明毛泽东对他是看重的，他们之间关系是融洽的。

其三，延安时期，毛泽东十分重视党的团结，正确对待犯过错误的人，争取与他们一起工作。他向全党反复指出：中央内部的团结统一，党内的团结一致是我们战胜敌人的必要条件和先决条件。张国焘在长征途中拒绝执行中央的北上方针，另

---

[1] 金冲及主编:《毛泽东传(1893—1949)》下，中央文献出版社，1996年，第520页。

立“中央”，分裂党、分裂红军，给党和革命造成巨大的损失，同时“开除毛泽东、周恩来、博古、洛甫的中央委员和党籍，并下令通缉”。但是，毛泽东一方面坚决批评张国焘的错误，另一方面又对他给予出路。1937年3月，他在中央政治局讨论张国焘错误时指出：张国焘路线毫无疑义是全部错误的。我们欢迎他们转变，这是中央的干部政策。……我们应该用诚恳的态度要求张国焘转变，抛弃他的错误，今后应从头干起。[1]会后，仍安排张国焘担任陕甘宁边区政府主席、中共中央军委副主席等职务，直至张国焘叛逃投降国民党。对于犯有“左”倾错误的领导人，毛泽东明确指出，博古、罗迈只要承认错误“则无问题”。[2]坚持团结他们，使博古、罗迈等后来为党做了许多重要的工作。凯丰在遵义会议时坚持“左”倾错误，但他后来认识了错误，毛泽东也团结他一起工作。他在延安时期曾担任中央宣传部部长、整风运动中担任中央总学委委员等重要职务，著名的延安文艺座谈会就是毛泽东与凯丰联名召开的。对于王明也是一样的，毛泽东一方面推动他认识错误，另一方面则注意团结他一道工作。

对此，邓小平给予了很高的评价：“要把犯错误的同志团结起来，特别是在困难的时候。毛泽东同志正确处理党内问题的政策，使大家团结起来了，度过了最困难的时刻……毛泽东同志对于犯错误的同志是采取团结的态度。‘从团结的愿望出发，经过

[1]《毛泽东年谱（1893—1949）》上卷，第665—666页。

[2] 毛泽东在中共六届六中全会上的发言记录，1938年11月6日，转自《毛泽东传（1893—1949）》下，第520页。

批评或者斗争，在新的基础上达到新的团结’这个思想，就是毛泽东同志在那个时候形成的。这项工作花了十年的时间，使犯错误的同志真正了解他们的错误，他们的积极性被调动起来，党更加团结起来了。”[1]

第二，关于毛泽东发动整风是防范王明夺权的说法更无根据。一是，事实上毛泽东已经是党的领袖。1938年，共产国际已经明确指示，中国共产党的领导要以毛泽东为首；根据共产国际的指示，六届六中全会明确了毛泽东的领导地位。二是，这一时期共产国际和中国共产党内都一致支持毛泽东的领导。1938年王稼祥，1940年周恩来、任弼时在共产国际时，共产国际领导人都明确地肯定了毛泽东的领导，他们回国后，都向毛泽东和中央政治局讲了。毛泽东对共产国际的这一态度是清楚的。与此同时，斗争实践证明了毛泽东的领导，毛泽东在全党的威望空前提高，中国共产党党内特别是领导层甚至包括王明在内，都认可毛泽东的领导。三是，共产国际领导人对王明有一系列尖锐的批评。甚至1937年1月王明回国时季米特洛夫告诫王明不要企图担任党的领袖，即使党内推举他当总书记，他也不要当。总之，毛泽东是知道共产国际对王明的基本态度的。而在党内，王明的威望有限，许多人并不了解他，还有一些人对他有意见。因此，如果从毛泽东的角度考察，说毛泽东发动针对王明的整风运动，是没有道理的，于情于理讲不通。

第三，王明是在延安整风的过程中被列为教条主义的主要代

[1]《邓小平文选》第1卷，人民出版社，1989年，第339页。

表和整风的主要目标的。

1941年9月的政治局扩大会议（延至10月中旬），拉开了中央领导层整风的序幕。会议的主要议题是讨论党在土地革命战争后期的路线问题，批判主观主义和宗派主义。但会上趋于一致的认识是1932年至1935年中央的政治路线是错误的，受到直接批评的是临时中央领导人——张闻天、博古、王稼祥等。而对六届四中全会的认识则分歧很大，除王明肯定四中全会的路线是正确的外，也有同志认为四中全会决议基本正确，大多数发言没有完全否定四中全会。也就是说，毛泽东发动延安整风之初，并不是针对着王明的。

1941年9月会议的后期，触及了王明，并且是王明自己挑起事端的。该年10月初，共产国际执委会主席季米特洛夫发来一封电报，就中共准备如何援助苏联的卫国战争、如何改善国共关系等问题，向中共中央提出质询，含有批评的意味。王明得知后，在10月7日晚与毛泽东等的谈话中和在第二天的中央书记处工作会议上，对毛泽东的领导和党的一系列方针、政策提出批评，认为党的黄金时代是抗战之初的武汉时期，1937年12月会议前和1938年10月六届六中全会以后这两头的政策皆是错误的。他态度激烈，决心与中央争论到底，到共产国际去打官司。

针对王明提出的问题，毛泽东提议并得到中央书记处其他同志的赞同，决定停止讨论苏维埃后期的错误问题，而集中讨论抗战以来中央的政治路线问题。但王明在受到中央书记处其他同志的一致批评，并了解共产国际领导人对自己有许多尖锐批评后，就偃旗息鼓，并突然生病，不能出席政治局会议。于是10月13

日中央政治局会议决定，由于王明生病，停止讨论预定的关于抗战以来党的路线问题，而关于王明在武汉时期工作中的错误，同意毛泽东10月8日中央书记处会议的结论："王明在武汉时期政治上组织上都有原则的错误，但不是路线错误。"对这个结论，王明表态同意，他向前去看他的任弼时说：关于武汉时期的错误，他同意毛泽东8日在书记处工作会议上的结论。

但是，王明言不由衷。此后，他在公开场合表示承认错误，在私下则继续宣传中央的路线有错误。毛泽东渐渐提升了对王明错误的性质和危害的认识。1943年7月13日，毛泽东在中央政治局会议讨论国民党企图进攻陕甘宁边区、发动第三次反共高潮事件时，指出：王明在抗战初期的错误是投降主义的错误。他说，抗战以来，我党内部有部分同志没有阶级立场，对大地主大资产阶级的国民党对我进攻，对我大后方党员的屠杀等没有表示义愤，这是右倾机会主义思想。国民党打共、捉共、杀共、骂共、钻共，我们不表示坚决反抗，还不是投降主义？代表人物就是王明同志。他曾认为中央路线是错误的，认为对国民党要团结不要斗争，认为他是马列主义，实际上王明是假马列主义。"我们党内要把历史问题弄清楚，同志们准备意见，要进行讨论。"[1] 8月30日，毛泽东在政治局会议上再次对王明的错误提出批评。

1943年9月中央政治局扩大会议，对抗战初期党的政治路线展开讨论。与会者一致认为王明的错误是路线错误，是"新陈独秀主义"。并由此考察1931年六届四中全会至遵义会议前党的政

[1]《胡乔木回忆毛泽东》，人民出版社，1994年，第281页。

治路线，揭发王明与第三次“左”倾冒险主义错误的关系，认定“教条主义宗派最主要的是王明”[1]。

至此，王明被点名批评，成为延安整风的主要目标。

三、如何评价延安整风的历史作用

整风运动遍及全党，历时数年，人力、精力投入巨大。而对其成效，学术界普遍的观点是充分肯定，但目前也有一种否定延安整风的观点。

那么，究竟应该如何看待和评价延安整风呢？我认为，延安整风对中国共产党建设和中国革命的巨大作用是不能否定的。

第一，全党实现思想大解放。由于共产国际强调高度集中和绝对服从的领导体制，由于经过“左”倾路线长期的强力推行，特别是第三次“左”倾的残酷斗争、无情打击的宗派主义、惩办主义做法，党内形成了把马克思主义教条化、共产国际决议和苏联经验神圣化，生搬硬套的浓厚风气。邓小平后来曾总结指出：“过去我们满脑袋框框。”[2]这种框框严重地制约了人们的思维。延安整风运动通过回顾和总结党的历史，通过正反两方面的对比，痛批教条主义，打破了党内对苏联经验和对共产国际的迷信，打破了党内存在的“唯书”“唯上”的思维模式，把全党从教条主义的束缚中解放出来。因此，周恩来在整风运动后期指

---

[1]《胡乔木回忆毛泽东》，人民出版社，1994年，第286页。

[2]邓小平：《解放思想，独立思考》，《邓小平文选》第三卷，人民出版社，1993年，第261页。

出："党内思想从来没有像今天这样解放。这是毛泽东同志领导整风学习的结果，是思想上很大的进步。"[1]而禁锢思想的框框打破了，自然就迎来了思想解放，广大干部和群众的创造性、能动性就得到了充分的发挥。

第二，延安整风运动端正了党的思想路线，在全党特别是党的中高级干部中倡导了理论联系实际、实事求是的思想路线。毛泽东在发动延安整风时强调：反对主观主义以整顿学风，是"一个非常重要的问题"，是"第一个重要的问题"。所谓学风，就是"领导机关、全体干部、全体党员的思想方法问题，是我们对待马克思列宁主义的态度问题，是全党同志的各种工作态度问题"[2]。也就是说，打破主观主义的束缚，在全党确立实事求是的思想路线，是延安整风的第一个目标，也是最主要的目的。整风运动有破有立，又破又立，在破除教条主义者"圣经上载了的才是对的"的教条主义思维后，强劲地在全党弘扬了理论联系实际、马列主义与中国实际相结合的思想和风气，并在许多人思想上产生和留下了深刻的影响。许多参加过延安整风的老革命家都有这样的感受。如杨尚昆回忆说："整风对我来说确实有很大收获，那是从来没有经历过的。"[3]整风时曾在中央党校学习并参加中央学习组学习讨论的薄一波对整风感受很深："通过这次系统的、生动实际的马克思主义理论学习，我们提高了执行中央正确路线的自觉性。""在延安的学习体会最深的，还是毛主席关于实事求

[1]《周恩来选集》上卷，人民出版社，1980年，第157页。

[2] 毛泽东：《整顿党的作风》，《毛泽东选集》第三卷，第813页。

[3]《杨尚昆回忆录》，中央文献出版社，2001年，第212页。

是的论述。……几十年来它一直成为指导我们工作的极其重要的原则。”[1]当时还是一般干部的柯华回忆说：“特别是在1942年的整风运动中，我们的思想、作风得到更进一步的提高、改造和升华。毛泽东同志在这次运动中发表的《整顿党的作风》一文中强调‘要发展马克思列宁主义实事求是的精神’，以及他一贯强调的‘要理论联系实际’，强调‘调查研究，没有调查就没有发言权’等等，对我们一生的影响是极为深刻的。”[2]诸如此类的回忆很多，充分说明了延安整风的功效。

第三，通过延安整风，毛泽东思想成为全党的指导思想。延安整风运动使全党明确了必须使马克思列宁主义与中国革命的实践相结合的道理，也使党认识到中国化的马克思主义——毛泽东思想的历史地位和伟大作用。党的六届七中全会通过的《关于若干历史问题的决议》，充分肯定了以毛泽东为代表的中国共产党人把马克思列宁主义的普遍真理与中国革命实践相结合的方向和路线，实际上把毛泽东思想确定为党的指导思想。《决议》指出：“党在奋斗的过程中产生了自己的领袖毛泽东同志。毛泽东同志代表中国无产阶级和中国人民，将人类最高智慧——马克思列宁主义的科学理论，创造性地应用于中国这样的以农民为主要群众、以反帝反封建为直接任务而又地广人众、情况极复杂、斗争极困难的半封建半殖民地的大国，光辉地发展了列宁、斯大林关于殖民地半殖民地问题的学说和斯大林关于中国革命的学

[1] 薄一波：《七十年奋斗与思考》（上卷《战争岁月》），中共党史出版社，1996年，第365、379页。

[2] 柯华：《秦川，你走早了》，《炎黄春秋》2004年第1期。

说。”“毛泽东同志所代表的我们党和全国广大人民的奋斗方向是完全正确的。”并预见“以毛泽东同志为代表的马克思列宁主义的思想更普遍地更深入地掌握干部、党员和人民群众的结果，必将给党和中国革命带来伟大的进步和不可战胜的力量”[1]。毛泽东所代表的方向、毛泽东所代表的思想是什么呢？实际就是毛泽东一贯坚持和积极倡导的把马克思列宁主义与中国实际相结合的思想路线和由此路线而产生的毛泽东思想的科学体系。

党的六届七中全会结束不久召开的党的第七次全国代表大会，进一步明确了毛泽东思想在全党的指导地位，党的七大通过的党章和刘少奇在党的七大所做的关于修改党章的报告中明确指出：毛泽东思想就是马克思列宁主义的理论与中国革命的实践之统一的思想，就是中国化的马克思主义，中国共产党以毛泽东思想作为一切工作的指针。

毛泽东思想指导地位的确立，反映了全党对马克思主义中国化这一规律的深刻认识，是党在思想理论上成熟的一个重要表现，它成为党在中国革命艰难曲折的道路上团结奋斗的重要思想基础，成为凝聚全党意志的重要精神支柱。正因如此，杨尚昆指出：如果没有延安整风，“全党思想统一不了，七大可能开不成功，以后中国革命的发展也不会那么快取得胜利”[2]。

第四，极大地推进了中国革命的进程。延安整风在确立实事求是思想路线的同时，深化了全党对毛泽东的新民主主义理论的认识，深化了对党的路线、方针、政策和策略的认识，并使之成

[1]《毛泽东选集》第三卷，第952、998、999页。

[2]《杨尚昆回忆录》，中央文献出版社，2001年，第215页。

为开展工作的政治、思想依据。因此，毛泽东后来评论说："对于当时的民主革命应当怎么办，党的总路线和各项具体政策应当怎么定，这些问题，都是在那个时期，特别是在延安整风以后，才得到完全解决的。"[1]

延安整风使广大党员的党性得到很大的提高。延安整风中的一个最重要的内容就是用干部的四条标准来检查自己。四条标准是：忠诚于党，联系群众，有独立工作能力，服从纪律。并要求每个干部在自我检查中肯定正确的方面，批判不正确的方面，分析根源，提出改进办法。结果提高了党性，而党性的提高就使党员的先锋模范作用和干部的骨干作用得到充分的发挥，党的先进性得到充分的发挥。

全党思想的高度统一和空前的团结，党性的空前提高，就凝聚了全党的智慧和力量，形成了巨大的合力，成为战胜敌人、战胜困难的巨大力量，就使党的路线、方针和决策落到了实处，正确的决策变成了全党的自觉的行动，因此推进了革命，取得了辉煌的胜利。

延安整风对中国共产党的巨大作用，中国共产党的敌人蒋介石也看到了。1947 年 9 月 14 日，蒋介石在国民党六届四中全会暨党团联席会议上说：现在共产党力量增强，"大半是由于他这个整风运动而发生的"。整风运动使中共养成了"科学的精神和科学的办事方法"，并"运用于组织、宣传、训练与作战"，"逐渐打破其过去空疏迂阔的形式主义，使一般干部养成了注重客观、实事求是的精神"，这可以说是共产党训练"最大的成功"。

---

[1]《毛泽东文集》第八卷，第 298—299 页。

他公开向国民党高级干部提出了研究延安整风运动以改造国民党的任务。[1]这个出自敌人之口的评价，应该是正确评判延安整风的一个注脚。

[1] 王续添：《延安整风运动对国民党的影响》,《抗日战争研究》1993年第2期。

抗日战争研究

张学良、蒋介石与九一八事变时的不抵抗主义
——基于张学良回忆的讨论

不抵抗主义使日本帝国主义侵略东北的阴谋轻易得逞，造成东北沦陷、日本疯狂向关内侵略的非常严重的后果，因此受到普遍的批判和谴责。不抵抗主义谁之过？成为颇受关注和历史研究的一个重要问题。20 世纪 90 年代，张学良“开口说话”，述及其生平重大经历，其中对九一八事变时的不抵抗问题多有阐述。张学良的回忆主要包含三个方面的意思。一是九一八事变时的不抵抗命令是他下的；二是他之所以下达不抵抗的命令，是没有想到日本会大规模地进攻，是对日本侵略形势的判断错误，“我情报不够，我判断错误！”[1]；三是不抵抗命令与国民党中央，具体讲与蒋介石无关，国民党中央和蒋介石没有下达过这样的命令。张学良的回忆，引发研究不抵抗主义的热潮，中国知网 1990 年至 2015 年间，以“不抵抗主义”为主题词的文章达 467 篇之多。关于不抵抗主义的责任的讨论，有人认为不抵抗命令出自张学良，张学良应对此负责；[2] 有人认为“不抵抗主义”源自蒋介石和张学良的“力避冲突”的共识，二人均应负责；[3] 有人认为张

---

[1]〔美〕王书君:《张学良世纪传奇》(口述实录·上卷)，山东友谊出版社，2002 年，第 431—432、434 页。

[2] 曾景忠:《澄清九一八事变时不抵抗方针研究的误区》,《史学月刊》2003 年第 8 期。

[3] 胡玉海:《张学良与“不抵抗主义”及其责任》,《东北大学学报》2005 年第 3 期。

学良应对狭义的九一八事变的处理负直接责任，蒋介石应对广义的九一八事变的处理负主要责任；[1]有人认为不抵抗是蒋介石和张学良在权衡利弊得失后做出的主动选择；[2]有人认为张学良和蒋介石在不抵抗问题上的基本态度是大体相同的；[3]等等，众说纷纭，认识分歧。通览各种研究成果，张学良的回忆是重要的论据。有鉴于此，本文在上述研究的基础上，主要围绕张学良的回忆做些讨论，就不抵抗主义的形成提出自己的一孔之见。

一

张学良所谓九一八事变时的不抵抗的命令，是他下达的，蒋介石未曾有过此类指令的回忆，是符合历史事实的。

1990年，张学良在接受日本广播协会采访时，针对不抵抗主义的责任问题说："到现在有很多学者认为是中央政府下达过不抵抗指示。确实，当时中央给过我一个指示，但内容不是不抵抗。当时的中央政府行政院长是孙科，他下达的指示是'相应处理'。'相应处理'意思就是根据状况做适当处理，换一句话说就是中央不负责任。所以，我不能把'九一八事变'中不抵抗的责任推卸给国民政府。是我自己不想扩大事件，采取了不抵抗的政策。我反复说过，当时没想到日本会大规模地进攻，所以判断：不可乘日本军部的挑衅而扩大事件。如果当时知道日本的真

[1] 徐畅：《张学良与九一八事变再探讨》，《史学月刊》2003年第8期。
[2] 洪岚：《"九一八"事变前蒋介石与张学良对日问题的共同方针》，《北京电子科技学院学报》2005年第3期。
[3] 俞辛焞：《九一八事变时期的张学良和蒋介石》，《抗日战争研究》1991年第1期。

正意图，事态很可能是另一种结局。”[1]同年，在与著名历史学家唐德刚的谈话中，张学良说：关于九一八事变不抵抗，“我要郑重地声明……那个不抵抗的命令是我下的，说不抵抗是中央的命令，不是的，绝对不是的”。他解释说：“当时，因为奉天与日本的关系很紧张，发生了中村事件等好几个事情。那么我就有了关于日本方面的情报，说日本要来挑衅，想借着挑衅来扩大双方的矛盾。明白吗？我已经有了这样的情报。所以，那个不抵抗的命令是我下的。我下的所谓不抵抗命令，是指你不要跟他冲突，他来挑衅，你离开他，躲开他。”并解释说：“日本人在东北同我们捣蛋不是第一次了，他捣了许多年了，捣了许多次了，每次都是这样处理的嘛。”唐德刚询问蒋介石是否给他下达过不抵抗指示，社会传言张学良把蒋介石给他的不抵抗命令的电报稿随时放在身上时，张学良说：“瞎说，瞎说，没有这事情。……我要声明的，最要紧的就是这一点，这个事不是人家的事情，是我自个儿的事情，是我的责任。”并且说：“那个时候，蒋公根本就不负责任，他不负这责任，我也根本没有向他请示的必要。我要请示也是向南京政府请示，没有必要打电报给他，你说是不是？”[2]1991年5月28日，张学良在与纽约东北同乡会会长徐松林等人的谈话中，再次说明：“是我们东北军自己选择不抵抗的。我当时判断日本人不会占领全中国，我没认清他们的侵略意图，所以尽量避免刺激日本人，不给他们扩大战事的借口。‘打不还手，骂不还

[1] NHK采访组等著：《日本昭和史的最后证人——张学良》，辽宁大学出版社，1993年，第72页。

[2]〔美〕王书君：《张学良世纪传奇》（口述实录·上卷），第431—432、434页。

口。'是我下的指令，与蒋介石无关。"[1]

张学良的上述回忆，反复说明九一八事变时的不抵抗命令，是他下达的，与蒋介石无关。语意明确，斩钉截铁，毫不含糊。

揆诸事实，张学良的这个回忆是成立的。一是九一八事变后，张学良和参与处理九一八事变的东北边防军参谋长荣臻、辽宁省主席臧式毅都明确说明不抵抗之令出自张学良。九一八事变后，当时的媒体在采访荣臻的报道中说：九一八事变发生之时，荣臻"当即叫北平长途电话，向张副总司令报告，并请示应付方法"。其时北大营驻军长官由电话中向荣请示，荣命令"全取不抵抗主义，缴械则任其缴械，入占营内即听其侵入，并告以虽口头命令亦须绝对服从"。在获悉日军进攻迫击炮厂和火药及兵工两厂后，荣臻再次用长途电话向张学良报告，"副总司令谕仍取不抵抗主义"[2]。臧式毅 1951 年 7 月在抚顺战犯管理所写的交代材料中，在谈及九一八事变的应变时，写道："会同总司令部留守参谋长荣臻急电北京，向张学良总司令报告并请示应付方策。奉命是采取不抵抗主义。"[3]

---

[1] 郭冠英：《完满的结局——李震元陪张学良纪实》，〔台北〕《传记文学》第 81 卷第 5 期。

[2] 曾宗孟：《九一八周年痛史》，北平九一八学社 1932 年，第 29、30 页。秦孝仪主编的《中华民国重要史料初编——对日抗战时期》记载：张学良的第一次指示是"尊重国联和平宗旨，避免冲突"，续令是"不抵抗"[秦孝仪主编《中华民国重要史料初编——对日抗战时期》绪编（一），台北中国国民党中央委员会党史委员会，1981 年，第 259 页]。

[3]《臧式毅笔供》（1951 年 7 月），中央档案馆编：《伪满洲国的统治与内幕：伪满官员供述》，中华书局，2000 年，第 70 页。臧式毅 1931 年 12 月 16 日投降日本，出任伪奉天省省长，成为汉奸。

事变后，张学良公开宣示他下令不抵抗。9月19日（即九一八事变的第二天），张学良在接受天津《大公报》记者采访中说："实告君，吾早已令我部士兵，对日兵挑衅，不得抵抗。故北大营我军，早令收缴军械，存于库房。""即日军犯我北大营时，亦毫无抵抗。"[1]当日下午，他在向外报记者讲述九一八事变时说：对于"中日冲突事件，惟东北军既无抵抗之力量，亦无开战之理由，已经电沈，严饬其绝对不抵抗，尽任日军所为"[2]。9月20日晚，张学良在与外报记者谈九一八事变时，再次说："余窥透日军拟在满洲有某种行动后，即令部下倘遇日军进攻，中国军警不得抗拒，须将军械子弹存入库房。当日军进攻消息传来时，立时又下令收缴军械，不得作报复行动，故当日军开枪与机关枪并用炮轰击北大营与其他各处时，中国军队并无有组织之报复行为。"[3]

张学良、荣臻、臧式毅俱为九一八事变的当事人，他们在当时的叙述，应该有非常大的可信度。

二是有关蒋介石下达不抵抗指示的记述存在漏洞。以往关于不抵抗指令来自蒋介石的主要依据是曾经担任张学良机要秘书的郭维城的回忆。郭维城回忆说："九一八事变当时，张学良将军在北平，一夜之间，十几次电南京蒋介石请示，而蒋介石却若无

[1] 张学良：《对天津〈大公报〉记者谈沈阳事变》（1931年9月19日上午10时），毕万闻编《金风玉露：张学良与赵一荻合集》第4部，时代文艺出版社，2000年，第162页。

[2] 张学良：《尽任日军所为——对外报记者谈沈变》（1931年9月19日下午2时半），《金风玉露：张学良与赵一荻合集》第4部，第166页。

[3] 张学良：《预先已将军械子弹存入库房——与外报记者谈沈变》（1931年9月20日晚），《金风玉露：张学良与赵一荻合集》第4部，第167页。

其事地十几次复电不准抵抗，把枪架起来，把仓库锁起来，一律点交日军。这些电文一直到现在还保存着，蒋介石是无法抵赖的。”[1]但是，现有研究表明，九一八事变发生时，蒋介石不在南京。蒋介石1931年9月18日晚9时半（即九一八事变发生之前）乘永绥舰前往南昌督师“剿共”，9月19日晚抵达南昌。这可从9月19日晚蒋介石致张学良的电报和日记得到证实。蒋介石在致张学良的这封电报中说：“北平张副司令勋鉴：良密。中刻抵南昌。接沪电，知日兵昨夜进攻沈阳。据东京消息，日以我军有拆毁铁路之计划，其借口如此，请向外宣传时对此应力辟之。近情盼时刻电告。蒋中正叩。皓戌。”[2]“皓”，19日，“戌”，约19时至21时之间。当晚，他在日记中写道：“昨晚倭寇无故攻击我沈阳兵工厂，并占领我营房。刻接报，已占领我沈阳与长春，并有占领牛庄消息。”[3]如此，证明郭维城的回忆有误。既然九一八事变发生时蒋介石不在南京，并且不知道九一八事变发生，因此也就不可能发出不抵抗事件之指示。

上述材料证实，张学良关于九一八事变时的不抵抗命令出自他手、蒋介石未有此令的回忆，是准确的。

二

但是，张学良关于九一八事变不抵抗命令的原因，所谓“我

---

[1]《郭维城将军揭露十四年前反动派出卖东北罪行》，《东北日报》1946年8月24日。

[2] 杨天石：《蒋介石在抗日战争中的作用》，《探索与争鸣》2015年第5期。

[3] 杨天石：《蒋氏秘档与蒋介石真相》，社会科学文献出版社，2002年，第350页。

认为日本利用军事行动向我们挑衅”“当时没想到日本人会大规模地进攻”，即他所谓对日军侵略情况误判的回忆，与历史场景事实存在很大出入。

1931年7月2日万宝山事件发生后，7月6日，张学良收到时任国民政府外交次长的王家桢（曾任张学良的外交秘书）从“东京诸友”那里获得的有关日本对华政策的报告。该报告说：日本方面为了解决其领土狭小而带来的困难，“不得不急遽在大陆（指满蒙）定国家基础”，其“进行计划为，以朝鲜为根据地，以朝鲜人为与中国人冲突的先锋。日本以全力后援之，用武力侵略中国”。[1]根据这个情报和日本借万宝山事件大肆制造事端的情势，张学良认识到日本“推展其大陆政策，有急侵满蒙之意”[2]。此后，他不断得到“日本对东北之密谋”的情报。如8月9日，他在给协助张作相料理东北政务的东北边防军司令长官公署秘书厅厅长吴家象的电报中，转述了从日本得到的情报：日本政府“拟乘我国时局不靖，欲一手解决所谓满蒙问题”，日本当局“虎视眈眈，往往借口我官宪侵犯日本既得权及压迫鲜人，欲使冲突发生，然后乘机动兵，其阴谋甚大”。[3]基于这些情报，张学良认识到形势非常严峻，日本的动作，“事既关系满蒙存亡”，于是他连续两次致电蒋介石提议讨论应对之策，并与时任吉东北边防副司令长官兼吉林省主席、有东北

[1]〔日〕土田哲夫：《张学良与不抵抗政策》，漠笛《张学良生涯论集——海内外专家论文精选》，光明日报出版社，1991年，第63页。

[2] 毕万闻主编：《张学良文集》1，新华出版社，1992年，第466页。

[3] 张学良：《复吴家象电》（1931年8月9日），《金凤玉露：张学良与赵一荻合集》第4部，第133、134页。

军“辅帅”之称的张作相和国民政府外交部长王正廷有许多互动。如7月7日，张作相专门到北京与之商讨万宝山事件解决办法。[1] 8月17日，日本政府公布中村事件“调查报告”，歪曲事实真相，大肆煽动战争热情。衔张学良之命与日本朝野疏通的汤尔和多次从日本向张学良报告：“中村事此间军人方面极为激昂”，日本陆相南次郎“于中村事，态度极严重”。[2] 国民政府驻朝鲜总领事张维城也连续报告：“连日日报登载中村大尉事件，鼓吹武力解决。”并且报告了日本当局军事威胁的动态：“据报载，日本政府拟移驻内地师团于朝鲜、满洲各五千人，共一万人。”[3] 根据这些信息，张学良知悉“日方对中村事件表示极严重”“日陆军方面异常愤慨”。[4] 特别是日军在沈阳等地频繁进行武装演习，挑衅不断。日军将在东北制造大事端，当时已经为东北军上层熟知，九一八事变“前数日，沈政界已传有日本将向东北实力发动之说”[5]。对此形势，张学良是非常清楚的。他在9月20日晚对外国记者谈话中说：九一八事变，“此事发生，在日本已有数星期之煽动，其作此行动”，并且“余窥

---

[1] 张友坤、钱进、李学群编：《张学良年谱》，社会科学文献出版社，2009年，第394页。

[2]《汤尔和致吴家象电》（1931年8月22日）、《汤尔和致吴家象、臧式毅电》（1931年9月2日），辽宁省档案馆：《“九·一八”事变档案史料精编》，辽宁人民出版社，1991年，第249、250页。

[3]《张维城复东北政委会公函》（1931年9月6日）。《“九·一八”事变档案史料精编》，第252页。

[4] 张学良：《致荣臻等电》（1931年9月4日），《金凤玉露：张学良与赵一荻合集》第4部，第151页。张学良口述历史中说：“我就有了关于日本方面的情报。”

[5]《九一八周年痛史》，第27页。

透日军拟在满洲有某种行动”。[1]甚至30多年后，他仍回忆说：“日本野心家，先利用万宝山事件，再利用中村事件，在国内大肆煽动，以期鼓荡，欺骗日本民众，思以制造成侵华是正当之行动的观念。当时我方已知此种情形。”[2]综上所述，张学良对万宝山事件特别是中村事件后日本当局狂躁侵华的态势、东北面临日本严重军事威胁的形势，是相当了解的。

即使退一步说，张学良在九一八事变发生时对日军侵略阴谋不甚清晰，那么事变后日军向东北全境扩展的情势，他总应该洞悉日军侵略东北的意图了吧。事实上，张学良在九一八事变后一再指出：“日人之目的殊堪疑虑”，“日军突然袭击沈阳，并将该处与满洲其它各处占领，成一作战行动”。[3]“全般事件，系极端越轨行为。”[4]但他在22日仍指示所部，如果日军进攻，“应即避免冲突，暂向安全地带退避，以期保全”。并以“至要”而强调之。[5]9月26日，他在给东北军的指示中严厉谴责日军的侵略行径：“日本突然采取侵略暴行，驱使军队，大举进攻，占领我城

[1] 张学良：《预先已将军械子弹存入库房——与外报记者谈沈变》（1931年9月20日晚），《金凤玉露：张学良与赵一荻合集》第4部，第167页。

[2] 张学良：《杂忆随感漫录——张学良自传体遗著》，台北历史智库出版股份公司，2002年，第123页。

[3] 张学良：《对记者谈沈变》（1931年9月19日正午），《金凤玉露：张学良与赵一荻合集》第4部，第164页。

[4] 张学良：《预先已将军械子弹存入库房——与外报记者谈沈变》（1931年9月20日晚），《金凤玉露：张学良与赵一荻合集》第4部，第167页。

[5] 张学良：《致东特区长官公署等电》（1931年9月22日），《金凤玉露：张学良与赵一荻合集》第4部，第171页。

池，屠杀我人民，时至今日，其凶恶的气焰丝毫不减。”[1]然而又再次下达了不抵抗的命令：“一、此次之所以命令不抵抗主义，是因将此次事变诉诸于国际公审，以外交求得最后胜利。二、尚未到与日军抗争之时机，因此各军将士对日人依然平常那样对待，不得侵害。”[2]这样的决策，很难说是因为形势判断错误所造成的。

基于上述事实，张学良所谓对日本的侵略野心失察、“判断错误”似嫌简单，也不准确。也就是说，张学良针对日军大规模侵略下达的不抵抗命令，不单纯是形势误判的问题，而是另有原因。

三

实际上，深刻影响张学良九一八事变决策的，是蒋介石此时的对日方略和东北与国民党中央的关系。蒋介石与不抵抗主义是否有关联？答案应是确定的。

目前，学术界已对过去论证蒋介石指示张学良不抵抗的两个材料提出了质疑。一是“铣电”，即蒋介石 1931 年 8 月 16 日致张学良的电报，该电称：“无论日本军队此后如何在东北寻衅，我方应予不抵抗，力避冲突，吾兄万勿逞一时之愤，置国家民族于不顾。”[3]该电出自时任张学良陆海空军副司令行营秘书处机要

[1]《9 月 26 日张学良对东北陆海军发布的对日不抵抗训令》，关东军参谋本部：《关特报》（中国）第 32 号，1931 年 9 月 28 日。转自赵朗《“九・一八”全史》第 5 卷（资料编）上，辽海出版社，2001 年，第 172 页。

[2] 同上。

[3] 洪钫：《九一八事变当时的张学良》，《文史资料选辑》合订本第二册第 6 辑，中国文史出版社，1996 年，第 24 页。

室主任洪钫的回忆文章，但迄今没有查到“铣电”的原始档案。台湾学者刘维开说他遍查台湾“国史馆”库藏的蒋介石档案，“亦不见此则电报”。[1]即洪钫回忆中所述的“铣电”是孤证，其可靠性存在疑问。一是时任东北军独立第九旅中将旅长何柱国的9月12日蒋介石、张学良石家庄会面说。何柱国回忆说，蒋、张会谈后，张学良亲自告诉我，蒋介石对他说：“最近获得可靠情报，日军在东北马上要动手，我们的力量不足，不能打。我考虑到只有提请国际联盟主持正义，和平解决。我这次和你会面，最主要的是要你严令东北全军，凡遇到日军进攻，一律不准抵抗，如果我们回击了，事情就不好办了，明明是日军先开衅的，他们可以硬说是我们先打他的，他们的嘴大，我们的嘴小，到那时就分辩不清了。”过了一个星期，九一八事变果然爆发了，张学良下的一道道不准抵抗的命令的来源和真相就是这样。[2]但蒋介石《事略稿本》记载，蒋介石9月12日整日在南京活动：“上午，与夫人等至天保城浙军纪念塔野餐。下午，吴忠信持粤方汪兆铭等复电。”[3]并且有吴忠信的日记予以证实。何柱国的9月12日蒋、张会面说，难以成立。

---

[1] 刘维开：《蒋中正的东北经验与九一八事变的应变作为——兼论所谓“铣电”及“蒋张会面说”》，中国社会科学院中日历史研究中心编《九一八事变与近代中日关系：九一八事变70周年国际学术讨论会论文集》，社会科学文献出版社，2004年，第437页。

[2]《“九一八”沈阳事变前后》，中国人民政治协商会议全国委员会文史资料研究委员会编：《文史资料选辑》第76辑，文史资料出版社，1981年，第66页。

[3] 刘维开：《蒋中正的东北经验与九一八事变的应变作为——兼论所谓“铣电”及“蒋张会面说”》，《九一八事变与近代中日关系：九一八事变70周年国际学术讨论会论文集》，第437页。

但是，即使摒弃上述两个论据，仍无法排除蒋介石的对日应对之策，对张学良所产生的影响。

通览张学良这一时期处理政务的理念，突出的是两点。一是外交归中央。“中央主外交，地方主内政”，即“对外问题由中央负责办理”。[1] 1930年11月至12月间，张学良在列席国民党三届四中全会期间，与蒋介石商定，东北外交完全归中央办理，内部决策征询张学良意见。[2] 由此，其后东北政委会“凡遇地方交涉重要案件”都“先直电请示”。[3] 其时作为张学良要员的戢翼翘回忆说：东北“易帜”以后，张学良“把对日外交全交中央，有问题向中央推”[4]。这种理念，张学良在九一八事变后仍一以贯之。他9月20日在回答记者问题时，宣称关于九一八事变的处理，“对此事全国一致，当然归中央应付。倘此事由国联讨论时，亦将由中央处理”[5]。9月28日，张学良接见北平抗日救国市民大会代表时，再次申明：“关于外交问题，必听中央政府指挥，决无自行办理之事。”“兄弟诸事皆听命中央办理。”[6] 二是服膺蒋介石。对蒋介石的方略和行动，采取了接受和积极赞助的态度。如1931年

---

[1] 魏宏运主编：《民国史纪事本末》（三），《南京国民政府确立时期》上，辽宁人民出版社，1999年，第182页。

[2] 张友坤、钱进、李学群编著：《张学良年谱》，社会科学文献出版社，2009年，第365页。

[3]《东北政委会第四十二次会议议事日程》（民国十八年六月十二日），JCL—89东北政委会议决案。转自郭俊胜、胡玉海主编：《张学良与九一八事变研究》，辽宁人民出版社，2011年，第3页。

[4] 李毓澍访问、陈存恭记录：《戢翼翘先生口述历史》，九州出版社，2013年，第61页。

[5]《金凤玉露：张学良与赵一荻合集》第4部，第167页。

[6] 张学良：《接见北平抗日救国市民大会代表的答词》（1931年9月28日），《金凤玉露：张学良与赵一荻合集》第4部，第190、191页。

6月6日蒋介石发表以“剿灭赤匪”为主旨的《出发剿匪告全国将士书》，张学良于6月8日即发出《复蒋介石电》，称赞蒋介石：“钧座负经文纬武之资，秉遗大投艰之任，谟猷筹划，海内同瞻。”表示“学良忝膺重寄，陈力戎行，仰指示之周详，幸遵循之有自，除将钧旨转谕所属外，敬当奖率师旅，惟钧座之命是从”[1]。其时，蒋介石的注意力在“剿共”和“平定”在广东另立政府的国民党内反蒋派上。7月23日他在南昌发表《告全国同胞一致安内攘外书》，说：“不先消灭赤匪，恢复民族之元气，则不能御侮；不先削平粤逆，完成国家之统一，则不能攘外。”[2]7月24日，张学良在既发给蒋介石又公示全国的《响应蒋介石安内攘外通电之通电》中表示：“奉读（23日）梗政通电，宣示廓清障害匡济时艰之宏旨，谟猷深切，大公无私。循复再三，莫名钦服。”“学良奉教承义，志切服从，擐甲执戈，惟殷待命。”[3]9月1日，蒋介石在汉口发表《为呼吁和平告全国同胞书》，说：“中正惟有一本素志，全力剿赤，不冀其他。”9月5日，张学良再次致电蒋介石，表示拥护：“学良夙凛服从”，“兹奉谆诰，倍有遵循，敢勉驭骀，唯力是视，敬陈末悃，伏维鉴察”。[4]直至1946年，张学良在回顾这段历史时，在日记中写道：在东北执政三年期间，“我一意的拥护

[1] 张学良：《复蒋介石电》（1931年6月8日），《张学良文集》1，第464页。

[2] 张其昀主编：“蒋介石全集”第3卷，台北“中国文化大学”出版部，1984年，第3125页。

[3] 张学良：《响应蒋介石安内攘外通电之通电》（1931年7月24日），《金凤玉露：张学良与赵一荻合集》第4部，第120—121页。

[4] 张学良：《致蒋介石电》（1931年9月5日），《金凤玉露：张学良与赵一荻合集》第4部，第153页。

中央，依赖中央”[1]。因此可以说，这一时期是蒋介石和张学良合作的“蜜月期”，张学良拥戴、追从蒋介石的立场非常明显。

在“外交”归中央的理念支配下，张学良在面临日军严重威胁的危机时，就把应对问题提交了国民党中央。1931年7月万宝山事件发生后，面对日本咄咄逼人的挑衅和进逼，张学良自忖只东北军不是日本的对手，因此于7月6日致电东北政委会，指示：“此时如与日本开战，我方必败，败则日方将对我要求割地偿款，东北将万劫不复，亟宜力避冲突，以公理为周旋。”[2]但他深感“日本对东北之密谋”[3]的严重性，于是要求国民党中央统筹应对。他两次密电蒋介石：“东北之安全，非借武力无以确保，日本既一意对外，我方亦应有所自省。”“由万宝山事件及韩人排华风潮以观，日本推展其大陆政策，有急侵满蒙之意，已无疑问；无论其对手为中国抑或为苏联，事既关系满蒙存亡，吾人自应早为之计。”[4]据其时与张学良密切来往的顾维钧回忆：早在沈阳事件之前的夏天，张学良向蒋介石提出“对日采取强硬态度，和直接抵抗日本侵略的政策等要求”[5]。

---

[1] 杨天石：《蒋介石在抗日战争中的作用》，《探索与争鸣》2015年第5期。

[2] 张学良：《致东北政委会电》（1931年7月6日），《金凤玉露：张学良与赵一荻合集》第4部，第99页。

[3] 张学良：《复吴家象电》（1931年8月9日），《金凤玉露：张学良与赵一荻合集》第4部，第133页。

[4]《张学良文集》1，第466页。

[5] 中国社会科学院近代史研究所译：《顾维钧回忆录》第1分册，中华书局，2013年，第405页。顾维钧在北洋政府时期曾任外交总长、总理等职，1928年6月北伐军进占北京时，顾维钧护送张作霖等奉系军政人员逃离北京。国民政府因顾支持奉张政府而曾下令通缉。

在服膺蒋介石心理支配下，张学良接受了蒋介石的应对日本威胁之策。

7月11日，蒋介石就万宝山事件致电张学良，称日人行事狡猾阴险，要求东北当局保持冷静，小心应付，避免抗议行动过激，风潮扩大，强调："此非对日作战之时。"[1]次日，时任国民党中央常委和国民政府审计长的于右任致电张学良，称："中央以平定内乱为第一，东北同志宜加体会。"[2]据此，张学良致电东北政委会，指示："对日不能开战，只能据理以争，并须制止民众反日运动。"[3]7月12日，蒋介石自江西再次致电张学良："发生全国的排日运动时，恐被共产党利用，呈共匪之跋扈，同时对于中日纷争，更有导入一层纷乱之虞。故官民须协力抑制排日运动，宜隐忍自重，以待机会。"[4]张即复电表示接受蒋介石的指示："努力隐忍自重，勿使日本乘其间隙。"[5]

此外，蒋介石7月23日公开宣示的"攘外必先安内"方针；8月4日致电国民党中央的对当前国民排日运动"应取慎重态度，以免为日方有所借口"[6]，应该都对张学良产生了影响。特别是，

[1] 梁敬錞：《九一八事变史述》，圣若望大学亚洲学院，1964年，第117页。

[2] 沈觐鼎：《对日往事追忆》，《传记文学》第24卷第4期。

[3]《张学良年谱》，第394页。

[4] 易显石等：《九一八事变》，台北谷风出版社，1987年，第185页。转自刘维开《蒋中正的东北经验与九一八事变的应变作为——兼论所谓"铣电"及"蒋张会面说"》，《九一八事变与近代中日关系：九一八事变70周年国际学术讨论会论文集》，第428页。

[5]《张学良年谱》，第395页。

[6] 李勇、张仲田编：《蒋介石年谱》，中共党史出版社，1995年，第194页。8月6日《中央日报》予以报道：蒋介石"痛陈"："安内可以攘外，请中央对排日运动，应取慎重态度，以免为日方有所借口。"

张学良陆海空军副司令行营秘书长王树翰转达的蒋介石的指示：不必惊慌，有《九国公约》及国际联盟，日本不能强占我领土。万一进攻，也不可抵抗，以免事件扩大，处理困难。[1]应该是深契张学良之意的。九一八事变时张学良提出的诉之国际联盟的方案，应该最早出自于此。

另外，张学良基于日本实力强大的现实和中东路事件的教训，知道抗日必须全国一致，东北军若孤军作战，不过是做“无谓的牺牲”，而且还可能“扩大事态”，招致更大的灾祸和苦难。[2]由此，更加坚定了在应对日本威胁问题上，必须与国民党中央一致的理念。

据常钺、饶胜文所著《九一八事变背后的角力》记载：1931年9月，南京陆海空军总司令部给东北边防军司令长官公署发来密令，指示：“查中日情形之恶化，素有缘由，如该公使之报告，因东三省与日本接壤，交涉案件靡月无之，涉及常驻军与鲜民之案件尤为重大。此亦被日本方面作为借口，进行挑战之借口，实为横蛮无理之至。日方虽有任何行动，此时应以镇静态度相待，万不可轻率行事，致启战端。”[3]该电报还指出：“顷据驻日使领馆报称：‘近来日本各政党，不问当政与否，皆对我国绝对无诚意与亲善之态度，反而采取积极之侵略政策。最近，日政府当局，有以我国在东北修筑对于满铁之并行线、对抗满铁特殊权利、我国正规军队杀害中村大尉、青岛民众袭击日本侨民、在

[1]《张学良年谱》，第398页。

[2] 1930年10月28日，张学良向国民政府建议，召集国防会议，以固边陲（《张学良年谱》，第352页）。

[3] 常钺、饶胜文:《九一八事变背后的角力》，中共党史出版社，2005年，第119页。

东北各地压迫鲜民、组织排日会为口实，实行挑战准备之举。而且，日本陆军当局已公然通告常备及预备役军官，必须在满蒙方面积极地进行作战准备，并采取如下充实各种实力之行动……查日人对中日各交涉案之无诚意，国人早已洞悉，而且，其对满蒙之侵略政策亦国人所共知。今又以中村大尉事件及满铁并行线和鲜人压迫事件为名，进行挑战准备充实军备，我东三省必首当其冲。……满铁沿线之常驻军又有越界演习之举动，可见其居心叵测。故而，将所探知之情况报告如上，请予注意。'"[1]

如前所述，张学良在万宝山事件后曾要求抗日，但蒋介石的"现非抗日之时""宜隐忍自重"和依靠国际联盟，打消了他抵抗的念头。于是，两人在"力求避免与日人发生冲突"上达成高度的共识。于是，9月6日张学良向在东北的大员发出一个电报指令："查现在日方外交渐趋吃紧，应付一切，亟宜力求稳慎。对于日人，无论其如何寻衅，我方务须万分容忍，不可与之反抗，致酿事端，即希迅速密令各属切实注意为要。"[2]此即九一八事变历史上的"鱼电"，由此九一八事变时，张学良下达、东北军执行了"不抵抗"的命令。

也就是说，虽然九一八事变时，蒋介石没有下达过不抵抗指示，但不等于蒋介石与此无关。事实是，张学良发出的不抵抗命令，和蒋介石的相关指示密切相关。张学良所谓蒋介石和不抵抗主义没有关联的回忆，是难以成立的。

[1]《九一八事变背后的角力》，第119—120页。

[2]《张学良文集》1，第479页。

四

蒋介石和国民党中央在九一八事变后的决策，证明不抵抗主义是国民党当局应对日本进攻的共识和基本方针。

9月19日，在获知九一八事变后，国民党中执委常务委员会议讨论了应对之策："会议中，众意对外仍采诉之国际联盟，请其主持公道。"[1]当日晚，蒋介石致电张学良："接沪电知日兵昨进攻沈阳。据东京消息，日以我军有拆毁铁路之计划，其借口如此，请向外宣传时，对此应力辟之。"[2]面对日军进攻，蒋介石仅只提出了反驳日军污蔑的问题，即宣传问题，而对日军进攻这个需要关键应对的问题，没有主张，更无明确抵抗的指示。9月20日，国民党中常会作出决议："对日武力可退让，交涉决不放松。"[3]9月21日下午2时，在蒋介石回到南京后召开的国民党党政军要员会议上，蒋介石明确把依赖国联作为主要对策："余主张以日本侵占东三省事实先行提交国际联盟与签约非战公约诸国，此时唯有诉诸公理，一面则团结国内，共赴国难。忍耐至于相当程度，乃出以自卫之行动。"[4]可见，诉之国联是国民党应对九一八事变的基本方针。

这里需要讨论一下，九一八事变时，张学良下令不抵抗的依

---

[1] 邵元冲著，王仰清、许映湖标注：《邵元冲日记》，上海人民出版社，1990年，第775页。

[2] 秦孝仪主编：《中华民国重要史料初编——对日抗战时期》绪编（一），第279页。

[3] 王芸生：《六十年来中国与日本》第八卷，生活·读书·新知三联书店，2005年，第245页。

[4]〔日〕古屋奎二：《蒋介石秘录》第三卷，湖南人民出版社，1988年，第111页。《中华民国重要史料初编——对日抗战时期》绪编（一），第281页。

据是“将此次事变诉诸国际公审”，国民党中央也是诉之国联，如此高度一致，毫无歧义。这是瞬间决策的不约而同，还是早有讨论、已有预案？值得深入研究。

9月22日上午，蒋介石在南京市党部党员大会上将国民党诉之国联的方针公之于众，并就此论述说：“我国民此刻必须上下一致，先以公理对强权，以和平对野蛮，忍痛含愤，暂取逆来顺受态度，以待国际公理之判断”；并且对此举充满自信：国联盟约和非战公约，“皆各国为确保世界和平而订定。余敢信凡国际联合会之参加国及非战公约之签字国，对于日本破坏条约之暴行，必有适当之裁判”。[1] 23日，《国民政府告全国国民书》明确提出：“今兹事变起后，政府已立即将日人之暴行，报告于国联……政府现时既以此次案件诉之于国联行政会，以待公理之解决，故已严格命令全国军队，对日军避免冲突。对于国民，亦一致告诫，务必维持严肃镇静之态度。”“断不容以任何意气情感，摇动中央所决定之方策与步骤，以影响一致救国之决心。”同时重复了和蒋介石一样的自信：“深信此次事件，苟经一公平之调查，国联本其应有之职责，必能与我以充分之公道，及合理之援救。”[2] 寄希望于国联解决，为此“对日军避免冲突”，“务必维持严肃镇静”。上述决定说明五个问题：一是蒋介石和国民党中央及其政府认可张学良处理九一八事变的做法；二是国民党在九一八事变后确定的对日方针也是不抵抗，幻想依靠国联的力量压迫日本从东北撤兵，即继续了张学良执行的不抵抗主义

[1]《中华民国重要史料初编——对日抗战时期》绪编（一），第282—283页。
[2] 同上书，第286—287页。

的方针；三是九一八事变时张学良的对策是符合蒋介石和国民党中央方针的；四是至少可以说蒋介石此时是不主张抵抗的；五是国民党掌控九一八事变应对日本大规模侵略的决策权。张学良22日和26日对东北军下达的不抵抗命令，应与此有关。9月23日后，日军对东北深入和扩大侵略之得逞，和国民党中央对不抵抗主义方针的继续实行是有关的，结果导致整个东北迅速丢失。

正因如此，著名报人、政论家王芸生在《国闻周报》发表评论说："不抵抗主义这个名词，并不是由张学良创始的，但是如今我们，一提到不抵抗主义，可就会联想到张学良，张学良是这个主义的实行者。……等到九一八事变发生了，他觉着'打是打不过日本的，以不抵抗对付之，不使事端扩大，以待国际来解决'。那时候张学良是这种心理，中央也是这种心理。所以我说就是换作他人是东北边防司令长官，也是十分之九的一样不抵抗。"[1]美国学者吴天威就此评论说："九一八事变前对日军之'不抵抗'决定出自蒋张二人，事变后所作的对策基本上也出自他二人之共议和协议。"[2]台湾学者蒋永敬、李云汉也认为，对张学良之不抵抗，蒋介石"默认"，蒋与张是"命运共同体"，[3]蒋永敬还认为："九一八的灾难，应是可以预知的，惜未能事先预防之，

[1]《杂忆随感漫录——张学良自传体遗著》，第123页。

[2] 吴天威：《蒋介石与九一八事变》，《抗日战争研究》1992年第2期。

[3] 蒋永敬：《从"九一八"事变到"一·二八"事变中国对日政策之争议》，《抗战前十年国家建设史研讨会论文集》，台北"中央研究院"近代史研究所，1984年；李云汉：《"九一八"事变前后蒋总统的对日政策》，《中国近现代史论集　第二十六编　对日抗战》（上），台北商务印书馆，1985年。

秉国者不免有误国之咎矣。”[1]

需要说明的是，国民党此前曾有请求国联解决而失败的教训。1928年“济南惨案”发生后，国民政府主席谭延闿致函国联秘书长，请求国联干预、调查、公断：“现在日本侵略行动，实已侵犯中国领土与独立，而危害国际和平；应请执事依照国际联盟规约第十一条第二项，即行召集理事会会议。余亟盼国际联盟知照日本，停止日军暴行，并立即撤回山东军队。国民政府深信我方理直，对于此次事件之最后处决，愿承诺国际调查或国际公断之适当方法。”[2]但国联以尚未承认国民政府而拒绝。1929年中东路事件引起中苏军事冲突，国民政府令驻德国大使蒋作宾将此“依据（国联盟约）十一、十七两条提出国际联盟”[3]，因英、日反对国联干预和苏联一再声称拒绝第三者插手中东路问题，此举亦无效而终。国联之作为，国民政府应因前案之训而有所警觉，但蒋介石和国民党中央竟然在九一八事变后对其充满信心，不知凭据若何？

五

围绕张学良关于不抵抗问题的回忆，还有几个具体问题需要辨析。

---

[1] 周美华：《中国抗日政策的形成——从九一八到七七·序言》，“国史馆”，2000年。转自洪岚《“九一八”事变前蒋介石与张学良对日问题的共同方针》，《北京电子科技学院学报》2005年第3期。

[2]《中华民国重要史料初编——对日抗战时期》绪编（一），第140—141页。

[3] 北京师范大学、上海市档案馆编：《蒋作宾日记》，江苏古籍出版社，1990年，第117—118页。

第一，张学良的关于不抵抗问题的回忆还存在一些错误。一是所谓“当时中央给过我一个指示，但内容不是不抵抗。当时的中央政府行政院长是孙科，他下达的指示是‘相应处理’。‘相应处理’意思就是根据状况做适当处理，换一句话说就是中央不负责任”。张学良的这个回忆有误。孙科是在1931年12月国民党四届一中全会后担任国民政府行政院长的，任职时间是1932年1月1日到28日，不及一月。而此时距离九一八事变已经三月有余，所谓孙科政府的“相应处理”指示与不抵抗命令，毫无关联。另外，需要指出的是，孙科政府成立之时，正逢日军向锦州发动进攻。孙科政府给张学良的是“积极筹划自卫，以固疆圉”[1]等抵抗日军的指示，张学良1932年1月6日给国民政府的电报也说：“锦州为重要冲衢，前迭奉命责成御侮保疆”，而非“相应处理”。二是张学良所谓“那个时候，蒋公根本就不负责任，他不负这责任，我也根本没有向他请示的必要”，更是不确。蒋介石是在1931年12月15日国民党化解因扣押胡汉民而宁粤对峙的矛盾过程中被迫下野（第二次下野）的。九一八事变时，蒋介石任国民政府主席、行政院长和陆海空军总司令，操控国民党中央及其政权的大权，并不是“不负责任”。实际上，从东北“易帜”直至蒋介石第二次下野，张学良与国民党中央的联系，主要就是和蒋介石的联系。九一八事变前后，应对日本挑衅、侵略的方针，如前所述，张学良请示的更是蒋介石。张学良回忆中的这些错误，容易让不了解历史者产生误解。

---

[1]《中华民国重要史料初编——对日抗战时期》绪编（一），第313页。

第二，蒋介石有关淞沪、山东等地防范和抵抗日本进攻的指示，论证不了蒋介石应对日军进攻东北的方针就是抵抗。九一八事变后，蒋介石确曾发出防范日军进攻的指示。9 月 22 日，时任陆海空军总司令部参谋长兼南昌行营参谋长的熊式辉请示：“淞沪为通商巨埠，日舰驻舶甚多，交涉万一不能迅速解决，日方扩大行动，对我要塞、兵工厂及重要机关施行威胁袭击时，我陆海军究如何行动？”23 日，蒋介石批示：“应当防范。如日军越轨行动，我军应以武装自卫，可也。”[1] 同日，蒋介石致电国民政府军政部长何应钦，指示对日方略：我应采取正当防范。如日军有越轨行动，我应以武装自卫。[2] 据此，何应钦在当天发布告全国军人书，指出：我同胞一方面应服从政府之指导，静候国际公道之解决；一方面，尤应恪守军人之天职，妥筹实力自卫之准备。[3] 25 日，蒋介石致电山东省政府主席韩复榘：“我军应在潍县多加兵力，以防日军出青岛或烟台，侵入济南。我军决在潍县附近与之抗战。”[4] 有论者以此认为，面对日本侵略，蒋介石和张学良的方针不同，张学良是不抵抗，而蒋介石和国民政府有准备抵抗的决心。是否如此？值得商榷。应该明确的是，其时在蒋介石的认识中，东北与关内的地位和利害关系存在很大差异。蒋介石认为：“东北问题，非东北

[1]《中华民国重要史料初编——对日抗战时期》绪编（一），第 285—286、259 页。

[2] 秦孝仪总编纂：蒋介石《大事长编初稿》卷二，台北国民党中央党史会编印，1978 年，第 132 页。

[3]《军政部长何应钦告诫全国军人书》（1931 年 9 月 23 日），《革命文献》第 35 辑，第 1205 页。

[4]《中华民国重要史料初编——对日抗战时期》绪编（一），第 288 页。

之单纯问题，当留待东亚问题全部之解决”；“东三省不是国民革命的策源地，而是国民革命最后目的地。因为东北问题，乃是一个关系整个国际局势之东亚整个的问题，所以不是我们在革命发动之始所可能解决，而必须求之于国民革命目的达成之际，才能得到根本解决”。东北“至少可说非革命势力范围以内之地”。1934 年，他甚至说：“即就东北四省被占为例，在中国国家丧失此重要之领土，当然为一极严重之损失，但以革命期内的国民政府的性质视之，一时的得丧几无关系，且无宁谓塞翁失马。”[1] 基于这样的认识，蒋介石对待东北的方针和处理思维不同于关内。因此，用蒋介石指示内地准备抵抗来推测他在东北也是要抵抗的，恐怕不甚周全。此地非彼地，此时非彼时，不可同理而论。关于这一点，台湾学者刘维开已经做了精当的分析：蒋介石认为东北问题有国际性、复杂性，且属于边疆问题，宜采取柔性政策羁縻，吾人“实力不够，欲解决边疆问题，只能讲究政策”，如此，“边疆问题虽不能彻底解决，亦可免其更加恶化；将来易于解决”。正是这样的体识，蒋介石在万宝山事件、中村事件后提示张学良“此非对日作战之时”[2]。

第三，有论者以“力求避免冲突”并非“不抵抗主义”，而为蒋介石辩护，认为是张学良将“力求避免冲突”的共识单方面推向了“不可与之反抗”即“不抵抗”。但是，客观地分析，“力求避免冲突”，即争取或保证不能与之发生“冲突”，那么当对方

[1] 转自刘维开：《蒋中正的东北经验与九一八事变的应变作为——兼论所谓“铣电”及“蒋张会面说”》，《九一八事变与近代中日关系：九一八事变 70 周年国际学术讨论会论文集》，第 424—428 页。

[2] 同上书，第 430 页。

进行挑衅、发动攻击等“冲突”举动时，则一定要“避开”、退让，不与之接手，实质即是“不抵抗”，否则就“避免”不了“冲突”，更达不到“力求避免冲突”。所以，虽然“力求避免冲突”不完全等同“不抵抗”，但二者存在因果关系，“力避冲突”是“不抵抗”的思想基础，“不抵抗”是“力避冲突”的逻辑结果。“力避冲突”实行的结果就是“不抵抗”。以此来区分蒋介石和张学良在不抵抗问题上的责任，是难以有说服力的。

第四，有一种观点以中日力量悬殊、抗日时机未到而肯定“不抵抗主义”，地质学家丁文江 1933 年 1 月的论述应该是很好的回答：日本要称霸“全亚洲”，要吞并整个中国，我们的唯一生路就是尽我们的力量来抵抗。尽管无论我们如何抵抗，日本都不可能因此放弃他们的计划，但要让日本付出最高的代价，而不是拱手相让。我们要生存当然要靠国际的均势，但是先要自己肯牺牲，有牺牲的办法，我们才会得到别人的援助。如果我们对自己的国土都不爱惜，希望别国的人来替我们抵抗，天下怎么会有如此便宜的事。所以主张抵抗就不是一种高调，而是最低的低调，不是基于一时的情感，而是从十分的理智出发的，不是谋自杀，而是图生存。[1]

[1] 傅国涌：《丁文江：“假如我是蒋介石”》，《时代教育（先锋国家历史）》2008 年第 14 期。

抗日战争时期国共两党地位的变化

抗日战争这场中华民族规模空前的反侵略战争，对中国和世界的历史产生了深远的影响，对当时中国社会的两大政党——国民党和共产党也产生了极大的影响。在一定意义上甚至可以说，抗日战争决定了国共两党的兴衰消长，改变了它们在国内政治生活中的地位，并且奠定了未来中国政治走向的基础。

一

卢沟桥事变后，日本大举侵华，抗日战争全面爆发。在战争的冲击下，国内政治格局发生了剧烈的变化。

抗日战争极大地激发了全国人民的爱国热情、强烈的民族凝聚力和向心力，促进了国内团结，国共两党实现了第二次合作，抗日民族统一战线正式建立。当时，国民党的执政党地位，积极抗战的态度，颁布《抗战建国纲领》，设立国民参政会，制定惩戒汉奸条例，释放政治犯，承认中国共产党和民主党派等举措，产生了积极的影响，受到全国上下的普遍赞同。一时间，全国各党各派都表示拥戴国民党及其政府抗日。中国青年党、国家社会党拥护自不待言。中华职业教育社表示“拥护政府及最高领袖”，

"服从领袖命令"。[1]救国会"七君子"也呼吁"国民应赤诚拥护政府抗战，务使政府无内顾之忧，由此能尽其全力对外"[2]。第三党认为国民党制定的《抗战建国纲领》可与1924年国民党一大宣言相媲美，对国民党寄予"新希望"。[3]李济深、陈铭枢等解散了所领导的中华民族革命大同盟，认为"国民党已经居于唯一领导抗日的地位"，呼吁国内各党派应该"一心一德拥护政府拥护领袖"。[4]各个地方实力派亦有拥护国民党政府的意向。1937年8月7日，刘湘、阎锡山、龙云、李宗仁等在南京国防联席会议上一致表示："今后军事、外交上各方之态度均听从中央之指挥与处置。"[5]国民党内反蒋势力纵横的局面消失。中国共产党也肯定了国民党抗战初期的进步表现，认为国民党的《抗战建国纲领》和《抗日救国十大纲领》"基本上是一致的"，应"坚决赞助其实现"，[6]还表示"抗日民族统一战线的组成中，国民党居于领导与基干地位"[7]。因此，为了巩固抗日统一战线，"为求得与国民党的精诚团结"，中国共产党重申了五项要求和四项保证，承认国民党的执政党地位和蒋介石的领袖地位。

综上所述，可见国民党蒋介石的声望，在抗战爆发后达到了

[1] 王金铻主编：《中国现代资产阶级民主运动史》，吉林文史出版社，1985年，第512页。

[2]《抗战》第18号，1937年10月16日。

[3]《中国现代资产阶级民主运动史》，第511页。

[4]《批判中国资产阶级中间路线参考资料》第3辑，中国人民大学出版社，1959年，第33页。

[5] 国民政府军事委员会档案，南京中国第二历史档案馆藏。

[6]《中央关于国民党临全大会后的策略问题致长江局电》，1938年4月27日。

[7]《中国现代史资料选编》第5辑，中国人民大学出版社，1989年，第239页。

其统治中国22年间的最高峰。蒋介石国民党数十年来孜孜以求、施尽各种手段而达不到者，在抗战初期实现了。

然而，国民党这种为举国拥戴的局面并没有持续多久。抗战进入相持阶段后，国民党很快就从政治巅峰上滑下去了。中国共产党对其误国误民政策，做了严厉的抨击和坚决的斗争，对其反共“摩擦”给予有力的反击。国共间分歧愈来愈大，关系僵持。民主党派和民主人士也对国民党感到失望、厌倦。于是，1939年爆发了被形容为“晴天霹雳”的宪政运动。民主党派群情激昂，强烈要求结束国民党党治，“一党专政不取消，一切都是空谈”[1]，运动声势浩大，遍及大后方。这说明国民党抗战初期在民主党派中塑造的形象已经动摇，民主党派对国民党的信任感消失。1941年，国民党制造皖南事变，民主人士对之更加失望。于是他们联合起来，相继建立“统一建国同志会”和“中国民主政团同盟”，另树一帜，同国民党展开争民主的斗争。这年11月，民盟参政员张澜、张君劢、左舜生等在国民参政会上提案，矛头直指国民党一党专政。蒋介石闻之大骂：“把我当成宣统了。”[2]民主党派与国民党蒋介石的矛盾趋向尖锐、表面化。1942年，民盟参政员拒绝出席第三届国民参政会，蒋介石屡派张群、王世杰等敦请，“固不应”，“隐示抗议”。[3]民主党派实际上站到了国民党蒋介石的对立面。抗战后期，人民已充分认识到：国民党是“十足反民主的”，对之已离心离德。国统区工人罢工、学生罢课、

[1] 邹韬奋：《经历》，生活·读书·新知三联书店，1979年，第234页。

[2] 吕光光：《张澜先生生平事略》，中国人民政治协商会议全国委员会文史资料研究委员会编《文史资料选辑》第89辑，文史资料出版社，1983年，第128页。

[3] 梁漱溟：《论当前宪政问题》，《民宪》（东南版）1945年第1期（1945年9月1日）。

农民暴动事件相继发生。国民党的威信一落千丈，在全国的政治地位江河日下。蒋介石自己也被迫承认：要恢复国民党过去的地位，“使社会民众对于本党仍旧像同盟会时代的尊敬仰慕，对我们党员表示诚意的欢迎，自动地接受我领导，这简直是太不可能的事！无论用什么办法，无论叫什么人来领导，都不能发生起死回生的效果了”[1]。

与此相反，中国共产党的政治影响和地位迅速上升，由弱到强。抗战爆发前，由于国民党的严密封锁和歪曲报道，由于中共主要活动在比较偏僻的乡村，与外界接触少，外界对其不了解，甚至有误解。抗战爆发时，中共党员只有4万人；红军和南方游击队改编为八路军、新四军时，总共只有五六万人。这就是说，在抗战爆发前乃至抗战爆发初期，中共在国内外政治影响有限，军事力量弱小。但随着抗日战争的发展，这种状况有很大改变。在政治上中国共产党逐渐走向了全国、全世界；同时军事力量也有空前的大发展。这主要表现在以下几个方面：（一）在广阔的国土上，在广大人民中间，中共用战斗塑造了自己的形象。中国共产党在毫无外援的情况之下，完全靠自己的努力，解放了广大的国土，抗击了大部分的侵华日军和几乎全部伪军，战绩辉煌，影响甚大，无论在抗日根据地还是在国统区、沦陷区，中共领导的八路军、新四军等抗日武装，都普遍受到人民的爱戴和景仰，在国内外赢得了很高的声誉。（二）在抗击日本侵略者的斗争中，中共自身力量得到了大发展，到1945年春，拥有党员120万人，正规武装91万人，而且素

[1]“蒋介石集”第2册，台湾“国防研究院”，1961年，第1494页。

质优良、朝气蓬勃，深得人民拥护，成为中国抗日战争的中流砥柱和影响国内政局的重要力量。当时美国驻华使馆人员谢伟思曾指出：共产党力量发展壮大，“要消灭他们是不可能的”，并预见“共产党将在较短的几年内成为中国的统治力量”。[1]蒋介石也承认中共崛起与之抗衡这个事实：“中国在国民党以外，除了共产党，再没有什么其它党派了。所谓其它党派实际是不能算数的。”[2]（三）中国共产党在与民主党派、民主人士广泛接触、交往中，在坚持抗战、争取民主进步的斗争中，“以党的正确政策和自己的模范工作，说服和教育党外人士，使他们愿意接受我们的建议”[3]。多数民主党派逐渐为中共的方针、政策和行动所折服，逐渐向其靠拢，成为中共与国民党斗争的同盟者。在抗日和民主等重大问题上，他们“事事采取和中共一致的态度，力求呼应中共，处处和政府为难”[4]。（四）引起国际社会高度重视。通过抗战，当时的世界大国尤其是美国至少认识到三点：中共及其军队是战胜日本法西斯、稳定亚太地区的一支举足轻重的力量；中共充满活力，远比国民党廉洁、有效率、受群众欢迎，是中国的新生力量；中国问题的解决不能不考虑中共的势力。在行动上，美军观察组长驻延安、史迪威事件、赫尔利使华和美国政府酝酿而未能出台的与延安进行军事合作配合美军登陆的计划，都反映了美国对中共的重视。罗斯福总

[1]〔美〕伊·卡恩著：《中国通》，新华出版社，1980年，第144页。

[2]《顾维钧回忆录》第5分册，中华书局，1987年，第475页。

[3]《毛泽东选集》第二卷，人民出版社，1991年，第742页。

[4]秦孝仪：《中华民国政治发展史》第3册，台湾近代中国出版社，1985年，第1309页。

统甚至认为，美国实际上在中国已经和“两个政府打交道”，“我打算继续这样做，直到把他们双方拉到一起为止”。[1]

国共政治地位的这种逆向变化，是个渐进的过程，但1941年皖南事变后表现得十分明显。当时国内外对国民党的强烈谴责、对中共的广泛同情，都是抗战以来所未有的。事变的结果使国民党蒋介石的地位大大下降，中国共产党的政治影响明显提高，公认是中国团结抗战的重要力量。到1944年，国共政治地位发生根本性的变化。中国共产党提出废止国民党一党专政、建立联合政府的主张，立即引起“国内各党派及对政治有兴趣人士之共鸣”，民主运动波澜壮阔，形成新的高潮。国民党被千夫所指，蒋介石哀叹陷入“孤立地位”。这表明：国民党统治出现了严重的危机，人民背弃了它，国民党以外的其他党派、各种势力簇拥在中国共产党的旗帜下，中共成为主导中国政治的主要因素。一降一升，标志着国共两党在国内政治生活中地位、角色的历史性转折。

二

国共两党在关系抗日和民主等一系列问题上的巨大反差，导致了两党在国内政治地位的逆向变化。

（一）国共两党不同的抗战路线导致了两种不同的结果，是两党地位变化的首要原因。

抗日战争时期，中国社会最突出、人民最期盼解决的问题，

[1] 裘克安编集：《斯诺在中国》，生活·读书·新知三联书店，1982年，第173页。

就是如何尽快赢得抗日战争的胜利。在民族敌人深入国土、国难当头的历史条件下，救亡制约着整个社会运动。是否以抗日大局为重、为国纾难，是中国人民对每个政党、团体乃至个人评价和取舍的标准。凡有利于抗日大业者，则受到欢迎和拥护；反之则众叛亲离，日渐式微，甚至走向衰亡。

中国共产党是以崭新的战斗姿态参加抗日战争的，将战胜日本侵略者作为自己在抗战时期奋斗的最大目标和一切工作的出发点。国民党在抗战初期曾有过比较积极、为国人称道的表现，然而这种进步现象很快就消失了。在民族危急时刻，仍抱着狭隘的党派私利、偏见，亟谋削弱或消灭其他党派，企图维持并进一步加强其一党独裁专制。国共两党的两种指导思想，在实践中产生了截然不同的结果。

全国抗战爆发后，中国共产党提出全面抗战路线，动员全国人民实行全民族抗战。八路军、新四军挺进敌后，广泛发动群众，组织抗日武装，开辟了广大的敌后战场，相继建立了 18 块敌后抗日根据地。解放区不断扩大，敌占区日渐缩小。如华北地区，到 1944 年，八路军控制了 137 个县，日军感到“治安良好”的只有 7 个县，另有 295 个县是游击区。华北的日军被迫承认：“对面的控制已不可能，只能考虑确保点线”，占领区“几乎到处都有共军活动”，“民心多倾向共产党”。[1] 在华中地区，汉奸周佛海惊叹道：“长江下游遍布新四军。”[2] 党领导的抗日军民在极端艰苦的条件下不但坚持了敌后抗战，而且获得大发展，抗击了约占

---

[1] 日本防卫厅战史室编：《华北治安战》（下），天津人民出版社，1982 年，第 440 页。
[2]《周佛海日记》，上海人民出版社，1984 年，第 390 页。

60%的侵华日军和几乎全部伪军，创造了中外瞩目的辉煌战绩，成为中国抗战的中流砥柱。

国民党既不相信人民群众的力量可以战胜日本侵略者，又害怕人民力量发展壮大威胁其统治，因而压制、限制人民抗战，尤其是武装抗战，实行了一条片面抗战路线，由政府及其军队包办抗战，并对美英苏等大国有很大的依赖性。蒋介石曾公开宣称：抗日“战争时期之久暂，全视日本及列强之态度”[1]。抗战进入相持阶段后，反共积极，抗日消极，战绩与其所居的地位很不相符。太平洋战争爆发，美英对日宣战后，蒋介石颇为兴奋：“抗战政略之成就，至今已达于极点。”[2]于是，消极抗战，“等待胜利，保存实力，准备内战”[3]，结果，将帅骄逸，腐败蔓延。1944年豫湘桂战役大溃败，丧师失地，严重损害了抗日大业。不言而喻，国民党的片面抗战路线导致其在军事上不断溃败，使它的威信、作用大大降低。

（二）共产党坚持和维护国共合作，促进和加强团结抗战；国民党不断制造分裂“摩擦”，借抗战排斥、消灭异己，遭到国内外的谴责，导致两党政治影响的大幅度升降。

在统一战线问题上，中国共产党坚信：抗日民族统一战线是中国抗日战争得以坚持和取得胜利的基本前提。因此，始终坚持和努力维护抗日统一战线，“不论何种情况，党的基本任务是巩固扩大抗日民族统一战线，坚持国共合作与三民主义。必须坚持

[1] 蒋介石：《抗战方针》，1938年，第30页。
[2]〔日〕古屋奎二：“蒋介石秘录”第12册，台北“中央日报社”，1975年，第197页。
[3]《毛泽东选集》第四卷，人民出版社，1991年，第1124页。

这种方针，不能有任何的动摇”[1]。在政治上，为团结抗战，中共向国民党做出不少让步，推动和维护了抗日民族统一战线的形成和发展；在军事上，积极配合和支援国民党军队作战，即使在皖南事变后的伤痛中，仍积极配合国民党军队进行豫南会战、中条山战役，“我们的基本方针是团结对敌，是配合作战”[2]。对于国民党的种种反共分裂行径，给予了坚决的揭露和有力的回击，但在斗争中非常注意方式和分寸，以斗争求团结，“以统一为主，摩而不裂”。

对于民主党派，中国共产党视为团结抗日的同盟军，明确宣布“同党外人士实行民主合作的原则，是固定不移的”。战时中共与救国会、第三党、职教社、乡建派、青年党、国社党及后来的民盟，都有密切联系。真诚平等对待他们，尊重他们的利益，关心他们的发展。对于他们的困难，在自己也十分困难的情况下仍大力帮助解决。国民党企图扼杀民盟，共产党则给予热情扶助，以“民主运动生力军”激励之。在反对国民党排斥异己、压制民主抗战的斗争中，与民主党派患难与共，团结奋斗。同时，大力争取其他各界爱国人士，使他们在抗日、民主斗争中发挥作用。共产党为国为民、甘于牺牲、主持正义、努力奋斗的思想风范和表现，感化和吸引了民主党派、民主人士，获得了他们的信赖和拥护。

国民党力图在抗战中消灭中共和民主党派，“化多党为一

---

[1]《六大以来》(上)，人民出版社，1981年，第1037页。

[2]《毛泽东年谱(1893—1949)》(修订本)中卷，中央文献出版社，2013年，第296页。

党”，进一步加强其一党专制。联共本是在日本侵略情势下的被迫之举，并含有乘机“溶共”祸心。而共产党的军队在敌后抗战、力量迅速发展壮大更使之惊恐不安，于是，抗战进入相持阶段后，国民党大肆宣扬“一个主义、一个政党、一个领袖”，制定防共、限共、反共的方针，对中共进行各种污蔑，严格限制、封锁中共的活动。在军事上大搞反共“摩擦”，甚至掀起三次大规模的反共高潮。民主党派亦属异己，国民党对其压制和诱骗手段交替使用。在共赴国难旗号下，要求民主党派“或加入本党共同负荷，或秉持共信一致努力”[1]，宣扬“委员长十多年有一个理想，要集中中国一切人才组织一个伟大的党，由他领导起来”[2]，并以“入党是国民义务”为幌子强迫民主人士加入国民党。民主党派的言论、出版、集会、结社都受到干涉。统一建国同志会曾被留难再三；民盟被查讯禁止，被迫到香港宣告成立。如此等等，“几使其他党派无存在余地”，“各小党派及一般文化人……不堪其苦”。[3]国民党为一党私利而蓄意破坏团结、压制民主抗战，受到国内外强烈谴责，其营私面目暴露无遗。

（三）中国共产党实行一系列正确的民主、民生政策，深得民众拥护，将各抗日根据地建设成中外瞩目的抗日民主堡垒；而国民党压制民主，不关心民生，使国统区经济凋敝、衰败。这是两党地位升降的另一重要原因。

为中国人民谋幸福，为中华民族谋复兴，是中国共产党的

[1] 冯子超 :《中国抗日史》，正气书局，1946 年，第 156 页。
[2] 穆欣 :《邹韬奋》，湖北人民出版社，1981 年，第 234 页。
[3] 梁漱溟 :《论当前宪政问题》，《民宪》（东南版）1945 年第 1 期（1945 年 9 月 1 日）。

初心和使命，也是抗战时期赢得胜利的基本条件。“战争的伟力之最深厚的根源，存在于民众之中”，“动员了全国的老百姓，就造成了陷敌于灭顶之灾的汪洋大海”。而发动民众参加抗战，就必须改变民众的境况，必须实行政治民主、改善民生。因此，党在各抗日根据地制定和实施了一整套行之有效的民主、民生政策，诸如废除束缚人民的旧法令，“全国人民除汉奸外，都有抗日救国的言论、出版、集会、结社和武装抗敌的自由”；“铲除贪官污吏，建立廉洁政府”，建立民选的“三三制”政权，民主选举最高权力机关——参议会；提高各级政府机关的工作效率；注重改善人民生活，实行“有利于广大抗日民众的经济改革和政策”，“实行减租减息、废除苛捐杂税与改良工人生活”等。各项政策行之有效，抗日根据地呈现出生机勃勃的景象，被赞誉为“新中国的雏形”，是“真正进步、真正民主的政权”。美军观察团到延安后也感到很新鲜。解放区令人神往，共产党的方针、政策产生了非凡的感召力。

国民党拒绝人民强烈的民主要求，宣称在抗战时期“用不着强调民主”，因而大搞专制独裁，特务横行无忌，实行严密的保甲制度，将人民的言论、出版、集会、迁徙等权利剥夺殆尽，而且失去人身保障，逮捕、“失踪”事件屡屡发生。生活书店在各地的几十个分店皆被查封；马寅初因抨击权贵发国难财即被逮捕；凭借捏造的罪名在“綦江惨案”中残杀200多名青年。整个国统区，一片白色恐怖。抗战初设立的体现“民意”的国民参政会，后来形同虚设，成为国民党专权的机构。国民党的经济统制和粮食征购、征借以及田赋征实政策，官僚资本的投机垄断和通货膨胀政策，极大地盘剥了民族工商业者和农民，将他们置于破产、饥饿甚至死亡的边缘。国统区民生凋敝，人民生活困苦，对国民党离心离德。

（四）国共两党迥然不同、相去甚远的作风，也是国共政治地位变迁的一个原因。

中国共产党清廉勤政，树立了全心全意为人民服务、理论联系实际、密切联系群众、批评和自我批评、自力更生艰苦奋斗的思想作风和工作作风，如毛泽东所指出："艰苦奋斗，以身作则，工作之外，还要生产，奖励廉洁，禁绝贪污，这是中国解放区的特色之一。"[1]

国民党则腐败昭著，派系纵横，争权夺利，党同伐异，以权谋私。政府机能十分低下，吏治极其败坏。"贪官污吏，到处充斥"，"官愈大，势愈厚，而贪污数目愈为惊人……大奸大恶，逍遥法外，为所欲为"。[2] 四大家族官僚垄断资本迅速膨胀。在抗战前线，许多高级军官畏敌如虎，弛懈偷安，"只图自己如何升官发财"，虐待士兵、克扣军饷、"吃空缺"现象极为普遍，士兵缺员平均竟达40%左右。更为严重的是通敌走私，在前沿阵地大做生意，置国家、民族利益于不顾。蒋介石也承认："我们党现在实在是极其腐败"，"现在国土被敌人蹂躏，同胞受尽苦痛，完全是本党的责任"。[3] 如此等等，不消说与共产党相比大相径庭，就是与抗战前期相比，国民党自身在国内外的形象亦是一落千丈。

---

[1]《毛泽东选集》第三卷，第1048页。

[2]《华西日报》1944年5月16日。

[3] 转引自李良玉：《抗日战争时期新道德思潮》，《江苏社会科学》1991年第4期。

由于抗战时期国共两党政策方针及其实践存在着巨大差异，产生的社会效应也明显不同。中国共产党深得人心，力量大发展，威望不断上升；国民党丧失民心，日渐孤立，地位急剧下降。两党各自不同的政治运行，决定了各自的政治前程。

三

抗日战争开辟了中国社会一个新的历史阶段。在这个阶段里，中国人民焕发出空前的民族意识和民主意识，形成强大的时代潮流。抗日、民主，严峻地考验着中国每一个阶级、阶层、政党、团体和个人，都必须对此做出选择和回答，概莫能外。这是一种挑战，也是一个机遇。顺应潮流，就发展、前进，就有光明前途；浑然不顾或悖逆而行，则受挫折、衰亡，被淘汰。在这个挑战和机遇面前，不容有丝毫的侥幸，不同的举措就有不同的结局。国共两党如何去对待、怎么去实践，势将关系到两党是走向兴盛还是走向沉沦。

有些台湾学者在分析抗战时期国民党衰败、共产党兴盛的原因时，往往归结为共产党利用抗战，力量得到空前发展，而国民党力量发展太少。简而言之，共产党在抗战中“坐大”。这种看法当然是荒谬的。首先，抗战时期国民党的力量也得到了“空前”的发展，这种机会是均等的。其次，发展是必要的、应该的。对民族战争而言，抗日阵营的党派力量发展，将增大中华民族反对日本侵略者的力量，能加大打击敌人的力度，加快胜利的步伐。对于一个政党来说，追求的就是发展。发展标志着该党的兴旺，标志着其政纲政见的正确，标志着人民的拥护。问题的关键是如何得到发展。抗日战争时期是历史变革的时代，是人民觉醒的时代。倘若不能反映人民愿望，不能令人民信服，则人民是不会盲从跟随的，要发展壮大也是不可能的。毛泽东早在1940年就指出："在中国，事情非常明白，谁能领导人民推翻帝国主义和封建势力，谁就能取得人民的信仰……在今日，谁能领导人民驱逐日本帝国主义，并实施民主政治，谁就是人民的救星。"[1]这是求得发展的唯一条件，舍此别无途径。中国共产党抗日是坚决的、毫不动摇的，是在抗日中求发展的。"坐"而想"大"是不可能的，觉醒了的中国人民是有鉴别能力的，是欺骗不了的。

有人认为，判断政治势力的盛衰趋向，有时要将"势"与"力"分开衡量，这有一定的道理。从"力"的角度看，抗战结束时，国民党远比共产党大：拥有一支庞大的美械装备的军队，超出战前一倍多，比中共多四倍有余。但从"势"的角度看，国民党颓势明显，也是前所未有的。力量大，不一定就受人民拥护，就有政治优势；反之力量弱者，不一定在政治上也弱，两者没有恒定的制律关系，古今中外曾有许多事例证明。国共地位变化说明，共产党政治上远超出国民党，拥有极大的优势。如果说，抗日战争是历史对国共两党的一次严峻考验，给两党提供的一次竞争机会，那么，在日本侵略中国这个同一外因面前，内因就是决定胜负的唯一条件。机会均等，公平竞争。失败，只能归咎于自己。

[1]《毛泽东选集》第二卷，第674页。

抗日战争与中国国际地位的大幅度提升

全国抗战前，中国在世界上被视为一个弱国，国际地位非常低下。一是国家主权破碎。帝国主义国家在中国享有一系列不平等条约赋予的特权，如“国中之国”的租界、领事裁判权、军警驻扎权及内河沿海航行权、铁路修筑和管理权、邮电管理权、开设工矿商行权，以及世界强国划分的“势力范围”等。二是无力在国际交涉中维护自己的权益和处理涉己事务。1919年在巴黎和会的失败和1922年华盛顿会议为美英日支配的局面；九一八事变后要求“国际联盟”和“九国公约”国家制止日本侵略主张在一系列国际交涉中的失败，都充分证明了这一点。三是基于上述两个原因，中国不能参与处理世界事务。中国虽然是国际联盟成员，但其地位微乎其微，自顾不暇，遑论别人。但是抗日战争使这种状况发生根本性的变化，不平等条约废除，中国成为联合国的创始国和常任理事国，成为法理上的世界大国。抗日战争是中华民族复兴的枢纽，由此即可见一斑。

一

日本发动全面侵略中国的战争之后，英美等国认为积贫积弱的中国很快就要失败，变成第二个埃塞俄比亚。[1]但事实却不是他们预料的那样。在抗日民族统一战线的旗帜下，国共第二次合作，中华民族掀起空前规模的抗日战争，在与民族敌人浴血奋战中给予日本侵略者沉重的打击。虽然日军侵占中国大片土地、中国损失巨大，但日本帝国主义速战速决、迅速灭亡中国的阴谋破产，中日战争长期化，日本深陷中国的抗战而不能自拔。至1941年太平洋战争爆发，中华民族独力与强大的日本帝国主义进行了一场力量悬殊的较量、维护民族荣誉和存亡的较量、正义与邪恶的较量。中华民族的这个壮举，震惊了世界，赢得国际社会普遍的赞誉。1938年10月16日，时任英国国会议员、后来名震寰宇的丘吉尔就高度称赞中国人民的抗日战争。他说："中国正被日本军事集团撕成碎片，但是可怜的受苦受难的中国人民正在进行英勇顽强的抵抗。"[2]美国总统罗斯福1940年发表了相同的赞美：爱好民主的中国人民"现在正英勇抵抗侵略国进攻"[3]。

其时，法西斯势力猖獗，英国在1939年后陷入与德国法西斯的苦战之中，美国面对法西斯咄咄逼人的严重威胁。而中国的抗日战争抗击强大的日本法西斯，把它长期牵制和消耗在中国战场，是对美英的巨大支持。美国有识之士都清楚地看到了中国抗日战争对他们具有的重大战略意义。比如，美国亚洲舰队司令亚

[1] 埃塞俄比亚位于非洲东北，1935年10月意大利对之发动侵略战争，1936年5月5日，意军攻陷埃塞俄比亚首都亚的斯亚贝巴。9日，墨索里尼宣布将埃塞俄比亚并入意大利王国，埃塞俄比亚亡国。

[2] 李世安、陈淑荣：《卢沟桥事变后英国对日政策的转变》，《河南师范大学学报》2008年第4期。

[3]〔美〕富兰克林·德·罗斯福：《罗斯福选集》，商务印书馆，1982年，第254页。

内尔上将1938年年初在给美国海军部的一份报告中，就明确地指出了中国抗日战争对美国的价值：只是由于中国的抗战挡住了日本军团，它们才没有向加利福尼亚进军。[1]美国国务院远东司的范宣德提出的并在国务院官员中广泛传阅的备忘录中写道："中国的抵抗不致崩溃，不仅对中国而且对我们以及其它民主国家来说都是极为重要的。"[2]1941年，罗斯福总统的行政助理居里奉命来华考察中国的抗战情况，他在回国后的报告中明确地指出了中国抗战对美英的作用："我们只要想一想，倘使没有中国自1937年以来的抗战，我们的处境将成怎样一个情形？日本整个陆军、商轮以及海军，甚至资源，如果不受什么牵制，得以自由行动倾其全力，积极支援以建设'世界新秩序'为目的的轴心同盟，我国与英国将遭受怎样的情势？"[3]

美英国家领导人对此的认识也非常清晰。1940年，罗斯福在关于国家安全的"炉边谈话"中对美国人民说："在亚洲，中华民族进行的另一场伟大防御战争则在拖住日本人。"[4]1941年4月，罗斯福正式声明《租借法案》适用于中国，因为"保卫中国是保卫美国的关键"[5]。英国首相丘吉尔也在给外交大臣哈利法

[1]〔美〕迈克尔·沙勒著，郭济祖译：《美国十字军在中国（1938—1945）》，商务印书馆，1982年，第23页。

[2] 王建朗：《艰难的起步：1938年美国对华政策透视》，《抗日战争研究》1992年第2期。

[3] 曲星：《半个世纪的历程——中国与联合国关系回顾》，《世界历史》1995年第5期，第3页。

[4]〔美〕罗斯福：《关于国家安全的"炉边谈话"》（1940年12月29日），《罗斯福选集》，商务印书馆，1982年，第261—262页。

[5] 王建朗、曾景忠：《中国近代通史》第九卷《抗日战争（1937—1945）》，江苏人民出版社，2007年，第344页。

克斯的电报中说："我认为，让日本人摆脱他们现在所纠缠的事，对我们是不利的。""中国和日本结束他们的争吵肯定是不利于我们的。"[1] 丘吉尔在和罗斯福商讨国际局势时说道："我们为中国担忧。如果他们垮了，我们共同的危险就会大大增加。"[2]

特别是太平洋战争爆发后，美英军的惨败，加强了美英对中国抗日战争重要战略地位的认识。1941 年 12 月 7 日，日军偷袭美国海军基地珍珠港，瞬间使美国太平洋舰队遭受到毁灭性的打击。与此同时，日军向中国香港、印度尼西亚、马来西亚、缅甸和菲律宾等地发动猛烈进攻，进展神速。12 月 25 日占领中国香港，1942 年 1 月 2 日占领马尼拉，2 月 15 日（比原计划提前 30 天）攻占新加坡，3 月 5 日侵占巴达维亚，3 月 9 日荷印军事当局宣布投降。4 月 9 日退守巴丹半岛的美、菲联军投降，美军总司令麦克阿瑟将军乘飞机从菲律宾逃至澳大利亚。日军仅用 55 天就占领了马来整个半岛；荷属东印度几乎全部被日军占领；在缅甸，3 月 8 日攻陷仰光，5 月 1 日和 8 日，曼德勒失守，缅甸整个陷落日军之手。日军还向美英在太平洋中部和南部的一些战略岛屿，如关岛、威克岛、俾斯麦群岛、新不列颠岛、巴布亚新几内亚岛等地进攻，气势汹汹。至 1942 年 6 月，日军攻占了东南亚十倍于日本本土、拥有富饶自然资源和 1.5 亿人口的广大地域。美英军损兵折将，连续失败，英国首相丘吉尔就当时的窘困回忆说："在菲律宾群岛和其他岛屿，在太平洋，美国却付出了惨重的代价，而英国和不幸的荷兰则在东南亚蒙受损失。"并且

[1] 张愿：《滇缅公路危机与英国对日绥靖政策的转变》，《理论月刊》2008 年第 1 期。
[2]《中国近代通史》第九卷《抗日战争（1937—1945）》，第 349 页。

“英美两国还得遭受长期的惨败”。丘吉尔说，在此时，英国“简直没有招架的余地”，美国“也有穷于应付之感”。[1]

日军的凌厉攻势所表现出的强大战斗力和英美军队遭受重创、不堪一击的情形，越发彰显中国独力坚持抗战的艰难性和中国战场的重要性，提升了美英政府关于中国抗日战争对日军打击和在反法西斯战争中战略地位的认识。兹举美国总统罗斯福此一时期屡屡赞美中国抗日战争为例。1942年1月6日，罗斯福在致国会的国情咨文中称赞说：“千百万中国人民在漫长的4年半里顶住了轰炸和饥荒，在日本武装和装备占优势的情况下仍然一次又一次地打击了侵略者。”[2]2月7日，他在致蒋介石的电报中高度评价中国的抗日战争：“中国军队对贵国遭受野蛮侵略所进行的英勇抵抗已经赢得美国和一切热爱自由民族的最高赞誉。中国人民，武装起来的和没有武装的都一样，在十分不利的情况下，对于在装备上占极大优势的敌人进行了差不多5年坚决抗击所表现出的顽强，乃是对其他联合国家军队和全体人民的鼓舞。中国人民破坏自己劳动果实以免为日本掠夺性军队所用的巨大牺牲，树立了牺牲精神的崇高榜样，为了夺得我们正在满怀信心去争取的胜利，这种牺牲精神对于大家都是需要的。”[3]半个月后，他在和美国人民的“炉边谈话”中，将中国抗日战争放在世界各大战场抗击德、意、日法西斯残暴侵略的首要位置以激励美国人

[1]〔英〕温斯顿·丘吉尔著，吴万沈译：《第二次世界大战回忆录》第四卷《命运的关键》，南方出版社，2007年，第17—18页。

[2]徐志民、马晓娟：《中国，当之无愧的胜利者》，《人民日报》2014年8月15日。

[3]〔美〕罗斯福：《关于对华援助致蒋介石委员长电》（1942年2月7日），《罗斯福选集》，第345页。

民："看看你们的地图，看看中国的广大幅员，那里有千百万在进行战斗的人。""勇敢的"中国人民"在近五年的时间里，顶住了日本的进攻，歼灭了几十万日本军队，消耗了大量的日本军需。我们必须帮助中国进行现在的卓越抵抗和以后必然带来的反攻——因为这是最后打败日本的一个重要因素"。[1]不久，罗斯福在对全国的广播演说中再次赞美中国的抗日战争："我们没有忘记，中国人民在这次战争中是首先站起来同侵略者战斗的；在将来，一个仍然不可战胜的中国将不仅在东亚，而且在全世界，起到维护和平和繁荣的适当作用。"[2]而罗斯福 1942 年 4 月发表的那段著名的评论，可谓众所周知："假如没有中国，假如中国被打垮了，你想一想有多少师团的日本兵可以因此调到其他方面来作战呢？他们可以马上打下澳洲，打下印度——他们可以一直冲向中东……和德国配合起来，举行一次大规模的夹攻，在近东会师，把俄国完全隔离起来，吞并埃及，切断通过地中海的一切交通线。"[3]罗斯福的这些论述，充分说明了他对中国抗日战争战略地位和重要作用的认识。英国首相丘吉尔持有和罗斯福相同的认识，他在 1942 年 4 月 18 日写道："我必须指出，中国一崩溃，至少会使日军 15 个师团，也许会有 20 个师团腾出手来。其后大

---

[1]〔美〕罗斯福：《关于战事进展的"炉边谈话"》（1942 年 2 月 23 日），《罗斯福选集》，第 347、348 页。

[2]〔美〕罗斯福：《对全国广播的"炉边谈话"》（1942 年 4 月 28 日），《罗斯福选集》，第 361 页。

[3] 王斯德、陈兼：《中国抗日战争与世界主要大国的战略演变》，华东师范大学历史系第二次世界大战史研究室《第二次世界大战起源研究论集》，华东师范大学出版社，1986 年，第 38 页。

举进犯印度，就确实可能了。”[1]作为世界大国和反法西斯盟国主要领导人的罗斯福、丘吉尔的话，表达出的是美英政府对中国抗日战争极端重要性的认识，他们看到了中国抗日战争在世界反法西斯战争中的重大战略地位和巨大作用。

基于这样的认识，美英政府决定和中国结盟。此前，1940 年 11 月起，国民政府曾多次提议中国和美英建立同盟或军事合作，但都为美英拒绝。而在太平洋战争爆发后，中国建立反法西斯联盟的建议，迅速为美英政府接受。美英和中国结盟，基础是共同反对法西斯，但美英之所以和中国结盟，中国抗日战争的巨大作用无疑是一个重要的因素，倘若不能发挥反对法西斯的作用，谁会与之结盟，与之结盟又有何用？现实的美英政治家是不可能如此做的。

二

中国和美英的结盟，就把废除列强强加给中国的不平等条约的问题突出地提出来了。

不平等条约严重损坏了中国的国家主权和领土完整，给中华民族极大的民族耻辱，是近代中国人民革命斗争的主要目标之一。1919 年巴黎和会和 1922 年华盛顿会议上，中国代表都提出了全面修改不平等条约、废除列强在华特权的提案。1924 年 5 月签订的《中俄解决悬案大纲协定》，规定废除帝俄时代与中国签订的一切不平等条约、取消治外法权和领事裁判权、取消中东铁

[1]《第二次世界大战回忆录》第四卷，第 266 页。

路除商务外的一切特权等。这极大地鼓舞了中国人民的反帝斗争，全国迅速掀起了一场废除一切不平等条约的运动。其后，废除不平等条约一直是中国人民的重大期盼和强烈要求。国民政府曾多次就此和列强交涉，但在抗日战争前，并没有获得实质性的进展。

日本对中国的侵略和灭亡中国的狂妄企图，其排除美英在中国和远东利益的"大东亚新秩序"，严重地损害了美英的利益，引发美英与日本的关系日趋紧张。美英政府从本国战略利益考虑，作为对中国的一种道义支持和精神声援，曾表示将在战后与中国讨论废约问题。1940 年 7 月 8 日，丘吉尔在英国下院宣布："英国准备于战争结束之后，根据互惠及平等原则，与中国政府谈判废除'治外法权'、交还租界及修改条约。"[1] 第二天，美国政府声明将"在条件许可的任何情况下，和中国政府经有秩序的谈判和协议，从速取消在华治外法权及其它一切美国及其它国家根据国际协定而取得的所谓'特权'"[2]。1941 年 5 月，国民政府外交部就废约问题和美国政府交涉。31 日，美国国务卿赫尔致函国民政府外交部长郭泰祺，表示：美国政府"希望在和平状态恢复的时候，能和中国政府以有步骤谈判和订立协定的程序，迅速地做到取消一切有特殊性质的权利"[3]。7 月 4 日，英驻华大使卡尔奉外交大臣之命，致函郭泰祺，声明"英国政府准备于远东和平恢复后，与中国政府商讨取消治外法权，交还租界，并根据平等

[1] 王建朗：《英美战时废约政策之异同与协调》，《抗日战争研究》2003 年第 3 期。
[2] 同上。
[3] 世界知识出版社编：《中美关系资料汇编》第一辑，1957 年，第 538—539 页。

互惠原则，修改条约”[1]。

太平洋战争爆发后，中国与美英结为反法西斯同盟国。废除列强强加给中国的不平等条约的问题，就非常现实地、突出地摆在中美英政府和反法西斯盟国面前。如何处理这个问题，关系战争大局、关系盟国关系、关系对待相关国家舆论和人民群众呼声的问题。为了协调盟国关系、充分发挥中国抗日战争的重大作用，“为联合国家的事业赢得心理上的和政治上的利益，它将给中国带来具体的帮助，并有助于加强中国的作战决心”[2]，也为了粉碎日本的中国与盟国之间地位不平等的宣传和挑拨，美英政府在经过协商后，改变了战后讨论、修改废除不平等条约的态度，1942年10月9日，美国务院正式向国民政府外交部和中国驻美大使魏道明声明：“美政府准备立时与中国政府谈判，缔结一规定美国政府立时放弃在华治外法权及解决有关问题之条约。”英国亦发表声明：“帝国政府愿于最近将来与中国政府进行谈判，并将以规定立时放弃在华治外法权及解决有关问题之草约。”[3]

经过谈判（与英国的谈判非常艰难），1943年1月11日，中国驻美大使魏道明与美国务卿赫尔在华盛顿签订《关于取消美国在华治外法权及处理有关问题之条约》，国民政府外交部长宋子文与英国驻华大使薛穆在重庆签订《关于取消英国在华治外法权及其有关特权条约》。“新约”宣布废除以往不平等条约中规定的美、英享有的特权，如领事裁判权、使馆区及驻军、租界、特别

[1] 李育民：《中国废约史》，中华书局，2005年，第901—902页。
[2] 王建朗：《中国废除不平等条约的历程》，江西人民出版社，2000年，第313页。
[3]《中国废约史》，第914页。

法庭、军舰行驶之权、英籍海关总税务司之特权、沿海贸易与内河航行权等。

中国和美英签订“新约”，带动了世界其他在中国享有不平等条约的国家修约。其后，中国 1943 年与巴西、比利时、卢森堡、挪威，1944 年与加拿大，1945 年与瑞典、荷兰签订新约，废止它们享有的各种特权。战后，法国、丹麦、瑞士、葡萄牙等国和中国签订新约，废除以往的不平等条约。中国与秘鲁之间的旧约由秘鲁政府在 1943 年宣布作废。澳大利亚和南非为英国的自治领，已由英国代表在中英新约中宣布放弃在华特权。

对于意大利、日本（德国在中国享有的不平等条约，在第一次世界大战后即被废止），1941 年 12 月太平洋战争爆发后，中国正式对德、意、日宣战，同时宣布“所有一切条约协定合同”，有涉及中德、中意或中日间之关系者“一律废止”。1943 年 12 月 1 日中、美、英三国签署和发表的《开罗宣言》，庄严宣告：我三大盟国之宗旨“在剥夺日本自 1914 年第一次世界大战开始以后在太平洋所夺得或占领之一切岛屿，在使日本所窃取于中国之领土，例如满洲、台湾、澎湖列岛等，归还中国。日本亦将被驱逐出其以武力或贪欲所攫取之所有土地”[1]。1945 年 7 月 26 日，中、美、英三国在《美英中促令日本投降之波茨坦公告》中再次宣布：“开罗宣言之条件必将实施，而日本之主权必将限于本州、北海道、九州、四国及吾人所决定其他小岛之内。”这些规定，在国际法上明确剥夺了日本侵略中国所攫取的利益和特权。据此，1945 年 10 月 25 日日军第十军司令官安藤利吉代表在台湾日军向

[1]《反法西斯战争文献》，世界知识出版社，1955 年，第 163 页。

中国受降主官陈仪投降，中国收复台湾、澎湖列岛，重新对台湾行使主权。

废除列强侵略强加给中国的不平等条约，是中国抗日战争的一个重大成果。就在当时，中共中央在分析“中英美间不平等条约得到废除”的成功原因时指出：这是“国际反法西斯战线的形成、英美苏……对中国抗战的同情与援助，使中国的国际地位提高了”，而之所以如此，是因为“抗战的发动、民族统一战线的形成、国共合作的坚持、全国军民的卓绝奋斗”。[1] 概括地说，是中国抗日战争对世界反法西斯战争的重大战略地位和巨大贡献，使美英等国从现实的需要和战略利益出发，选择放弃了在中国拥有的不平等条约规定的特权。由此，中华民族雪洗了自近代以来的百年耻辱，这是抗日战争对中国历史进程的巨大作用和深远影响。

三

抗日战争在使美英与中国实现结盟的同时，也就提高了中国的国际地位和国际影响力，中国由此开始以世界大国的地位参与国际事务。

第一，签署《联合国家共同宣言》。太平洋战争爆发后，美国总统罗斯福和英国首相丘吉尔在华盛顿举行了代号为“阿卡

---

[1]《中央关于庆祝中美中英间废除不平等条约的决定》（1943年1月25日），中央档案馆编：《中共中央文件选集》第14册，中共中央党校出版社，1992年，第18页。

迪亚”的会谈，倡议对法西斯国家作战各国签署一项宣言。据此，1942年1月1日，由美、英、苏、中四大国领衔，包括其他22个国家的代表在美国首都华盛顿签署了《联合国家共同宣言》（其余22国按国名的英文字母顺序依次排列）。《宣言》规定：加盟诸国应尽其军事与经济之全部资源，以打击共同之敌人，“保证与本宣言签字国政府合作，并不与敌国缔结单独之停战协定或和约”[1]。《联合国家共同宣言》（又称《阿卡迪亚会议宣言》或《二十六国宣言》）是反法西斯盟国对德、意、日法西斯国家作战的第一个共同纲领性文件，标志着以美、英、苏、中为核心的世界反法西斯联盟正式形成。中国与美、英、苏共同领衔签署重大国际文件，反映了中国在反法西斯盟国中的地位。特别是在国际文件中领衔，这在近代以来的中国历史上是第一次，显示了中国的国际地位发生显著变化，获得了世界大国的对待。

第二，签署《莫斯科宣言》。1943年10月18日至30日，美、英、苏三国外长在莫斯科举行会议，制定《关于普遍安全的宣言》。在讨论署名问题时，美国政府坚持要让中国签字：“我国政府认为，中国在战争中已经作为四大国之一出现在世界舞台上。”[2]在美国的坚持下，10月30日，中国驻苏大使傅秉常根据国民政府授权，与美、英、苏三国外长在莫斯科共同签署了《关于普遍安全的宣言》（史称《莫斯科宣言》）。《宣言》向世界宣告：四国将采取联合行动，继续对轴心国的战争，直到其无条件投降；为了保证由战争迅速而有秩序地过渡到和平，并建立与维持国际和平

[1]《反法西斯战争文献》，第34页。

[2]《中国近代通史》第九卷《抗日战争（1937—1945）》，第522页。

与安全，“有必要在尽速可行的日期，根据一切爱好和平国家主权平等的原则，建立一个普遍性的国际组织，这些爱好和平国家无论大小，均得加入为会员国，以维持国际和平与安全”[1]。《莫斯科宣言》奠定了成立联合国的法理基础。中国参加这个宣言的签字，表示将与美、英、苏一起对战时和战后问题负起重大责任。同时，确认了中国作为盟国四大国之一的地位，中、美、英、苏“四强”之说由此产生。

第三，发表《开罗宣言》。1943年11月22日至26日，蒋介石与罗斯福和丘吉尔在埃及开罗举行中、美、英三国首脑会议，讨论对日作战和战后安排问题。在听取其后参加美、英、苏三国德黑兰会议的斯大林的意见后，1943年12月1日，中、美、英三国在重庆、华盛顿、伦敦三地同时发表《开罗宣言》。《开罗宣言》声明三国“今后对日作战计划，已获得一致意见”，“决心以不松弛之压力从海陆空各方面加诸残暴之敌人”直到其无条件投降。《宣言》庄严宣告：“三国之宗旨，在剥夺日本自1914年第一次世界大战开始以后在太平洋所夺得或占领之一切岛屿，在使日本所窃取于中国之领土，例如满洲、台湾、澎湖列岛等，归还中国。”[2]1941年12月9日，中国对日宣战，日本与中国所订立的一切不平等条约已经失效。而开罗会议以三大国家的名义（苏联也同意）明确宣布使“日本所窃取于中国之领土”包括东北、台湾和澎湖列岛等，“归还中国”。这就从国际法理的框架下，明确确定了剥夺日本侵略中国所获得的一切利益。《开罗宣言》对中

[1]《反法西斯战争文献》，第137—138页。

[2] 同上书，第163页。

国国际地位的显著影响是，在以往的国际会议中，中国总是处于受人宰割或任人摆布的地位，在国际事务中实质上没有发言权。而开罗会议上，中国首脑与美英首脑以平等的身份会晤，共商世界大事，这再次体现了抗日战争中中国国际地位的重大变化。

第四，参与创建“联合国”。根据《莫斯科宣言》，1944 年 9 月至 10 月，中国代表参加了在美国华盛顿郊区乔治城举行的敦巴顿橡树园会议，和美、英、苏代表讨论了建立普遍性国际组织——“联合国”的议案。并就“联合国”的目标、结构和功能达成一致，解决了“联合国”建立的主要问题。1945 年 4 月，中国作为发起国之一，同苏、美、英共同发起召开“联合国”制宪会议（旧金山会议）。经过两个月的会议，6 月 26 日旧金山制宪会议圆满结束，《联合国宪章》正式签署。中国和美、苏、英、法被确定为安理会的五个常任理事国。中国通过参与创立“联合国”及常任理事国的地位，又一次以国际协定的方式确认了中国的大国地位。历史已经证明，“联合国”体制中的这个安排，对中国的国际地位、对中国在国际事务中的发言权和作用，产生了长久的重大的影响。

上述事实，充分彰显了抗日战争时期中国国际地位的变化，中国在法理上成为一个世界大国，成为和美、英、苏、法平行的大国。

在中国成为世界大国问题上，普遍存在两个疑问。一是美国扶持的作用和影响；二是中国实质上没有成为世界大国。对此需要历史地看。确实，美国在中国大国地位形成过程中，起了很大作用，但它是基于美国战略利益考虑的。美国政府之所以选择中国，注重中国的地位，根本原因还是中国人民长期浴血奋战的结果，是中国抗日战争在世界反法西斯战争中显示出的重大作用和重大贡献。如果没有这些，美国政府会选择中国吗？毫不讳言，在世界反法西斯战争中及其以后，中国并不具有与美、英、苏完全平等的地位。国际政治实质上是实力政治，实力不足则权力（发言权、决定权和自主权等）就有限。中国当时的实力远逊美、英、苏，因此也就没有美、英、苏那样的权力；中国从法理上的大国变为真正意义上的大国，还需要走很长的道路。但仔细考察，在当时，即使美、英、苏之间地位也不完全平等。特别是中国在法理上取得的大国地位，与之前相比，跨越是巨大的；而其后的意义和影响，对中国、对世界都是巨大和深远的。总之，从历史的角度看待抗战时期中国大国地位的形成，无论如何，其成就是巨大的。

中国共产党是中国抗日战争的中流砥柱

抗日战争是中华民族拯救民族危亡的伟大的民族解放斗争，是反对日本法西斯肆虐和荼毒人类、维护世界和平的正义战争。中华民族在积贫积弱的情况下，经过14年艰苦卓绝的浴血奋战，取得了抗日战争的伟大胜利。抗日战争的胜利，是中国近代以来反对外敌入侵的第一次完全胜利，是中华民族对世界反法西斯战争的伟大贡献，它彻底粉碎了日本军国主义殖民奴役中国的图谋，洗刷了近代以来中国抗击外来侵略屡战屡败的民族耻辱，重新确立了中国在世界上的大国地位，开辟了中华民族伟大复兴的光明前景，是中华民族由近代以来陷入深重危机走向伟大复兴的历史转折点。

抗日战争是在国共合作的历史条件下进行的，共产党领导的敌后战场和国民党坚持的正面战场组成世界反法西斯的中国战场，并使之成为世界反法西斯的东方主战场。在这场深刻改变中国和影响世界历史进程的战争中，中国共产党和中国国民党都做出了重大的贡献，而中国共产党在其中发挥了中流砥柱的作用。

一、中共发挥中流砥柱作用的历史背景

中国共产党的中流砥柱作用，是从抗日战争全过程，即抗日

战争的发动、坚持、发展和胜利去考量的，是从其在 14 年抗日战争进程中发挥的作用而得出的结论。具体而言，它是与中国抗日战争的历史环境及其艰巨性、特殊性、复杂性联系在一起的。

第一，抗日战争是一场实力悬殊的战争。日本是帝国主义国家，是工业国家、世界强国；而中国是半殖民地半封建的农业国家，是备受帝国主义欺凌的弱国。日本在军力、经济、科技等方面占有绝对、压倒性的优势。据有关资料统计，1937 年，日本的现代工业产值占国民经济总值的 80%，而中国的现代工业（包括外国在华企业）仅占国民经济总值的 10%，日本的工业总产值为 60 亿美元，是中国（13.6 亿美元）的 4.4 倍。反映工业化程度的几个指标：钢产量，日本高达 580 万吨，中国仅为 4 万吨；石油，日本高达 169 万吨，中国仅为 1.31 万吨。在军事工业方面，日本能大规模生产重炮、坦克、飞机、军舰和航空母舰等（年产飞机 1580 架，大口径火炮 744 门，坦克 330 辆，汽车 9500 辆，年造舰能力 52422 吨），而中国除能生产轻武器和小口径火炮外，其他大型武器装备基本不能制造。日本海军有大型舰艇 200 艘，共 77.1 万吨，中国仅有舰艇 66 艘，共 5.9 万吨；日本有作战飞机 2625 架，而中国的作战飞机只有 305 架。日本一个常设师团与中国一个整编师相比，步骑枪比中国多 1.5 倍，轻重机枪多 1.1 倍，野榴山炮多 3.1 倍；并且还多有炮兵车和辎重车 1000 余辆，坦克 24 辆。日军不但武器装备好，而且训练有素，长期受武士道精神灌输，作战十分顽强。这种敌我力量的巨大悬殊，决定了进行并夺取中国抗日战争的胜利，就不能简单和主要采用世界现代史上国家战争中普遍的、通行的战法（如互相攻防的阵地战），这种战法必定导致失败，而是要根据敌我双方的情形出奇制胜，要挖掘和发挥中国拥有的优势和潜在能力，利用中国的天时、地利、人和和日本侵略的缺陷，用以对付和打击日本侵略者，加深其劣势，并逐渐减杀其优势，使敌强我弱的形势不断逆转，在坚持抗战的过程中最后战胜强大的日本侵略者。也就是说，必须实行别具中国特色的应敌之策，否则将难以与日本帝国主义抗衡并取得胜利。在这些方面，中国共产党有众多的创造和成功的应对，从而在抗日战争中发挥了巨大作用。这应是正确认识国共两党特别是中国共产党抗战作用的重要角度。

第二，执政的国民党未能发挥其应该发挥的作用。按照常规，中国的抗日战争应由执政的国民党领导，通过调动全国资源，进行有效的战争动员，组织全国力量，充分发挥自己的优势去进行反对日本帝国主义侵略的战争。但是，国民党错误的方针政策和其固有的缺陷，使它未能在反对日本帝国主义侵略中发挥它应该发挥的作用。一是在日本帝国主义制造九一八事变，发动大规模侵略中国之时，国民党当局以举世罕见的不抵抗主义应对日本蓄谋已久的侵略，结果轻易丢失东北三省，造成严重的民族灾难。其后，蒋介石秉持“攘外必先安内”方针，一次次在日本的侵略面前妥协退让，签订丧权辱国的《淞沪协定》、《塘沽协定》、“何梅协定”、《秦土协定》等，换来日本更大规模的侵略。华北事变和 1937 年的七七事变，宣告了国民党“攘外必先安内”方针的破产，而其错误的应对极大地损害了国家利益、民族利益，加深了民族灾难。概括地说，在中华民族面临严重危机、面临反对日本大规模侵略任务的历史关头，国民党在 1931 年九一八事变到 1937 年七七事变六年多的时间里，没有承担起抗击民族敌人、保家卫国的责任，并且使中华民族反对日本侵略的战争经历了一个非常艰难的发起过程。二是1937年全国抗战爆发后，国民党提不出行之有效、推进整个抗日战争发展并制胜敌人的理论、纲领和战略方案。在关系中国抗日战争进程的许多重大问题上，国民党在很长时期甚至直至抗日战争结束，都没有清晰的认识。比如，国民党提出了“持久消耗战”的抗日战略方针，但其基点是“苦撑待变”，等待国际形势变化，通过美、英、苏等大国干预而制胜日本。在对抗战阶段即抗战进程的认识上，国民党在抗战初期分别以南京、徐州、武汉失守为标志划分战争阶段；1938年11月蒋介石在南岳军事会议上，又将以前的抗战统称为战略防御时期，以后即进入敌败我胜的战略反攻时期，而否认战略相持阶段的存在。由于忽视和不能发动人民群众，因此找不到战胜敌人的力量，缺乏战胜日本帝国主义的信心，国民党在全国抗战爆发后及其后很长时间里，把抗战目标局限在“恢复七七事变以前的原状”的范围内，蒋介石说：“我们这次抗战的目的，当然是要恢复卢沟桥事变以前的状态；如果不能达到这个目的，就不能和日本开始谈判；假使能够恢复卢沟桥事变以前的状态，可以开始谈判。以外交的方法，解决东北问题。”[1]也就是说，国民党缺乏驾驭抗日战争全局，在极其复杂、艰苦环境下引导战争形势向好的方面转化、领导中国抗日战争走向胜利的能力、魄力和理论。三是国民党没有发挥引领中国抗日战争不断发展的作用。全国抗战爆发后，国民党表现了抗日积极性，在南北战场与日军大打，同时提出了《抗战建国纲领》，设立国民参政会，制定惩戒

[1] 蒋介石：《外交趋势与抗战前途》（1939年1月26日），中国国民党五届五中全会会议记录（1939年1月），中国第二历史档案馆藏。

汉奸条例，释放政治犯，承认中国共产党和民主党派等。当时，出现了全国各党各派拥戴国民党抗日的局面。但是在抗战进入相持阶段后，国民党的国内政策严重后退，制定防共、限共、反共的方针，对中共进行各种污蔑，严格限制、封锁中共的活动。在军事上大搞反共“摩擦”，甚至掀起三次大规模的反共高潮；压制民主党派，“几使其他党派无存在余地”，“各小党派及一般文化人……不堪其苦”。[1] 不仅没有使全国抗战的形势进一步发展，而且严重损害了团结抗日的局面，国民党的政治地位和影响力呈现不断下降的趋势。

特别是国民党日益加深的腐败，触目惊心，严重损害了抗战事业。甚至蒋介石也公开承认：“我们党现在实在是极其腐败”，“现在国土被敌人蹂躏，同胞受尽苦痛，完全是本党的责任”。[2] 1939 年 1 月，蒋介石指斥说：国民党一盘散沙，“一般党员和党部的职员，最大的毛病就是懒惰废弛”，“虚伪粉饰，应付了事”。[3] 抗战中后期，国民党各级机关人浮于事，大小官员竞相聚敛，“因贪污被诛之军人、公务员，为数颇多，而后来者仍毫不畏惧，群起效尤”[4]。国民政府行政院长兼财政部长孔祥熙、交通部长张嘉璈、重庆卫戍司令刘峙、二十九集团军司令王缵绪、第二十四军军长兼西康省主席刘文辉等，都不同程度存在以

[1] 梁漱溟 :《论当前宪政问题》,《民宪》(东南版) 1945 年第 1 期。

[2] 转引自李良玉 :《抗日战争时期新道德思潮》,《江苏社会科学》1991 年第 4 期。

[3]《唤醒党魂发扬党德巩固党基》(1939 年 1 月 23 日)，秦孝仪主编：蒋介石《思想言论总集》第 16 卷，中国国民党中央党史委员会，1984 年，第 35 页。

[4]《何成浚将军战时日记》，转自黄道炫 :《国民党为何在抗战后期彻底腐化？》,《解放日报》2014 年 12 月 19 日。

权谋私、中饱私囊、挥霍浪费行为。重庆等大都市大小官员吃喝成风、奢靡成风，时人对此批评道："前方吃紧，伤师失地；后方紧吃，醉生梦死。"甚至蒋介石也看不过眼："舆马填塞于酒寮，柬帖纷驰于阛市……在一般社会，方苦物价之高昂，我党政军人员乃日食万钱，无稍顾惜。"[1]抗战之初，国民党明确提出：必须"达成'国防第一，军事第一'之任务"，要求"必须于抗战中求国军创设之完成"，具体规定为"注重国防心理的建设，培养豪侠忠勇的情操，吃苦耐劳的习惯，报仇雪耻的决心，杀敌致果的能力"。[2]但实际结果却大相径庭，从蒋介石的言论中就可见一斑。1940年4月，蒋介石批评说："上层官兵不知奋发补进，而且弛懈偷安。"1941年10月他再次批评说，高级将领精神堕落，只知道做官："敌人来了，不能抵抗，敌人退了，不能追击，几次战斗，毫无俘获。"[3]但这种情况非但没有得到遏制，而且每况愈下，越来越严重。比如抗战中后期，国民党将领虚构战情、虚报战绩、虚领军饷等情形十分严重，抗战后期国军某些部队缺额率高达50%至80%，国军士兵逃亡比例惊人，最多者是伤亡人数三倍以上。严重的腐败，严重地影响了国民党军的战斗力，影响了抗日大业，是导致1944年豫湘桂战役大溃败的重要原因。

而中共始终以抗日救国为己任，在民族危难的紧急关头屡屡

[1] 黄道炫：《国民党为何在抗战后期彻底腐化？》，《解放日报》2014年12月19日。

[2] 荣孟源编：《中国国民党历次代表大会及中央全会资料》（下），光明日报出版社，1985年，第492页。

[3] 国民党将官徐永昌、关麟征、李汉魂也是如此认识："前方师长以下作战不力、报告不实，军长以上结党营私、不知有国。"（王奇生：《研究抗战应挤掉国军官方战报中的水分》，共识网2014-06-16 13：55）

提出救亡之策和积极行动，发挥了推动抗日战争发动、发展和取得胜利的引领作用。国民党对中国抗战积极作为的短缺和中共主导性作用的充分发挥，就使国共两党在中国抗日战争中的作用，呈现了逆向演进的态势，中共成为中国抗日战争发动、坚持、发展和胜利的决定性因素。

所谓抗日战争的中流砥柱，其历史内涵，就是不论在多么复杂和困难的情况下，始终高举抗日大旗，坚持抗战，不惧怕，不动摇，不妥协，就像屹立在黄河激流之中的砥柱山一样，不管河水如何湍急拍打，都能够巍然挺立。中国共产党在中国抗日战争的发动、坚持、发展和胜利中发挥的作用，恰好就是这样的。

二、九一八事变后疾呼和发动抗日斗争

1931 年 9 月 18 日，日本帝国主义制造九一八事变，发动了侵占中国东北的大规模战争。这是对中国的侵略，是在国家之间发动战争，它是日本帝国主义发动全面侵华战争的开端，性质非常严重。

但是，国民党实行了不抵抗主义。早在 1931 年春夏，统治东北的张学良就发现“日本对东北之密谋”，判断“日本推展其大陆政策，有急侵满蒙之意”，向蒋介石建议：“吾人自应早为之计。”但蒋介石回复他：“此非对日作战之时”，“宜隐忍自重，以待机会”。于是，在九一八事变发生时，张学良下令“不抵抗”。由此，在九一八事变的几天内，日军迅速占领了沈阳、长春、安东（今丹东）、营口、凤凰城、吉林、海城、辽阳、鞍山、铁岭、本溪、抚顺、四平等 20 多座城市。其后，在日军大举进犯锦州

和哈尔滨等地过程中，国民党继续实行不抵抗，结果在九一八事变发生后的4个月零18天，日本侵占了东北三省128万平方公里（相当于日本国土面积的3.5倍）的大好河山。随后，日本在中国东北制造了一个伪满洲国，东北变成日本的殖民地。东北3000多万同胞惨遭涂炭，沦为亡国奴。

与国民党的不抵抗主义截然不同，中国共产党在九一八事变后立即旗帜鲜明地提出了坚决抗日的主张，号召全国掀起反对日本帝国主义侵略东北的抗日斗争。

1931年9月20日，中共中央和中国工农革命委员会分别就九一八事变发表宣言。9月22日，中共中央又作出《中共中央关于日本帝国主义强占满洲事变的决议》。宣言和决议的主要内容有以下三个方面：

第一，揭露了日本帝国主义发动九一八事变的反动性质和罪恶目的。中共中央指出："这严重的事变，是日本帝国主义的积极殖民地政策之产物，是日本武装占领整个满洲及东蒙的企图最露骨的表现，是将满洲更殖民地化"[1]，"其显明的目的显然是掠夺中国，压迫中国工农革命，使中国完全变成它的殖民地"[2]。第二，严厉谴责了国民党政府的不抵抗政策。中共中央指出，国民党不抵抗主义"出卖民族利益"，给日本武装占领东北当了"开路先锋"。第三，提出发动民众、反对日本帝国主义侵略的抗日

[1]《中共中央关于日本帝国主义强占满洲事变的决议》（1931年9月22日），中央档案馆编：《中共中央文件选集》第7册，中共中央党校出版社，1989年，第416页。

[2]《中国共产党为日本帝国主义强暴占领东三省事件宣言》（1931年9月20日），《中共中央文件选集》第7册，第396页。

救国主张。中央号召:“全中国工农兵士劳苦民众必须在反对第二次世界大战,推翻帝国主义统治,争取中国民族解放的利益之下实行坚决的斗争,一致反对日本强暴占领东三省,实行帝国主义压迫中国的战争,为拥护苏维埃中国反帝国主义反国民党的革命战争,以解放中国。”[1]并提出“反对日本帝国主义强占东三省!”“立刻撤退占领东三省的海陆空军!”等口号。

与此同时,中共中央向全党发出反对日本帝国主义侵略的指示。指出:党在这次事变中的中心任务是加紧组织领导发展群众的反帝国主义运动,大胆地警醒群众的民族自觉,而引导他们到坚决的无情的革命斗争中来,“真正地进行革命的民族战争”。中共中央并特别强调:“中央责成各级党部及全体同志以布尔塞维克的坚决性与无限的革命热忱来进行”[2]这些工作。其后,针对日本对东北的扩大侵略,中共中央多次发表宣言,号召“全中国的民众,自动的组织起来”,开展反对日本帝国主义的斗争,“民众自己武装起来驱逐日本帝国主义”,“与日本帝国主义作坚决的民族战争”![3]

对于身处抗日斗争第一线的东北党组织,中共中央明确指出其任务是发动直接的抗日斗争:“特别在满洲更应该加紧的组织群众的反帝运动,发动群众争斗(北宁路,中东路,哈尔滨等),

[1]《中国共产党为日本帝国主义强暴占领东三省事件宣言》(1931年9月20日),《中共中央文件选集》第7册,第398页。

[2]《中共中央关于日本帝国主义强占满洲事变的决议》(1931年9月22日),《中共中央文件选集》第7册,第421、422、423页。

[3]《中华苏维埃共和国临时中央政府宣布对日战争宣言》(1932年4月15日),《中共中央文件选集》第8册,第639页。

来反抗日本帝国主义的侵略”，指示中共满洲省委：“加紧在北满军队中的工作，组织它的兵变与游击战争，直接给日本帝国主义以严重的打击。”[1] 10月12日，中共中央《关于满洲士兵工作的指示》，要求满洲省委：“抓住有利时机，建立游击队和开辟游击区。”[2]同月，中共中央机关报《红旗周报》发表了周恩来的文章《日本帝国主义占领满洲与我们党当前任务》，指出：现在组织“救国义勇军的组织已成为工农劳苦群众的普遍要求，我们要领导工农及一切被压迫民众自己组织武装的救国义勇军”[3]。

根据中共中央的决定，中共满洲省委领导东北各地党组织全力以赴，迅速掀起反抗日本侵略的斗争。

九一八事变后，东北各地兴起大量的抗日义勇军。中共党组织积极支持和帮助这些义勇军的抗日斗争。仅1931年年末到1933年年初，派往义勇军工作的共产党员、共青团员、互济会和反日会成员就达250人以上。如共产党员李延禄、胡泽民、孟泾清、金大伦、周保中、贺剑平、刘静安等到吉林抗日救国军王德林及其所辖之吴义成、孔宪荣等部，开展抗日工作。李延禄曾担任王德林抗日救国军司令部参谋长和游击司令（后兼任新组建的补充团团长），孟泾清、刘静安分任救国军参议长，金大伦与贺剑平任宣传部正、副部长，胡泽民担任吴义成部前方司令部参谋长，周保中担任救国军前方司令部参议、救国游击军总指挥等。

[1]《关于日本帝国主义强占满洲事变的决议》，中共辽宁省委办公厅、中共辽宁省地方党史编委会办公室：《中共满洲省委重要文件汇编》，1962年，第78页。

[2]《关于满洲士兵工作的指示》，《中共满洲省委重要文件汇编》，第81页。

[3] 伍豪：《日本帝国主义占领满洲与我们党当前任务》，《红旗周报》第20期，1931年10月12日。伍豪为周恩来化名。

邹大鹏任邓铁梅东北民众自卫军的政训处长，冯基平被派到第四路义勇军中工作并被任命为秘书处长。李兆麟和林郁青等到辽阳小堡组织第二十四路抗日义勇军，党又派孙乙泰、魏拯民等来这里开展工作。经共产党员王仁斋、刘山春的工作，辽宁民众自卫军第九路军的参谋长、政治大队长、卫队连长都由共产党员担任；中共海龙县委先后派20多名党团员和五六十名互济会、农会、反日会群众骨干到该部工作。他们在这些部队的抗日活动中发挥了重要的作用。

与此同时，中共在东北组建自己领导的抗日武装。为此，中共满洲省委先后派省委军委书记杨林、杨靖宇等到南满；中共大连市委书记童长荣到东满；省委军委书记赵尚志到巴彦、珠河；省委秘书长冯仲云到汤原，进行创建抗日武装的工作。

在大量工作的基础上，1932年5月，张甲洲等组建巴彦游击队，队员200多人，张甲洲任队长，赵尚志任政委。游击队迅速发展到700多人，主要活动在巴彦、呼兰、绥化、庆安、铁力一带。6月4日，中共磐石县委在原有武装游击队（俗称“打狗队”）的基础上，吸收在群众斗争中经过考验的优秀青年，组建磐石工农反日义勇军（对外宣称“满洲工农反日义勇军第一军第四纵队”）。经过几个月的艰苦奋战，1933年2、3月间开始逐渐形成一个以红石砬子山为中心方圆几十里的比较固定的游击区域，游击区在磐石、伊通、烟筒山之间，根据地在红石砬子。

其后，海龙、延吉、和龙、珲春、汪清、安图、汤原、饶河、珠河、密山、宁安等地相继组建了抗日游击队，中国共产党领导的抗日武装迅速发展壮大。

1933年年初，东北抗日义勇军因其成分复杂、组织混乱，各部之间缺乏团结协调等，在日军进攻下，基本部队在失败后瓦解。中共党组织派人收拢抗日义勇军余部，把它改编成抗日游击队。比如王德林部救国军失败后，李延禄将其残部改编为东北抗日救国游击军，继续在宁安、东宁一带活动；周保中率所部两个连与李荆璞的工农义务队会合，联合原密山人民革命军第二团王毓峰所部和救国军余部柴世荣旅，共约500人，成立以周保中为主任的反日同盟军办事处，继续抗日。

从1933年起，中国共产党领导的抗日游击队成为东北抗日斗争的主力。

1933年9月18日，杨靖宇领导的磐石游击队改编为东北人民革命军第一军独立师。独立师重创伪军邵本良部，连克三源浦、凉水河子、八道江等敌人重要据点，声威远振。大批义勇军、山林队相率向其靠拢。从1934年1月开始，独立师便联合几支抗日义勇军和山林队共同作战。2月21日，独立师司令部召集16支抗日义勇军队伍代表开会，通过《东北抗日联合军宣言》，成立东北抗日联合军总指挥部，选举杨靖宇为总指挥，以第一军独立师为中心，领导对日作战，参加联合作战的义勇军部队达5000余人。在斗争中，独立师发展到800余人，游击区从以磐石为中心的8个县扩展至以通化、柳河、金川为中心的辉江南北20余县，纵横五六百里的广阔区域。1934年3月，东满各县游击队组建成立东北人民革命军第二军独立师。7月，该独立师一部联合十余支义勇军、山林队共同组成了抗日联合军指挥部，推选王德泰为总指挥，参加联合作战的义勇军、山林队共1000余人。1934年3月，由珠河游击队发起，召集了以“爱民”“北来”“好友”“七省”为名的义勇军、山林队首脑会议，依照中共满洲省委提出的三项条件（不投降、不卖国、收复失地，抗日到底；拥护民众利益；允许民众武装抗日），成立东北反日联合军总司令部，推选赵尚志为总司令。

在艰苦卓绝的抗日斗争中，中共领导的东北抗日力量不断发展。

1934 年 11 月，东北人民革命军第一军正式成立，杨靖宇任军长兼政委，参谋长朴翰宗，政治部主任宋铁岩。全军 800 余人。

1935 年 5 月，东北人民革命军第二军正式成立，王德泰任军长，东满特委书记魏拯民兼政委，李学忠任政治部主任。下辖三个师，全军约 1200 人。

1935 年 1 月，组成东北人民革命军第三军，赵尚志任军长，冯仲云任政治部主任，下辖三个团。全军约 500 人。

第四军、第五军都是以党直接领导的抗日队伍为骨干，联合救国军余部和其他抗日武装队伍而建立和发展起来的。第四军初名东北抗日同盟军第四军，前身是密山人民反日革命军和密山游击队，1934 年 10 月成立。李延禄任军长，何忠国任政治部主任。下辖四个师。1935 年，改称“东北反日联合军第四军”，全军 230 余人。第五军成立于 1935 年 2 月，称为“东北反日联合军第五军”，前身是绥宁反日同盟军。周保中任军长，胡仁任政治部主任。下辖两个师，全军 900 余人。

东北人民革命军第六军的前身是汤原反日游击队总队，1936 年 1 月成立。夏云杰任军长，张寿篯（李兆麟）代理政治部主任，冯治纲任参谋长。下辖六个团，全军 1000 余人。

东北人民革命军各部执行反日统一战线的方针，实行符合实际的游击战争的战略战术，在艰苦的环境中英勇奋战，粉碎了日伪军的多次“讨伐”。到1935年，先后形成了南满抗日游击区、东满抗日游击区、绥宁抗日游击区、密山和勃利抗日游击区、饶河和虎林抗日游击区、汤原抗日游击区、方正和依兰抗日游击区、珠河和五常抗日游击区等大小八块抗日游击区，其中游击根据地15处。到1936年年初，人民革命军的队伍已发展到6000余人，游击区扩大到40余县，人民革命军已经成为东北抗日游击战争的坚强支柱。根据中共满洲省委的指示，各个游击区积极筹建了各级人民革命政权。比如，到1935年10月，南满共建立15个乡政府、56个区政府。据1934年5月统计，磐石地区80%的农户加入了农民委员会，农民委员会达300多个。

1936年2月至1937年12月，中共领导的抗日部队统一整编为东北抗日联军，并由过去的六个军扩编到十一个军。第七军由原东北人民革命军第四军第四团扩编成立，陈荣久任军长，崔石泉（崔庸健，朝鲜国籍）任参谋长。第八、九、十、十一军是在义勇军余部和抗日山林队的基础上建立的，第八军军长谢文东（后叛变），副军长滕松柏（后叛变），政治部主任刘曙华；第九军军长李华堂（后叛变），政治部主任李熙山；第十军军长汪雅臣，张忠喜任副军长，王维宇任政治部主任；第十一军军长祁致中，政治部主任金正国，参谋长白云峰（后叛变）。东北抗日联军总兵力达到三万多人，游击区也由40余县扩大到70余县，有的游击区已经连接成片，形成了东南满、吉东和北满三个大游击区，并建立了20余块游击根据地。这是东北抗日联军发展的鼎盛时期。

中共是在没有一兵一卒、没有任何军事基础的情况下开展东北抗日武装斗争的，是在自力更生、艰苦奋斗的过程中，抗日武装从无到有、从小到大，由人数不多的游击队发展到人民革命军，再发展到抗日联军，达到鼎盛时期十一个军、三万余人的。东北抗日联军是在长期孤悬敌后，与关内军民和党中央隔绝的条件下；在高寒地带的冰天雪地之中，在食不果腹、衣不暖身，极端困难的环境里；在物资极其匮乏、用简陋武器与用现代化武器武装起来的日本关东军、伪满军，展开长期、持久游击战争的。在艰苦卓绝、英勇顽强的斗争中，创建游击根据地、开辟游击区，从长白山下到黑龙江畔广大地区展开了大规模的游击战争。他们主动出击，攻袭敌占市镇，突击日军据点，破坏敌人交通、通信，捣毁日伪统治机关，迫使日本侵略者为维持其战略后方消耗巨大人力、物力、财力，使其反动统治不得安宁。消灭大批敌人有生力量，1936 年 3 月 18 日，日本陆军省公布了 1931 年“九一八”至 1935 年年末日军在东北的伤亡数量：战死 4200 人，伤病 17.13 万人。而据日本关东军参谋部统计，1936 年至 1937 年 9 月，日军死伤 2662 人。两项相加，1931 年至 1937 年的六年间，日本关东军死伤 17.82 万人。应该指出的是，日本陆军省的统计并不包括伪军。但仅此也足以看出，日伪军的损失是很大的，日本侵略者受到了非常沉重的打击。

其时，中国共产党处于国民党“围剿”之中，但它在民族危亡的紧急关头，响亮地发出反对日本帝国主义侵略的呼声，并坚决身体力行，在极其困难的条件下在东北部署和掀起了抗日战争。中国共产党是中国抗日战争的最早倡导者、发动者和实践者，它在以行动践行自己的抗日主张的同时，在全国人民面前深刻地展现了拯救国家和民族危亡的政治追求与救亡之道。

三、力促全国走向抗日

日本在侵占东北后，加紧了对中国关内的侵略。其时，蒋介石明确把“攘外必先安内”作为执政的基本方针，集中力量“围剿”共产党和打击国民党内的反对派。对于日本的侵略，1932 年和 1933 年的应对之策为“一面抵抗，一面交涉”。但纵观其实施过程，“抵抗”是在日军进攻面前的被迫之举、无奈之举，是为进行“交涉”的铺垫之举，而“交涉”是处理和化解日军进攻的主要方式。但是，在强盗面前的“交涉”，只能是屈辱地接受他们的要求。而在 1933 年后，国民党连“一面抵抗”也放弃了，就是屈从日本，妥协退让。结果相继签订了丧权辱国的《淞沪协定》、《塘沽协定》、“何梅协定”、《秦土协定》等。由此，中国陷入一个民族危机循环演进的危险境况：日本的侵略越来越猖狂，国民党政府对外妥协对内战争的幅度越来越大，中华民族的灾难和危机一步步加深。

中国共产党在遭受国民党严酷打击的险恶环境中，艰难而坚定地推进中国走向全国抗日的道路。

第一，屡屡就日本侵略发出宣言，强烈号召全国人民奋起抗日。

举凡发生日本侵略的事件，中共中央都发表宣言、通电和文告等，指出中华民族面临危机的严重性，呼吁抗日救亡。在 1932 年，1 月 5 日，发表《中国共产党为反对日帝国主义占领锦州号召民族的革命战争的宣言》；在一·二八抗战爆发之际，在 1 月 27 日发表《中国共产党中央委员会为武装保卫中国革命告全国民众（书）》；淞沪抗战爆发后，1月31日，发出《中国共产党中央为上海事变第二次宣言》；3月24日，针对当时英美等使节设立上海“中立区”的提议和国民党对此的酝酿筹划，中共发表了反对此议的《中国共产党中央委员会告全国工农兵及劳苦民众书》；4月5日，针对《淞沪协定》发出《中国共产党中央委员会为以民族的革命战争反对帝国主义进攻苏联与瓜分中国告民众书》；5月9日，发出《中华苏维埃共和国临时中央政府反对国民党出卖淞沪协定通电》。在1933年，1月7日，发表《中共中央、共青团中央为日本帝国主义占领山海关和进攻华北告全国民众书》；3月3日发布《中共中央、共青团中央为日本帝国主义进攻热河与华北告全国工农劳苦群众书》；5月15日，《中国共产党中央委员会为拥护苏联及反对帝国主义国民党的新的挑衅告全党同志和一切劳苦群众书》；5月22日，《中国共产党中央委员会为“五卅”运动八周年纪念告中国劳苦民众书》；5月25日，《中共中央、共青团中央为反对国民党出卖华北平津告民众书》。其后，在国民党与日本的秘密交涉、华北事变等问题上，中共中央无一例外地发表抗日宣言。

第二，做出全党开展反对日本帝国主义侵略的决议和部署。

1932年一·二八事变前，中共中央针对上海十分紧急的形势，提出“党应该动员无产阶级与一切劳苦群众给敌人的进攻以致命的打击”[1]。1932年8月30日，在获悉日军在山海关、热河不断挑衅，侵略行动一触即发的形势下，中共中央指示全党：“最迅速敏捷的动员无产阶级及劳苦群众给日本帝国主义的进攻

[1]《中央紧急通知》（1932年1月27日），《中共中央文件选集》第8册，第90页。

以无产阶级的抵抗与回答。”并专门就此指示河北省委：“最迅速的动员广大的无产阶级及劳苦群众开展武装民众的民族革命战争”，“必须十倍的开展反帝反日的群众工作”。[1] 1933年1月7日中共中央在《关于日本帝国主义进攻华北的决议》中，提出党的基本任务：“在苏区中应该是巩固和扩大联系苏维埃区域，加强红军，开展红军对于国民党进攻的反攻，以加强反帝运动中的无产阶级领导权。在国民党区域应该在‘武装民众的民族革命战争反对日本帝国主义及一切帝国主义’‘民众自动武装起来打倒日本帝国主义，打倒出卖民族利益的国民党’的口号之下，去动员群众，开展一切形式的群众的反帝斗争，组织吸引并提高他们到反对日本及一切帝国主义的民族解放的革命战争中去。”[2] 5月25日，中共中央针对国民党即将与日本签订《塘沽协定》的情况，发出“关于中日秘密谈判与国民党出卖平津及华北的问题”的党内紧急通知。指出：“目前时局的严重需要我们党切实的经过这些艰苦的工作来动员广大群众，才能从目前的危机与陷阱中找出革命的出路！”[3] 8月10日，中共中央在纪念九一八事变两周年的决定中，规定：各级党组织“必须以战斗的动员来进行”抗日斗争，如，抓紧对群众反日运动的宣传、鼓动、组织，“进行一切反日的组织与斗争”；“必须加紧开展领导反日的民族革命的战

[1]《中央为反对日本帝国主义进攻热河华北给河北省委的信》（1932年8月30日），《中共中央文件选集》第8册，第565、567页。

[2]《中央关于日本帝国主义进攻华北的决议》（1933年1月7日），《中共中央文件选集》第9册，第3页。

[3]《中央紧急通知——关于中日秘密谈判与国民党出卖平津及华北的问题》（1933年5月25日），《中共中央文件选集》第9册，第197、198、200页。

争”；“有力的进行反日的斗争与罢工，特别抓紧日本企业中的反日的罢工运动”。[1]1934 年 4 月，针对日本逼迫国民党继续举行“通车”等问题的谈判，中共中央要求：“各级党部必须不失一分钟的时机，战斗的动员起来”，开展各项反对日本帝国主义侵略的工作。[2]1935 年河北事件发生后，6 月 10 日，中共临时中央局就此发出指示，要求各地党组织“抓紧华北这次严重事变，号召与组织全国人民通电抗议与罢工罢课罢市示威以至武装斗争”[3]。

第三，发表《对日战争宣言》。

1932 年 4 月 15 日，淞沪抗战结束之时，中华苏维埃共和国临时中央政府主席毛泽东发布《中华苏维埃共和国临时中央政府宣布对日战争宣言》。《宣言》愤怒控诉了日本帝国主义的侵略罪行：“日本帝国主义自去年‘九一八’以武力强占中国东三省后，继续用海陆空军占领上海、嘉定各地，侵扰沿海沿长江各地，用飞机大炮屠杀中国人民，焚烧中国房屋。在东北及淞沪等地，被损害的不可数计。这种屠杀与摧残，现在仍在继续发展。”

《宣言》庄严宣告：“中华苏维埃共和国临时中央政府特正式宣布对日战争，领导全中国工农红军和广大被压迫民众，以民族

[1]《中央关于“九一八”二周年纪念的决定》（1933 年 8 月 10 日），《中共中央文件选集》第 9 册，第 287、288 页。

[2]《中央紧急通知——关于在目前华北紧急形势下各级党的任务》（1934 年 4 月 12 日），《中共中央文件选集》第 10 册，第 416 页。

[3]《中共临时中央局关于最近华北事变与党的紧急任务》（1935 年 6 月 10 日），《中共中央文件选集》第 10 册，第 510 页。

革命战争驱逐日本帝国主义出中国，反对一切帝国主义瓜分中国，以求中华民族彻底地解放和独立。”[1]中共中央通过对日宣战的形式，深刻表达了两层意思。一是宣布与日本帝国主义处于“战争状态”，明确宣示了与之坚决敌对和顽强斗争，战胜之驱逐之的决心、立场和壮志。二是具有法理上的重要意义。“宣战”始于1907年海牙第三公约（即《关于战争开始的公约》）的规定，表示所涉之间处于“战争状态”。中共运用这种方式，在法理上确立了与日本帝国主义生死拼搏的战争关系。通过“宣战”这种非常郑重的形式，中共昭示了与民族敌人血战到底的决心和与之势不两立的决绝、坚毅的抗日立场。

第四，掀起抗日救亡运动。

九一八事变后，抗日救亡运动很快在全国许多城市和村镇兴起。根据中共中央的部署，各地中共党组织积极参加和组织了这些抗日救亡运动，并在其中发挥了重要作用。比如声势最浩大的学生运动，和中共党组织的活动紧密联系在一起。以北京大学南下示威团为核心的北京学生南下示威运动，一开始就是在中共直接领导下、在各左翼文化团体广大盟员的积极参加下进行的。中共北平市委的刘德成是出面领导的负责人，王荫槐、林枫、陈沂、薛迅等参与领导。而在北京大学南下示威团中，共产党员发挥了骨干作用，南下示威宣言是共产党员千家驹起草，陈沂同志担任示威团的纠察队长，林枫任北平学生南下示威团党团成员。南京是学生抗日救亡运动的主要场地，中共党员汪楚宝被选为南京市

[1] 中共中央文献研究室、中央档案馆编：《建党以来重要文献选编》第九册，中央文献出版社，2011年，第243、244页。

学生抗日救国会主席。中央大学接待各地的学生请愿团和示威团，并以该校为核心，组织南京及全国赴南京学生一次又一次开展斗争，中央大学的地下支部在这中间起了一定的领导和组织作用，杨晋豪、王枫、狄幽青（即狄超白）等都是中大抗日救国会的骨干力量。上海交大的地下党员许邦和、乔魁贤等在运动中都起骨干作用。共青团员、北大法学院学生李时雨是12月14日全国学生大示威的总指挥，共产党员、南开中学学生会执委会主席张敬载是向国民党政府请愿的学生代表。

1935年席卷全国的一二・九运动，是在中共党组织领导下发动的。其时，在日本制造华北事变、企图变华北为第二个“满洲国”的威胁面前，国民党决定成立在一定程度上满足日本“华北特殊化”要求、具有“华北自治”性质的“冀察政务委员会”。在民族危机日益严重的关头，在中共河北省委、北平临时市委和北平学联领导下，北平学生在12月9日、16日两次举行大规模的抗日救国请愿和游行示威，反对成立“冀察政务委员会”。学生们高呼“停止内战，一致对外！”“打倒日本帝国主义！”“反对华北五省自治！”等口号，表达了强烈的抗日救国的呼声。

北平学生掀起的一二・九示威游行，震动全国。天津、上海、南京、武汉、杭州、广州、西安、济南、青岛、南宁、长沙、安庆、厦门、南昌、梧州、开封、成都、桂林、太原、扬州、徐州、保定、苏州、张家口、宁波、南通、重庆、芜湖、江宁、应城、焦作、信阳、无锡、宜昌、常州等地的爱国学生，纷纷响应，先后举行了请愿、示威游行、罢课、发表通电、宣言等活动。

中共领导的由北平青年学生发动的一二・九运动，是一次伟大的抗日民族解放战争的动员，强劲地推动了全国抗日救亡运动的发展。一是广泛地宣传了中国共产党关于“停止内战，一致抗日”的政治主张，成为全国各界和广大人民群众的共同呼声。二是抗日救亡团体纷纷成立。12月26日，平津学生联合会正式成立；1936年1月，又成立了华北学生联合会。在平津学联组织的南下抗日宣传团的基础上，成立了对北方抗日斗争产生重大影响的中华民族解放先锋队。前述各地响应一二·九运动的学生，大都成立了救国会组织，甚至国民党直接控制的中央大学也成立了学生救国会。三是社会各界、各阶层爱国同胞也纷纷行动起来，参加抗日救亡活动。比如，在上海，文化界知名人士马相伯等283人联名发表《救国运动宣言》，热情赞扬并支持北平学生的抗日救国运动，表示以最大决心维护国家领土主权之完整。上海妇女界救国联合会、上海文化界救国会、上海国难教育社、上海电影界救国会、上海工人救国会等组织相继成立。广州铁路工人、上海邮务和沪杭甬铁路工人，先后召集了群众大会，发出通电，援助学生，要求对日宣战。12月18日，中华全国总工会致书全国工人，号召工人组织起来，进行抗日救亡工作，声援北平学生的救国运动。接着，各地工人纷纷举行罢工以示抗议。这些活动与学生运动汇合在一起，形成广泛的、群众性的抗日救亡运动。毛泽东1939年在延安各界人士纪念一二·九运动四周年大会上评价说：“一二·九运动是动员全民族抗战的运动，它准备了抗战的思想，准备了抗战的人心，准备了抗战的干部。”[1]

第五，积极支持和参与局部抗战。

[1] 毛泽东：《一二九运动的伟大意义》（1939年12月9日），《毛泽东文集》第二卷，人民出版社，1993年，第253页。

九一八事变后，针对日本帝国主义的侵略，中国军民举行了许多抗日斗争，如一·二八淞沪抗战、绥远抗战等，史称局部抗战。中共积极参与其中，与国民党地方当局和抗日军队进行了抗日合作。这些实践，不仅对上述局部抗战是有力的支持，而且对推动全国抗战的发展产生了重要影响。

1932 年淞沪抗战爆发后，中共中央指示：目前上海所进行的反日战争，“它很明显的带有民族革命战争的意义”，因此我们党的任务，“是积极的加入这一战争”。[1] 据此，中共江苏省委、上海地下党组织策动各界人民积极支援十九路军抗战。具体方式是通过党领导的抗日团体“上海民众反日救国联合会”（简称“民反”）联络十九路军和组织民众。据统计，在一·二八抗战期间，“民反”义勇军和各地来沪义勇军总数达 5000 人以上，他们编成救护、担架、运输、募捐、慰劳等队。救护队和担架队有 200 多人到战区参加救护活动。运输队、施工队成为十九路军前线指挥部的得力助手，凡十九路军有什么运输和施工任务，“民反”义勇军就及时组织力量去完成。“民反”义勇军还及时地向闸北前线运送粮食、蔬菜、食油以及枪支弹药。“民反”宣传队向各界民众开展抗日救国宣传，组织募捐队到工厂、学校、平民村进行劳军募捐；组织青年学生去前线慰问抗日将士。就此，指挥淞沪抗战的十九路军领导人感受很深：“淞沪抗战爆发后，中国共产党在上海的地下组织，通过工会、学生会及其他群众组织，展开了对十九路军的热烈支前工作。他们策动各界人民组织义勇军、

[1]《中央为上海事变给各地党部的信》（1932 年 2 月 15 日），《中共中央文件选集》第 8 册，第 114 页。

敢死队、情报队、救护队、担架队、通信队、运输队等。有的在前线配合作战，有的担任后方勤务的任务，对作战、供应各方面，起了积极有效的作用。”[1]与此同时，在时任中共中央职工部长刘少奇等领导下，把沪西17家日本纱厂四万多工人为取消月赏而举行罢工（经济目的）转变为反对日本帝国主义侵略上海的政治斗争，并把这个反日大罢工坚持到停战之后。

九一八事变后，冯玉祥对国民党的不抵抗政策非常不满，认为蒋介石等不抵抗“足以亡国灭种而有余！”[2]，中共党组织积极推动他开展抗日工作。应冯玉祥的要求，中共北方特科先后派出武止戈、张存实、许权中、张慕陶、吴化之、王霖、赵作霖等帮助他从事军事、政治工作。1933年3月初，冯玉祥接受北方特科提出的《抗日同盟军纲领草案》，明确双方合作以“打倒日本帝国主义及其一切走狗”为宗旨。[3]在中共推动和帮助下,5月26日，冯玉祥联络旧部和各种武装，组织了察哈尔民众抗日同盟军。中共派出300余名共产党员参加该军工作，宣侠父、张慕陶担任同盟军最高权力机关——军事委员会的常务委员，宣侠父还担任吉鸿昌第二军的政治部主任兼主力先锋第五师师长。许权中是阮玄武第五军的十八师师长，武止戈任同盟军总部高级参谋、北路军前敌总指挥部参谋长，吴化之任吉鸿昌部政治部主任兼察哈尔省

---

[1] 蒋光鼐、蔡廷锴、戴戟：《十九路军淞沪抗战回忆》，广东省政协文史资料研究委员会编《淞沪烽火——十九路军一·二八淞沪抗战纪实》，广东人民出版社，1991年，第11页。

[2]《冯玉祥致邹鲁等要求共同抵抗暴日电》，吉林省档案馆编：《九·一八事变》，档案出版社，1991年，第284页。

[3] 吴成方：《抗日同盟军的酝酿和成立》，《张家口文史资料》第19辑，第10页。

警备司令部政治部主任。支应遴师的师政治部主任王沛南，三个团长尹心田、贾振中、周茂兰都是共产党员。古鸿昌部政治部副主任张存实，同盟军干部学校校长张克侠，以及孔原、谢子长、阎红彦、刘仁、王其梅、周仁山、孙大光等共产党人，均参加了同盟军的各方面工作。张家口特委“在冯的首脑部参与各种重要会议，在有关军事重大决策方面起着决定性作用”[1]。中共发动北平、天津和太原等地大批学生和青年，到张家口去参加抗日同盟军，共产党领导的蒙古人民抗日武装也加入了同盟军。

虽然冯玉祥后来在蒋介石和国民党当局的压迫下去职，察哈尔民众抗日同盟军在日军和国民党军的夹攻下失败了，但察哈尔民众抗日同盟军收复康保、沽源、宝昌、多伦等察东四县的壮举，为全国抗日救亡运动注入了活力，激荡了中国抗日御侮的潮流；中共与冯玉祥的抗日合作，对后来建立抗日民族统一战线，特别是和地方实力派合作方面，产生了积极的广泛的影响。

华北事变后，日本把侵略的矛头指向了绥远。1936年8月，日本关东军驱使伪军——“蒙古自治军”李守信部进犯绥东陶林（今察右中旗），日军开抵张北，伪蒙军一个骑兵师进犯绥远红格尔图等地，绥远形势危急。中共积极推动绥远省主席傅作义走向抗日。在绥远狱中的中共党员王若飞写了《劝傅作义抗日书》长信，直言国民党的不抵抗政策是错误的，提出“坚决持久的抗日民族革命战争中的行动策略”七条，动员傅作义抗日救国。1936年8月和10月，毛泽东两次致函傅作义，一是呼吁和激励

[1] 石仲伟：《抗日同盟军最后从察北南下的真相》，《陕西文史资料》第18辑，第240页。

傅奋起抗战，说："保卫绥远，保卫西北，保卫华北，先生之责，亦红军及全国人民之责也。"[1]二是表示红军愿配合傅作义抗战，"先生如能毅然抗战，弟等决为后援"。"红军虽志切抗战，但在未得友军谅解，尤其在未得抗战地区之友军及地方行政长官之谅解以前，决不贸然向抗战阵地开进。在已得正式谅解而向抗战阵地开进与实行抗战时，自当以其全力为友军之助，而绝不丝毫妨碍共同抗战之友军及其后方之安全与秩序。"[2]1936 年 11 月绥远抗战打响后，中共中央发表《关于绥远抗战的通电》，敦促南京政府调集大军增援晋绥前线，再次表示中国共产党所领导的红军"准备立即开赴晋绥前线，担任一定抗日战线"[3]的决心。中共的支持，对傅作义的绥远抗战起了重要作用，一是起激励作用，二是傅作义得以把守在陕、绥边界用以对付红军的部队尽数东调，开赴抗日第一线。对此，傅作义感触颇深，他后来在《纪念抗日战争胜利二十周年》一文中写道："就我个人的抗日经历来说，是始终受到中国共产党和毛主席的鼓励和支持的。"[4]

中共的上述实践，不仅对局部抗战是有力的支持，而且对推动全国抗战的发展产生了重要影响。

第六，首倡和推进抗日民族统一战线。

九一八事变后，中共中央明确提出了建立以反对日本帝国

---

[1] 毛泽东：《致傅作义》（1936 年 8 月 14 日），中共中央文献研究室编《毛泽东书信选集》，中央文献出版社，2003 年，第 37 页。

[2] 毛泽东：《致傅作义》（1936 年 10 月 25 日），《毛泽东书信选集》，第 70 页。

[3] 中国人民政治协商会议全国委员会文史和学习委员会编：《西安事变历史资料汇编》1 电文上，中央文献出版社，2017 年，第 105 页。

[4] 张新吾：《傅作义传》，团结出版社，2005 年，第 4 页。

主义为主要内容的反帝统一战线的主张："组织群众的反帝运动，发动群众斗争来反抗日本帝国主义的侵略。"特别是在1933年年初，针对日军向关内侵略的严峻形势，中共发出"三个条件"之下合作抗日的宣言："在下列条件之下，中国工农红军准备与任何武装部队订立作战协定，来反对日本帝国主义的侵略。（一）立即停止进攻苏维埃区域，（二）立即保证民众的民主权利（集会、结社、言论、罢工、出版之自由等），（三）立即武装民众创立武装的义勇军，以保卫中国及争取中国的独立统一与领土的完整。"[1]其后在3月至5月，中共三次重申了这个主张，"愿在三个条件下与任何武装部队共同抗日"[2]。

中共"三个条件"之下停战抗日的宣言，传递出联合抗日的十分重要的信息，"准备与任何武装部队订立（抗日）作战协定"。而且联合抗日的范围很宽，"任何武装部队"既包括国民党的杂牌军、地方实力派的军队和地方武装（民团等），也包括坚持"剿共"方针的蒋介石的中央军。应该说，中共的这"三个条件"非常宽容，"立即停止进攻苏维埃区域"，是联合抗日的基本条件，如果彼此继续互相进攻、继续战争，即不"停止进攻"，则联合抗日无从说起；"立即保证民众的民主权利"，既是中共革命的重要目标，是中共发动民众抗日的主张的重要内

[1]《中华苏维埃临时中央政府、工农红军革命军事委员会宣言——为反对日本帝国主义侵入华北愿在三个条件下与全国各军队共同抗日》（1933年1月17日），《中共中央文件选集》第9册，第458页。

[2]《中华苏维埃共和国临时中央政府与工农红军革命军事委员会的宣言——重申愿在三个条件下与任何武装部队共同抗日的主张》（1933年4月15日），《中共中央文件选集》第9册，第470页。

容，更是中国实行抗日战争并赢得胜利的基本条件；“立即武装民众创立武装的义勇军”，是抗日的一个具体而重要的内容。中共的这个宣言，标志着中共在日本侵略中国的严峻形势下，开始调整自己的国内政策。虽然调整还是初步的，但意义重大，朝着建立全民族的抗日统一战线迈进了一步。其时，对中共构成巨大威胁的、中共面临的主要对手是国民党，相形之下，日本侵略对中共形成的实际压力要小得多。中共之所以发出“停战抗日”的呼吁，彰显出中共在民族危机日益加深的形势下，顾全国家利益大局的广阔胸襟。

1935 年 8 月 1 日，中共驻共产国际代表团根据华北事变以来的民族危机加深的形势和共产国际七大的精神，草拟《中华苏维埃政府、中国共产党中央为抗日救国告全体同胞书》（即著名的“八一宣言”）。宣言直陈中共的主张：在中华民族亡国灭种大祸迫在眉睫之时，全国各党派、各界、各军队应抛弃过去政见分歧、利益差异和敌对行动，“大家都应有‘兄弟阋于墙，外御其侮’的真诚觉悟，首先大家都应当停止内战，以便集中一切国力（人力、物力、财力、武力等）去为抗日救国的神圣事业而奋斗”[1]。建议成立抗日救国的国防政府，在国防政府领导下，一切抗日军队组成统一的抗日联军。宣言明确表示中华苏维埃共和国政府和中国共产党愿意做国防政府的发起人，工农红军首先加入抗日联军，以尽抗日救国的天职。宣言再次宣布：“只要国民党军队停止进攻苏区行动，只要任何部队实行对日抗战，不管过去和现在

[1] 中央档案馆编：《中共中央文件选集》第 10 册，中共中央党校出版社，1991 年，第 522 页。

他们与红军之间有任何旧仇宿怨，不管他们与红军之间在对内问题上有何分歧，红军不仅立刻对之停止敌对行为，而且愿意与之亲密携手共同救国。”[1]八一宣言初步提出了抗日民族统一战线政策，成为中国共产党倡导的抗日民族统一战线的起点。它顺应了历史发展的潮流，极大地鼓舞了全国人民，有力地促进了抗日民主运动的迅速高涨。

1935年12月17日至25日，中共中央在陕西安定县（今子长）瓦窑堡召开政治局会议（即瓦窑堡会议）。会议根据共产国际七大精神和八一宣言精神，通过《中央关于目前政治形势与党的任务决议》，确定了建立抗日民族统一战线的策略方针，同时修改了与此不相适应、带有“左”倾错误的政策，实现了党的整个政治路线的转变。它使党的路线、方针、政策适应了全国大变动的形势，为推进全国抗日局面的形成产生了深刻的影响。

根据瓦窑堡会议建立广泛的统一战线的决定，中共中央大力做争取张学良东北军和杨虎城第十七路军的工作。经过几个月的努力，中共和东北军、第十七路军初步达成“停止内战，一致抗日”的秘密协议，逐步形成红军、东北军、十七路军“三位一体”的西北大联合局面。

与此同时，中共还同广东的陈济棠和广西的李宗仁、白崇禧，四川地方实力派刘湘，华北地方实力派宋哲元、阎锡山，甘肃的于学忠、绥远的傅作义、新疆的盛世才、山东的韩复榘等直接间

[1] 中央档案馆编：《中共中央文件选集》第10册，中共中央党校出版社，1991年，第522页。

接地建立了联系。中共倡导和推进的抗日民族统一战线，取得重大成果。所有这些，都为广泛的抗日民族统一战线的建立，为全民族团结抗日局面的形成做了重要的准备。

第七，提出和实行与国民党合作抗日。

中共在倡导抗日民族统一战线之初，将反对日本侵略和反对蒋介石、国民党并列在一起。但随着抗日民族统一战线的实践，中共中央开始调整对国民党、蒋介石的政策。第二次国共合作的历史证明，曾经长期敌对的国共两党，实现抗日合作政策的调整是需要一个过程的。就其过程而言，遭受国民党残酷屠杀的中共，比处在强势地位的国民党还要转化得快。这也反映出国共两党的差异。

蒋介石曾幻想以退让换得日本停止大规模的侵略，但是，日本制造的华北事变，不啻是对他的想法的沉重一击，并且严重地危害了国民党政权和他的统治。于是，蒋介石不得不调整对日本的政策。蒋介石在 1935 年 11 月召开的国民党第五次全国代表大会上，就对外关系讲道："不侵犯主权为限度，谋各友邦之政治协调，以互惠平等为原则，谋各友邦之经济合作，否则即当听命党国，下最后之决心。"[1] 11 月 20 日，蒋介石断然拒绝日本驻华大使有吉明的"华北自治"的无理要求。与此同时，蒋介石拟定了"联苏制日"策略。为此，他把对中共的方针，由原来实行的"军事围剿"改为"军事围剿"与"政治招降"两管齐下，企图迫使红军接受他的"改编"。于是，从 1935 年年底起，蒋介石通

[1] 荣孟源主编：《中国国民党历次代表大会及中央全会资料》（下册），光明日报出版社，1985 年，第 321 页。

过几个渠道寻找与中共的接触：指示国民党驻苏大使馆武官邓文仪与中共驻共产国际代表王明直接联系；指派陈立夫、宋子文在国内寻找与中共接触的线索（先后找到原在中共特科系统工作的董健吾和中共上海地下党员张子华）。

根据国民党对日态度的变化和寻求与中共秘密接触的态度，1936 年 4 月 25 日，中共中央发表《为创立全国各党各派的抗日人民阵线宣言》，公开把国民党列为抗日民族统一战线的对象。

8 月 10 日，中共中央政治局会议讨论对南京政府的方针策略，在面临国民党军事进攻的形势下，决定放弃“抗日必须反蒋”的口号。9 月 1 日，中共中央正式向党内发出《中央关于逼蒋抗日问题的指示》，明确提出：“目前中国的主要敌人，是日帝，所以把日帝与蒋介石同等看待是错误的”，“我们总方针，应是逼蒋抗日”。[1]

提出“逼蒋抗日”方针，是中国共产党基于国家利益和根据国内外形势变化而做出的重大决策，其发展轨迹就是“联蒋抗日”、与国民党实行第二次合作。而其时，正是蒋介石调集大军“围剿”陕甘宁根据地、高额悬赏捕杀中共领导人之时[2]，中共领导人为了中华民族利益而不计前嫌，毅然放下遭受血腥屠杀、

[1]《中共中央文件选集》第 11 册，第 89 页。

[2] 1935 年 2 月 15 日，云南《民国日报》刊登了这样一篇文章，题目是《蒋中正悬赏红军将领的赏格》，在这个悬赏表之中列在第一等的是毛泽东、朱德、徐向前，对于这三位，生擒者各奖十万元，献首级者各奖八万元；列在第二等的，生擒者奖八万元，献首级者奖五万，被悬赏的红军将领是林彪、彭德怀、董振堂、罗炳辉；而周恩来、张国焘、项英、王稼祥、陈昌浩被列为第三等，生擒者奖五万，献首级者奖三万；何畏列在第四等，生擒者奖三万，献首级者奖两万大洋，与何畏并列的有王宏坤、王树声、王维舟、刘伯承、叶剑英、倪志亮等人。

围追堵截的阶级仇恨，调整对蒋介石的政策，其政治胸襟可见一斑。

1936年冬，蒋介石加紧部署“围剿”在陕北的主力红军。结果，逼得张学良、杨虎城发动了西安事变。中国共产党在西安事变中，坚持和平解决的方针，并为此做了最大的努力。蒋介石在被扣之初，“断定这是张、杨二逆受共匪欺诈，甘心被其利用”，他估计中共“必以为千载一时之良机”，“必制我的死命”。后来他了解到西安事变是张学良、杨虎城所为，“且其事变先并未与共产党就此事有任何商量”[1]，特别是看到了中共在解决事变中不计旧仇、以德报怨的光明磊落的行动。同时，西安事变标志着蒋介石的内战政策的完全破产。有鉴于此，蒋介石当面向周恩来表示“停止剿共，联红抗日”，表示欢迎周恩来到南京谈判。西安事变在结束内战、国共实现第二次合作过程中产生了重大的转折作用，也标志着中共建立抗日民族统一战线的方针和逼蒋抗日策略取得了成功。

其后，中共与国民党在西安、杭州、庐山和南京等地进行了极其艰苦的谈判。1937年七七事变、全国抗战爆发后，在历经曲折和艰辛后，第二次国共合作在事实上建立了。

国共合作是中国抗日民族统一战线的主体，它标志着抗日民族统一战线的形成。这是一个对中国抗日战争有着全局性和深远意义的事件，毛泽东当年对此做了高度的评价：“这在中国革命史上开辟了一个新纪元。这将给予中国革命以广大的深刻的影

---

[1] 蒋介石、宋美龄：《孙大总统广州蒙难记·蒋委员长西安半月记·蒋夫人西安事变回忆录》，台北正中书局，1986年，第92页。

响，将对于打倒日本帝国主义发生决定的作用。”[1]

第二次国共合作的实现，是中共艰难推进全国抗日取得成功的重要标志，是中共对中国抗日战争的历史性贡献。在这个过程中，中共的工作呈现两个显著特点，一是中共在弱势地位上推进国共合作、建立抗日民族统一战线，进行了艰苦的以小促大转变的努力；二是为了实现第二次国共合作，中共提出了著名的五项要求和四项保证：只要国民党接受中共停止内战、集中国力一致对日等项要求，中共在全国范围内停止执行推翻国民党政府的方针、将工农政府改为特区政府、将红军改编为国民革命军、停止没收地主土地之政策。四项保证是中共“为着抗日”做出的重大的、“带原则性的让步”，它彰显了中共抗日救国的坚毅精神和顾全民族利益大局的博大胸襟。

四、坚定的抗日立场和正确的抗日战略

1937 年 7 月 7 日，日本帝国主义制造卢沟桥事变，发动了灭亡中国的侵略战争，中华民族伟大的抗日战争在全国爆发。

全面抗战爆发后，如何进行抗日战争、如何争取抗战的胜利，就非常现实地、急迫地、尖锐地提了出来。处于弱势和劣势的中国要与国力强盛、军力强悍的日本搏斗并战胜之，是需要一整套切合敌我实际、超乎寻常的制敌取胜的战略、战术和策略的。其正确与否，关系抗日战争的进行、成效、演变和结局，对中华民族的解放战争具有决定性的作用。当时，国内关

[1]《毛泽东选集》第二卷，人民出版社，1991 年，第 364 页。

于抗战的流言颇多，消极性的议论很多，迫切需要统一认识，凝聚斗志。这是一个关系全局的极其重大的问题，也是一个非常艰难的问题，它严峻地考验着当时中国的阶级、政党、政治活动家，检验他们能否担当起引导中华民族摆脱危机的重任。

中共中央在此历史发展的关键时刻，鲜明地提出一系列符合抗日战争规律、足以制敌死命而夺取最后胜利的路线、方针、政策和策略，正确地回答了中国抗日战争迫切需要解答的现实问题。它的深邃的战略思考和切合中国抗日战争实际的理论，为这场伟大的民族解放战争提供了正确的指导，并因此深刻地影响了抗日战争的进程。历史证明了中国共产党抗日理论的正确性，这是中国共产党对中国抗日战争的一个重大贡献。

（一）坚决驱逐日本帝国主义出中国的抗战目标

蒋介石是在日本帝国主义疯狂侵略下被迫抗战的，他在1937年10月31日的日记中坦率承认："此次抗战，实被迫而应战。"[1]

蒋介石的犹疑，根本原因是他对中国战胜日本缺乏信心。1934年7月，蒋介石在庐山对国民党军官训练团讲话中说：日本侵略中国，"就军事上来看，可以说无论那一方面，都准备齐全了"，"他只要发一个号令，真是只要三天之内，就完全可以把我们中国要害之区都占领下来，灭亡我们中国"。他对中国的抗日力量很悲观："就是从现在起大家同心一致，专在这一方面来努力三十年还是不够，到那时候，说我们想靠物质的力量，可以

[1] 虞平：《解读蒋介石》，中国华侨出版社，2013年，第178页。

战胜日本，那还是等于做梦。”[1]1938年年底，他仍然持这样的认识：“我们军队不但各种技术装置和一切准备，都不如敌人，就是我们自己的学问能力和种种计划，我们自觉也都比敌人差次，这样，我们什么事情都赶不上敌人。”[2]

在这种己远不如人的认识的支配下，国民党抗日的基本依据就是依靠国际大国，利用国际形势变化即依赖外力来制止或者结束日本侵略，因此，其抗日立场就随着国际形势变化而起伏，抗战立场难以坚定，抗日的目标也就非常有限。全国抗战爆发后，国民党确定的抗战目标局限在“恢复七七事变以前的原状”的范围内。1939年1月，蒋介石在国民党五届五中全会上正式就这个目标做了说明：以为战到中国亡了的时候才是到底，那我们抗战非到国家灭亡不可；要我们抗战到日本灭亡，也是事实上所不能的。我们这次抗战是起于卢沟桥事变，“我们这次抗战的目的，当然是要恢复卢沟桥事变以前的状态；如果不能达到这个目的，就不能和日本开始谈判；假使能够恢复卢沟桥事变以前的状态，可以开始谈判。以外交的方法，解决东北问题”。“我们不恢复‘七七’事变以前原状就是灭亡，恢复了就是胜利。”[3]由于没有抗战胜算，所以“媾和”仍是国民党长期设定的目标。也正是在这样的思想支配下，发生了1937年年底的德国大使陶德曼的调停，

[1] 蒋介石：《抵御外侮与复兴民族》（1934年7月13日），“蒋介石集”，台湾“国防研究院”，1961年，第66、68页。

[2] 蒋介石：《第一次南岳军事会议上的训词》，“蒋介石集”，台湾“国防研究院”，1961年，第809页。

[3] 蒋介石：《外交趋势与抗战前途》（1939年1月26日），中国国民党五届五中全会会议记录（1939年1月），中国第二历史档案馆藏。

1938年夏天的宇垣一成、孔祥熙秘密谈判，1939年蒋介石直接指挥的复兴社杜石山与日本萱野长知、小川平吉之间的香港谈判，1940年"桐工作"（又称"宋子良工作"）中的香港、澳门谈判等一系列和日本的"议和"。

与国民党的游移态度截然相反，中国共产党的抗日立场十分坚定，目标非常明确，就是彻底战胜日本帝国主义，这是自九一八事变就确定了的。九一八事变后，中共就明确宣示坚决抗日，"真正地进行革命的民族战争"，"把日本的海陆空军驱逐出中国去，把东三省完全收回"。[1]全国抗战爆发后，中共坚毅地秉持一贯的抗日目标："驱逐日寇出中国，收复一切失地。"1937年8月洛川会议通过的《抗日救国十大纲领》，第一项就是"打倒日本帝国主义"，"驱逐日本帝国主义出中国"。[2]1939年6月，毛泽东在纪念抗战两周年的文章中，再次旗帜鲜明地向全国人民阐明了中共的立场："抗战到底，打到鸭绿江边，收复一切失地，而不知其他。"[3]

需要强调的是，中共的坚毅的抗日立场和坚决驱逐日本帝国主义出中国的目标，源自对战胜日本帝国主义的充分自信。其自信来自于中国共产党的政治信仰，来自于对中国人民力量的自信，其基本根据是通过中国人民的奋斗而赢得胜利。"只有中华民族的伟大的坚强的力量才能粉碎日本帝国主义的进攻，建立民

[1]《中国共产党对于时局的主张》（1932年1月1日），《中共中央文件选集》第8册，中共中央党校出版社，1991年，第5—6页。

[2]《中国共产党抗日救国十大纲领——为动员一切力量争取抗战胜利而斗争》，《中共中央文件选集》第11册，第327页。

[3]毛泽东:《反对投降活动》（1939年6月30日），《毛泽东选集》第二卷，第571页。

族独立，民权自由与民生幸福的新中国。”[1]中共也充分估计到抗日战争将是非常艰苦的，但其抗日到底的决心始终不渝。洛川会议判断：全国抗战后，“可能发生许多挫败、退却，内部的分化与叛变，暂时的与局部的妥协等不利的情况”，“但我们相信，已经发动的抗战，必将因为我党与全国人民的努力，冲破一切障碍物，而继续的前进与发展”，“只要真正的组织千百万人民进入抗日民族统一战线，抗日战争的胜利是无疑的”。[2]

为此，中共指示各级党组织为争取抗战胜利而奋斗，并强调要和民族失败主义做坚决斗争。1937 年 8 月 12 日，中共中央在《中央关于抗战中地方工作的原则指示》中，指示各地党组织：“一切地方工作，以争取抗战的胜利为最基本原则，一切斗争的方法与方式，不但不应该违犯它，而且正是为了取得抗战的胜利。”“必须同民族失败主义做斗争。在斗争中巩固民族的自信心，指出抗战必然胜利的前途。”[3]洛川会议决议规定：“反对悲观失望的民族失败主义”，“反对任何的动摇妥协”。[4]

（二）实行全民族抗战的全面抗战路线

全国抗战爆发后，执政的国民党表现了抗日的积极性，调

---

[1]《中国共产党为日本帝国主义进攻华北第二次宣言》（1973 年 7 月 23 日），《中共中央文件选集》第 11 册，中共中央党校出版社，1991 年，第 297 页。

[2]《中央关于目前形势与党的任务的决定》（1937 年 8 月 25 日），《中共中央文件选集》第 11 册，第 325、326 页。

[3]《中央关于抗战中地方工作的原则指示》（1937 年 8 月 12 日），《中共中央文件选集》第 11 册，第 318、321 页。

[4]《中央关于目前形势与党的任务的决定》（1937 年 8 月 25 日），《中国共产党抗日救国十大纲领——为动员一切力量争取抗战胜利而斗争》（1937 年 8 月 25 日），《中共中央文件选集》第 11 册，第 325、327 页。

遣、部署军队在南北两线与日军激烈作战。但在如何进行抗战、关系抗战全局的重大问题上，却存在严重的偏差。虽然它提出“举全国力量进行持久消耗战”，但由于它把依靠国际力量作为抗战的主要的、基本的因素，由于国民党不相信依靠中国自己的力量能够战胜日本，由于它从巩固其一党专政的利益出发，所以它忽略国内各种力量的动员和发动，压制中国共产党和其他党派，压制民众的抗日活动，结果所谓“举全国力量”只是见诸文字，国民党实际实行的是由其政府和军队包办抗战的片面抗战路线。这种片面抗战路线是不能正确指导中国抗日战争的，并且会严重损害抗日大业的发展。

全国抗战一开始，中国共产党就提出了实行全体人民参加战争、支援战争的全面抗战路线，亦即实行人民战争的路线。

1937 年 8 月中共中央在陕北洛川召开的政治局扩大会议，指出：“单纯的政府抗战只能取得某些个别的胜利，只有全面的民族抗战才能彻底地战胜日寇”，所以，“今天争取抗战胜利的中心关键，是在使国民党发动的抗战发展为全面的全民族的抗战。只有这种全面的全民族的抗战，才能使抗战得到最后的胜利”[1]。会议通过的《中国共产党抗日救国十大纲领》，具体规定了驱逐日本帝国主义出中国、争取抗战最后胜利的战略任务：“全国军事的总动员”“全国人民的总动员”；实行抗日的政治、军事、经济、外交、教育，即在力量组织方面，动员和组织全国、全民族的力

[1]《中央关于目前形势与党的任务的决定》(1937 年 8 月 25 日)，《中国共产党抗日救国十大纲领——为动员一切力量争取抗战胜利而斗争》(1937 年 8 月 25 日)，《中共中央文件选集》第 11 册，第 324、325 页。

量抗日；在工作和活动方面，一切都以抗日为中心、围绕抗日而展开，为抗战服务。《抗日救国十大纲领》概括了中国共产党关于实行全国全民族抗战的政治主张，体现了中国共产党的全面抗战路线，会议指出：“本党今天所提出的抗日救国十大纲领，即是争取抗战最后胜利的具体的道路。”[1]

据此，会议明确规定中共在抗战时期的任务，就是实行全面抗战路线：“共产党员及其所领导的民众与武装力量，应该使自己成为全国抗战的核心，应该用极大的力量发展抗日的群众运动。不放松一刻工夫一个机会去宣传群众、组织群众、武装群众，只要真能组织千百万群众进入抗日民族统一战线，抗日战争的胜利是无疑的。”[2]

采取什么样的路线指导和进行战争，决定着抗日战争的前途。

中国共产党的全面抗战路线，主要奠基于马克思主义的历史唯物主义，认为人民群众是历史的创造者，“战争的伟力之最深厚的根源，存在于民众之中”。“抗日战争是要赶走帝国主义，变旧中国为新中国，必须动员全中国人民，统统发扬其抗日的自觉的能动性，才能达到目的。坐着不动，只有被灭亡，没有持久战，也没有最后胜利。”[3]发动民众起来抗日，使抗日战争变成真正的民族解放战争，这是中共坚定的抗日立场和胜利自信的根本来源，是中共性质和政治信仰的决定和反映。

---

[1]《中共中央文件选集》第11册，第325页。

[2] 同上书，第321—322页。

[3] 毛泽东：《论持久战》（1938年6月），《毛泽东选集》第二卷，第477—478、511页。

（三）持久战理论

全国抗战爆发后，在如何抗日及抗日前途等问题上，国内流行一些严重影响中国抗日战争、严重侵蚀抗日斗志的错误论调。一是只看到日本帝国主义强大一面而产生失败情绪的“亡国论”；二是寄希望于美、英等国际大国干预而迅速结束战争的“速胜论”；三是“持久战”的观点也流行，但是一种消极的“持久战”，主张利用中国地大人众的优势来“拖”，然后等待国际形势变化而战胜日本。“亡国论”是民族失败主义；“速胜论”对中国抗战的艰难性和长期性认识不足，因此当期盼的制胜因素不能出现时，就会因希望破灭而转化为“亡国论”；消极的“持久战”缺乏中国抗战胜利的自信、忽略潜在优势的挖掘和培养，是不能支持和夺取抗战胜利的。

显而易见，这些论调都是极端错误的，对中国抗日战争的危害是巨大的，如果不予清除，任其流行，必然会在群众中造成思想混乱，瓦解中国人民的斗志，影响抗日战争的开展、坚持和发展。

需要强调的是，上述论调在国民党内颇为流行。作为执政党官员的言论，社会影响大，影响中间阶层和社会上的许多人，也严重影响中国的抗战。比如国民党把“持久消耗战”作为抗战的基本战略方针，蒋介石等人多次阐述说：“倭寇要求速战速决，我们就要持久消耗战”[1]，并提出“以空间换时间”“积小胜为大胜”等口号。但是，他们关于持久消耗战略的论述，基本是从中国地大人众、苦撑以等待国际形势变化等展开的。在认识上，对

[1]“蒋介石集”，台湾“国防研究院”，1961年，第971页。

中国抗日战争为什么持久、如何持久等问题，没有深入的、足以反映这场战争规律和制胜敌人的见解；在行动上，在抗战爆发后的很长一段时间里，持久消耗战的方针没有实行，与日军大打阵地战，拼消耗，典型者如淞沪会战、台儿庄战役后准备的“准决战”等。因此，其“持久战”的认识存在极大的局限性，起不到动员人民、指导抗日战争正确进行的作用。

中国共产党坚定地认为中国的抗日战略应该是持久战，正确论述中国抗日战争“持久战”战略的任务，是由中国共产党完成的。1938 年 5 月，毛泽东总结抗战 10 个月以来的经验，撰写《论持久战》论证了中国共产党的持久战理论。

《论持久战》首先明确论证了抗日战争是持久战、最后胜利属于中国的论断。根据中日战争的性质及时代特征，毛泽东指出中日双方存在着互相矛盾的四个基本特点：敌强我弱，敌小我大，敌退步我进步，敌寡助我多助。敌强我弱的特点决定日本的进攻能在中国横行一时，而中国不能速胜，中国的抗战不可避免地要走一段艰难的路程。但是，日本帝国主义发动的侵略战争是非正义的、退步的，它所进行的疯狂的战争冒险，只会加剧其本身的内外矛盾，使它走向灭亡；而且日本是小国，它的人力、物力不足以支持长期战争；日本虽然得到国际法西斯国家的支持，但由于它推行侵略扩张政策，威胁和损害着其他国家的利益，这就必然会使它受到国际反对力量的遏制。日本的这些短处是它无法克服的。而中国的抗日战争是进步的、正义的战争，因而能够唤起全国人民的抗战热情，同仇敌忾，利用中国地大、人多的有利条件来支持长期的战争，并将得到国际上的广大援助。这些基本特点决定了抗日战争是持久战，最后的胜利是中国的。

毛泽东批驳了“亡国论”和“速胜论”，指出：“亡国论”者只看到敌人军事力量强大的一面，而没有看到敌人的根本弱点和中国潜藏的优势；“速胜论”者忽略敌强我弱的现实状况，不了解敌方的短处需要一个长时期才能充分地暴露出来，而我方的长处也需要经过长时期的努力才能充分地发挥出来。两者看问题的方法是主观的和片面的，因而得出的结论都是错误的。

《论持久战》根据中日双方的特点，预见持久的抗日战争将经过战略防御、战略相持和战略反攻三个阶段。指出：通过三个阶段，在双方力量对比上，中国必将由劣势到平衡到优势，日本则将由优势到平衡到劣势。其中，战略相持阶段的时间将相当长，遇到的困难也将最多，但它是中国抗战力量生长的主要时期，是持久抗战转到最后胜利的“枢纽”。“中国将变为独立国，还是沦为殖民地，不决定于第一阶段大城市之是否丧失，而决定于第二阶段全民族努力的程度。如能坚持抗战，坚持统一战线和坚持持久战，中国将在此阶段中获得转弱为强的力量。”[1]

《论持久战》提出了实施持久战的具体战略方针，这就是主动地、灵活地、有计划地执行防御战中的进攻战，持久战中的速决战，内线作战中的外线作战。毛泽东指出：由于敌强我弱，敌在战略上采取进攻的、速战速决的和进行外线作战的方针，我则采取防御的、持久的和进行内线作战的方针。但是，由于敌小我大，敌以少兵临大国，只能占领中国一部分领土，我们有对敌进行运动战和游击战的极其广大的地盘。这样，在战役战斗中，对

[1]《毛泽东选集》第二卷，第465页。

于部分敌人，我可能集中优势兵力，主动地进行外线的速决的进攻战。结果，在具体战斗中，敌可由强者变为弱者，由优势变为劣势；我则相反，可以由弱者变为强者，由劣势变为优势，取得战役战斗的胜利。这些胜利的积累，将逐渐改变总的敌我形势，我日益壮大，敌日益削弱直至走向完全失败。在抗日战争的第一阶段和第二阶段都需要实行这一套方针，这是以弱胜强所必须采取的方针。

《论持久战》指出：实施持久战的基础在于广大民众。毛泽东强调指出："兵民是胜利之本"，"战争的伟力之最深厚的根源，存在于民众之中"。[1] 争取抗战胜利的唯一正确道路是充分动员和依靠群众，实行人民战争。动员了全国的老百姓，就造成陷敌于灭顶之灾的汪洋大海，造成了弥补武器等缺陷的补救条件，造成了克服一切战争困难的前提。而为了动员民众，就要把进步的政治精神灌注于军队之中，就要在广大人民中做普遍深入的政治动员，就要调动全军全民的最大积极性以支持战争。

毛泽东的《论持久战》揭示抗日战争发展的客观规律，清晰而有说服力地描绘了战争发展全过程的蓝图。它回答了人们思想中存在的种种问题，澄清党内外的混乱思想，它对坚定中国人民的抗日信心、坚持持久抗战、争取抗日战争的最后胜利，具有极大的动员和指导作用。

（四）广泛发动抗日游击战的战略思想

人们熟知中共的抗日游击战及其巨大作用，但可能不了解，游击战不仅是中共抗日力量进行军事斗争的方针，而且是中共筹

---

[1]《毛泽东选集》第二卷，人民出版社，1991 年，第 509、511 页。

谋全国抗战的重大军事战略。

1937年7月23日，毛泽东在《反对日本进攻的方针、办法和前途》中，把游击战列为“坚决抗战的方针”之一：“确定游击战争担负战略任务的一个方面，使游击战争和正规战争配合起来。”[1]洛川会议上，“中国共产党以满腔的热忱向中国国民党、全国人民、全国各党各派各界各军提出彻底战胜日寇的十大救国纲领”，中共的定位是：“只有完全地、诚意地和坚决地执行这个纲领，才能达到保卫祖国战胜日寇之目的”，[2]它是“抗日战争中中国政府所应采取的政策”[3]。而在《抗日救国十大纲领》里明确提出要“武装人民，发展抗日的游击战争，配合主力军作战”[4]，把游击战列为战胜日本的一个主要政策。其时，毛泽东反复论证了游击战对中国抗日战争的重要性。1937年10月下旬，他在与英国记者贝特兰的谈话中，把游击战列为抗战的“政治上军事上必需的条件”之一，提议把“单单正规军作战的局面，改变为发展广泛的人民游击战争配合正规军作战的局面”。[5]他指出：游击战具有非常重要的战略战术意义：“使用若干兵力于敌人后方，其威力特别强大，因为捣乱了敌人的运输线和根据地。”他分析说：“应以一部守正面及以另一部分散进行游击战，主力也应经常集中地使用于敌之翼侧。军事上的第一要义是保存自己消

[1]《毛泽东选集》第二卷，第346页。

[2] 毛泽东：《为动员一切力量争取抗战胜利而斗争》，《毛泽东选集》第二卷，第354页。

[3] 毛泽东：《和英国记者贝特兰的谈话》（1937年10月25日），《毛泽东选集》第二卷，第373页。

[4] 毛泽东：《为动员一切力量争取抗战胜利而斗争》，《毛泽东选集》第二卷，第354页。

[5] 毛泽东：《和英国记者贝特兰的谈话》（1937年10月25日），《毛泽东选集》第二卷，第377页。

灭敌人，而要达到此目的，必须采用独立自主的游击战和运动战，避免一切被动的呆板的战法。如果大量军队采用运动战，而八路军则用游击战以辅助之，则胜利之券，必操我手。”[1]1938年2月，毛泽东在讨论全国抗战战略问题中，再次强调了游击战：“在军事上我们若能运用运动战、阵地战、游击战三种方式互相配合，必能使敌军处于极困难地位。我的意见，在目前除应以二三十万精兵组成数个强有力的野战军，从运动战中给敌人前进部队以歼灭的打击之外，还应抽调八九万军队组成二三十个基干的游击兵团，每个兵团三四千人，派坚决而机动的指挥员领导，加强其政治工作，配置于从杭州到包头的敌人阵线前面，从这个长阵线的二三十个空隙中间，打到敌人后方去。如能运用得宜，结合民众，繁殖无数小游击队，必能在敌后方建立抗日根据地，发动千百万民众，有力地配合野战军的运动战，而使敌军疲于奔命。至于阵地战，由于我们技术不足，在目前不应看作主要方式。……游击战在半殖民地的民族战争中，特别在地域广大的国家，无疑在战略上占着重大的地位。”[2]在六届六中全会的政治报告中，毛泽东把“广大地发展敌后游击战争，创立和巩固我之根据地，缩小敌之占领区”列为“全民族的当前紧急任务”之一。[3]他特别强调游击战是抗战相持阶段全国抗战的重大任务：“在敌

[1] 毛泽东：《和英国记者贝特兰的谈话》（1937年10月25日），《毛泽东选集》第二卷，第378、379页。

[2] 毛泽东：《与合众社记者的谈话》（1938年2月），《毛泽东军事文集》第二卷，军事科学出版社、中央文献出版社，1993年，第170页。

[3] 毛泽东：《论新阶段》（1938年10月12日至14日），《中共中央文件选集》第11册，第608页。

人后方，一定要坚持游击战争，粉碎敌人的‘扫荡’，破坏敌人的经济侵略。”[1]

基于这样的认识，中共中央屡屡建议国民党部署和实行游击战。1937年8月4日，中共中央在向国民政府国防会议提交的对整个国防问题的建议中，指出：“正规战与游击战相配合”，“发动人民的武装自卫战，是保证军队作战胜利的中心一环。对此方针游移是必败之道”。[2] 1938年2月23日，毛泽东在就保卫武汉作战的建议中，建议国民党在外线部署大量军队，实行游击战：“我们认为必须告诉国民党，如果近百万军队均退至黄河以南平汉以西之内线，而陇海、平汉尽为敌占，则将形成极大困难。故总的方针，在敌深入进攻条件下，必须部署足够力量于外线，方能配合内线主力作战，增加敌人困难，减少自己困难，造成有利于持久战之军事政治形势。”[3] 3月17日，毛泽东致电周、叶、朱、彭，指示在与蒋、白、何、陈等谈华北军事时，应说明：“在敌人后方创设许多抗日根据地是完全可能的，是十分必要的。国共两党均须用极大努力去干，对此不应有任何猜疑。”[4] 1938年3

[1] 毛泽东：《和中央社、扫荡报、新民报三记者的谈话》（1939年9月16日），《毛泽东选集》第二卷，第588页。

[2] 中共中央文献研究室编：《毛泽东年谱（1893—1949）》（修订本）中卷，中央文献出版社，2013年，第9、10页。

[3] 毛泽东：《在日军深入进攻条件下必须部署足够力量于外线》（1938年2月23日），《毛泽东军事文集》第二卷，第164页。

[4] 毛泽东：《与国民党谈华北军事时注意分两个阶段》（1938年3月17日），《毛泽东军事文集》第二卷，第197—198页。周、叶、朱、彭，指周恩来、中共中央长江局委员叶剑英、朱德和彭德怀。蒋、白、何、陈中，蒋指蒋介石，白指白崇禧（时任国民政府军事委员会副参谋总长），何指何应钦（时任国民政府军事委员会参谋总长），陈指陈诚（时任国民政府军事委员会政治部部长、武汉卫戍司令部司令）。

月，中共中央向国民党临时全国代表大会建议："在前线，彻底执行阵地战、运动战、游击战三者适当配合的新战略，以击破敌人前进部队，消耗敌人力量。在敌人后方坚决援助与发展广泛的人民的自卫战，以达到收复失地创立许多抗日根据地与支点的目的。""用最大力量普遍组织民众的自卫队、联庄队、游击队。"[1]

历史已经证明，抗日游击战，在强弱力量悬殊的形势下，成为抵抗强敌、与之对决并战胜之的主要途径之一，这是中共抗日游击战理论的最大功绩。中共对此出神入化的运用，极大地打击、消灭、牵制和消耗庞大数量的日军，铸造了惊天地、泣鬼神的抗日业绩。可惜的是，尽管有中共关于抗日游击战的反复宣示、建议和成功实践，国民党却没有很好地运用。

五、开辟广大的敌后战场

全国抗战爆发后，八路军迅速开赴山西抗日前线，配合国民党军保卫山西。1937 年 9 月 25 日，八路军一一五师取得平型关大捷，消灭日军 1000 余人。这是抗战以来中国军队获得的第一个大胜仗，因此轰动国内外。蒋介石曾就此两次致电朱德、彭德怀，称赞说："有日一战，歼寇如麻，足证官兵用命，指挥得宜。捷报南来，良深嘉慰，尚希益励所部，继续努力，是为至盼。""接诵捷报无任欣慰，着即传谕嘉奖。"[2]继而，在配合忻口

[1]《中共中央致国民党临时全国代表大会电》(1938 年 3 月 25 日),《中共中央文件选集》第 11 册，第 482、483 页。

[2]《第十八集团军平型关战役电文选编》，中国第二历史档案馆藏。

会战的过程中，八路军连续取得雁门关伏击战、夜袭阳明堡机场和长生口、马山村、七亘村、黄崖底、广阳、户封村伏击战的胜利。八路军作战100余次，歼灭日军1.1万余人，毁伤敌机24架，击毁敌汽车、坦克、装甲车400余辆，有力地支援了正面作战的国民党军。率部参加忻口会战的国民党军长何柱国在致蒋介石的密电中称："窃以晋北方面中路突入之敌已受挫折，我林（彪）师在广灵、灵丘、平型关、沙河镇等处将敌背后截断，宁武、朔县、岱岳及其以北地区有贺（龙）师宋（时轮）支队及支军屡次迂回截击，敌人已大感恐慌。"[1]蒋介石也对八路军的游击战赞誉有加，在10月22日给何柱国的复电中，说"所见极是，八路军已发挥机动效能"[2]。他致电朱德、彭德怀："贵部林师及张旅，屡建奇功，强寇迭遭重创，深堪嘉慰。"[3]何应钦日后在"1937年对日作战的总结"中，写道：忻口战役中，"我朱德部在敌后方袭击，迭次予敌重创"。[4]指挥忻口会战的卫立煌更是称赞不已："八路军把敌人几条后路都截断了，对于我们忻口正面作战的军队帮了大忙，阳明堡烧了二十四架飞机，是战争历史上从来没有过的事情，我代表忻口正面作战的将士，向八路军表示感谢，感谢！"[5]

---

[1]《何柱国致蒋介石密电》(1937年10月17日)，《蒋介石致何柱国致蒋介石密电稿》(1937年10月22日)，中国第二历史档案馆编：《抗日战争正面战场》(上)，凤凰出版传媒集团出版社，2005年，第563页。

[2]同上书。

[3]电文中的"林师"，指林彪为师长的八路军第一一五师；"张旅"，指张宗逊为旅长的八路军第一二〇师第三五八旅。《民国档案》1985年第2期，第34页。

[4]何应钦：《八年抗战之经过》，沈云龙主编《近代中国史料丛刊》787，文海出版社，第12页。

[5]赵荣声：《原国民党"五虎将"之一卫立煌风云录》，《人物》1985年第1期。

1937 年 11 月 8 日，太原失守，国民党军向晋南、晋西撤退，其在华北的正规作战结束。毛泽东立即指示八路军：“发挥进一步的独立自主原则，坚持华北游击战争，同日寇力争山西全省的大多数乡村，使之化为游击根据地”，从而“克服危机，实现全面抗战之新局面”。[1]八路军随即开展大规模的敌后游击战。八路军一一五师聂荣臻部迅速开辟了晋察冀根据地，至 1938 年 1 月晋察冀行政委员会成立，这是中国共产党在敌后建立的第一个抗日民主政权。随后，八路军相继建立晋西北、晋东南、晋西南敌后抗日根据地。1938 年 4 月，中共中央发出开展平原游击战争的指示，八路军据此大规模分兵，挺进冀中、冀南、山东及大青山地区，帮助当地抗日武装建立、巩固和扩大抗日根据地。战斗至 1940 年 7 月，相继建立晋察冀、晋西北、晋冀豫、冀鲁豫、冀中、冀南、鲁西（含湖西）、鲁中、鲁南、滨海、胶东、清河、冀鲁边等抗日根据地，把游击战扩大到整个华北。在三年的抗日作战中，八路军进行大小战斗 9000 余次，毙伤日军 13 万人，击毙日军“名将之花”阿部规秀中将及其他将佐十余人，曾收复县城 150 座。

1940 年 8 月至 1941 年 1 月间，八路军总部发动百团大战（105 个团 20 余万兵力），对华北日军的交通线、据点展开大规模的破袭作战。这次战役共进行战斗 1824 次，攻克据点 2993 个，歼日伪军 50920 人，给日伪军以沉重打击。其时，德国法西斯横

[1] 中共中央文献研究室编：《毛泽东年谱（1893—1949）》（修订本）中卷，第 39 页；中共中央文献研究室编：《朱德年谱（1886—1976）》（新编本）（中），中央文献出版社，2006 年，第 710 页。

扫欧洲、法国战败投降，日军占领宜昌、对重庆狂轰滥炸。在国内外反法西斯战争低迷的形势下，百团大战极大地鼓舞了中国军民抗战的斗志。

1938年4月，新四军刚刚集结，就在当月下旬派出先遣支队挺进苏南敌后。5月之后，除第三支队坚守皖南江防的抗日阵地外，第一、第二、第四支队和中共河南省委组建的新四军游击支队迅速深入敌后，开展游击战。至1938年年底，初步建立了苏南、皖南和皖中抗日根据地。根据中共中央"发展华中"的战略要求，1939年起，新四军执行"向南巩固，向东作战，向北发展"的战略方针，在八路军的配合、支持下，大规模展开于南京、上海、武汉、徐州、开封外围，直接威胁日军的统治中心地区。至1940年年底，共对日伪军作战2700次，毙伤俘敌5.5万人；在华中建立了皖东、豫皖苏、皖东北、苏北等抗日根据地，扩大了苏南、皖中根据地，沟通了华北与华中抗日根据地的联系。

1938年10月广州沦陷后，经香港八路军办事处和中共广东省委部署，中共党组织领导开展了东江抗日武装斗争。12月，惠（阳）宝（安）人民抗日游击总队成立；1939年1月，东（莞）宝（安）惠（阳）边人民抗日游击大队成立，分别在当地开展游击战争。1940年9月，这两支武装合编为广东人民抗日游击队，开辟了以大岭山和阳台山为中心的抗日根据地。同时期，长期在海南坚持斗争的琼崖游击队，抗日斗争颇为活跃。华南的敌后抗日斗争蓬勃发展。

与此同时，中共领导的东北抗日斗争发展到鼎盛阶段。举国抗日的形势激励了东北抗日联军的斗志，为了配合全国抗战，他们主动出击，积极牵制与打击日伪军。先后取得了奇袭日军正在修筑中的通(化)辑(安)铁路老岭隧道工程；重创伪军景索清旅，歼其300余人；袭击宝清县凉水泉子伪警察所、桦川县孟家岗伏击战、奇袭聚宝山警察署、五道岗伏击战等战斗的胜利。此时，东北抗日联军总兵力达到3万多人，游击区也由40余县扩大到70余县，有的游击区已经连接成片，形成了东南满、吉东和北满三个大游击区，并建立了20余块游击根据地。东北抗联的斗争环境非常艰苦，他们的英勇抗日，牵制和消耗了大量日军。

这样，中国共产党领导的抗日游击战争，形成一个遍及全国、纵贯南北、大量牵制和消耗日军的敌后战场。

敌后战场是在战略防御阶段后期逐步形成的，得到了正面战场的掩护，而它在形成过程中的作战同时给予正面战场强有力的战略支援。比如武汉会战期间，八路军积极地策应和配合国民党军的大小战斗近1000次，给日军以沉重打击。1938年9月15日，日本华北方面军司令官寺内寿一大将向前来视察的侍从武官承认：在日本占领区，中共领导的游击活动“十分猖獗，破坏铁路、袭击各地等不祥事件反复发生，实际上恢复治安地区只不过是主要交通线两侧数公里而已”[1]。时任日本华北方面军副参谋长的武藤章大佐回忆说，1938年秋，日本在华北占领区内的“治安恶化，每天都听到炸毁铁路的消息，连北平也受到威胁。尤其是共产党军队以山西省山区为根据地，向平汉线和津浦线之间、山东省山区地带，继而向冀东地区扩大组织，巧妙地开展游击战，在

[1] 日本防卫厅防卫研究所战史室编，天津市政协翻译组译：《华北治安战》上册，天津人民出版社，1982年，第80页。

日军防守的缝隙中猖狂地扰乱治安”[1]。正是因为八路军的突出战绩，1938 年 11 月 2 日，国民政府军事委员会军令部以八路军“忠实奋发、迭予敌重创”，致电朱德、彭德怀，对部队“传谕嘉奖”。[2]日军向华北抗日根据地的进攻，使用千人以上兵力者有十余次，使用万人以上兵力者有五次。时任国民政府军事委员会政治部部长的陈诚，在分析台儿庄战役胜利原因时就强调了华北游击战的作用：“此盖因我国自采用游击战以来，各处围歼其小部，袭击其后方，即如山西境内，我方有二十万之游击队，遂使敌五师团之众只能据守同蒲路沿线，不能远离铁路一步。其他平汉线及江北、江南、浙西各战场均自顾不暇，遑言抽调以远水救近火乎？”[3]日军大量兵力用于和敌后八路军的作战，自然就消减了其对正面战场的攻击力，八路军敌后游击战之功效由此可见一斑。

众所周知，日军在占领武汉之后，因战线太长、兵力不足而停止战略进攻。而其中一个主要的原因是八路军、新四军在敌后大规模的游击战，搅得其占领区颇不安宁，因此需要大量分兵把守，并用前线兵力回填，结果造成进攻的兵力不足。也就是说，敌后广泛的游击战是日军停止战略进攻的一个主要原因。事实证明了这一点。1938 年 12 月 2 日，日军大本营命令：“华北方面军司令官应负责确保已占领的华北地区的安定，特别应首先设法迅速恢复河北省北部、山东省、山西省北部及蒙疆等重要地区的治

[1]〔日〕《武藤章中将回忆录》，转自胡德坤：《中国敌后战场的抗战与日本“治安战”的失败》，《抗日战争研究》，2010 年第 3 期。

[2] 郭汝瑰、黄玉章主编：《中国抗日战争正面战场作战记》上，江苏人民出版社，2005 年，第 38 页。

[3] 陈诚：《台儿庄歼敌战》，《半月文摘》第二卷第三期（1938 年 4 月 25 日）。

安，确保主要交通线。”[1]为此，日军大本营从各方面抽调兵力，加强华北方面军，使其由 1938 年 7 月的两个军（第一军、驻蒙军）、七个师团、四个旅团，增加到 1939 年 5 月上旬的三个军（增加第十二军）、十五个师团、九个旅团、一个骑兵集团。[2] 1940 年在遭受八路军百团大战的沉重打击后，日军被迫又向华北增加两个师团。1940 年日本军方报告称：“日军在华北有九个师团和十二个旅团的强大兵力被钉死在那里。”“华北治安的症结所在，并非国民党政府，而是中共。”[3]

由此，在抗日战争进入相持阶段后，敌后战场在中国抗日战争中的作用越来越大，逐渐成为中国抗日的一个主战场。

第一，牵制和消耗大量日军的兵力。敌后十分广泛和活跃的游击战，给日本侵略军形成巨大的威胁。1939 年 12 月初，日本华北方面军情报主任会议认为：“共产党势力渗透到了华北全境，就连北平周围，共产党组织也深入到了通县、黄村（大兴）县的民众之中。在山东方面，共产党势力的扩张更为剧烈。山西、河北的共产党军队，以前的行动目的是扰乱我后方，消耗我战力，牵制我兵力，乘机进行游击战争。最近他们接受的任务，规模既大而且行动积极。”[4]这种形势随着中共抗日力量在敌后的发展，对日军的打击越来越大。日本华北方面军第一课高级参谋寒川吉

[1]〔日〕防卫厅防卫研究所战史室：《中国事变陆军作战史》（2），朝云新闻社，1976 年，第 389 页。

[2] 同上书，第 212、388—389 页。

[3] 日本防卫厅防卫研究所战史室编，天津市政协翻译组译：《华北治安战》上册，天津人民出版社，1982 年，第 2 页。

[4] 同上书，第 126—127 页。

溢大佐回忆说：在1944年秋，日本所侵占华北的400多个县中，139个县已经为中共收复，295个县只有县城和几个村庄仍为日本所控制，其余广大农村地区已经为中共所控制，只有7个县才几乎完全为日本控制。[1] 1944年6月8日，汪伪官员江亢虎在《反共方案》的文章中哀叹："事棘矣！寇深矣！八路军已弥漫华北，新四军已遍布江淮，京沪一带，均受威胁。"[2]1945年3月25日，汪伪政权的二号人物陈公博也惊恐地对属下人员说："现在共产党非常猖獗，新四军到处扰乱。"[3]中共抗日力量积极作战，给日本侵略者沉重打击的情况，从日伪官员的惊恐描述中可见一斑。因此，1941年1月18日，由日本天皇批准的《对华长期作战指导计划》规定："作战以维持治安与占领地区的肃正为主要目的。"[4]陆军大臣东条英机同参谋总长杉山元商定的日本对华战略基本方向，也把"彻底肃正华北治安"列为"当前对华作战纲要"的第一项内容。[5]由此在1941年后，日军在华北连续五次实行"治安强化运动"。而日军华北方面军1941年年初制订的当年肃正计划及其注意事项，明确把作战对象规定为："肃正的重点，仍然在于剿共。"[6]

为了防范敌后军民的抗日斗争、维持其统治秩序，日军被迫

---

[1] 日本防卫厅防卫研究所战史室编，天津市政协翻译组译：《华北治安战》上册，天津人民出版社，1982年，第440页。

[2]《申报》1944年6月8日，转自梁忠翠：《〈申报〉视野中的新四军抗日形象》，《井冈山大学学报》2015年第1期。

[3] 同上。

[4]《华北治安战》上册，天津人民出版社，1982年，第360页。

[5] 同上书。

[6] 同上书，第364页。

大量调用军队于占领区。1942年，日军用于华北、华中的兵力有55万余人，其中用于巩固占领区的约有33.2万人。据统计，敌后战场抗击侵华日军的比例，1938年是58.8%，1939年是62%，1940年是58%，1941年是75%，1942年是63%。这五年中，还一直抗击着全部伪军。1943年抗击侵华日军的58%，伪军的90%；1944年抗击侵华日军的64%，伪军的95%；1945年则抗击侵华日军的69%，伪军的95%。虽然战时军队流动性很大，其战略意图也很复杂，这些统计中也可能存在误差，但相持阶段之后，经常有超过半数的侵华日军被牵制在敌后战场上，应该是确定的。

第二，迫使日军动用庞大的兵力"扫荡"。由于面临抗日武装的巨大威胁，日军就频繁动用重兵疯狂"扫荡"敌后抗日根据地。比如日军对华北抗日根据地的"扫荡"，在1939年至1940年的两年中，出动主力千人以上的大规模"扫荡"达109次，使用总兵力在50万人以上；1941年和1942年的"扫荡"更甚，一次使用兵力在千人以上至万人的达132次，万人以上至7万人的27次，总计使用兵力达83.9万余人；1943年和1944年的"扫荡"，千人以上者177次，使用兵力66万多人，其中万人以上的大"扫荡"22次，使用兵力29.7万余人。日军屡屡动用重兵频繁"扫荡"，说明敌后战场使之头疼和恐惧，而敌后军民在与日军不断的斗争中，在承受了巨大的危险、牺牲和损失的同时，给日本侵略军造成重大的伤亡，使其消耗巨大。

第三，沉重打击了日本"以战养战"的战略。日本国内资源匮乏，战略物资主要依靠进口，因此经不起长期战争的消耗。在其"速战速决"企图破产后，掠夺占领区物资，成为其维持战争的主要手段。而敌后军民频繁的游击战，破袭日军交通线、攻拔日军据点、破坏日军设施、扰乱日军统治秩序等，在给日军造成重大杀伤和消耗的同时，有力地打击了其"以战养战"的战略。如百团大战破坏日军控制的铁路474公里、公路2600余公里、桥梁和车站及隧道261处。[1]1940年10月15日，日军华北方面军在给日本陆军省的《破坏修复情况》报告中说："石太线被破坏之广泛及其规模之大，远非其他地方可比，敌人采用爆炸、焚烧、破坏等方法，企图对桥梁、轨道、通信网、火车站设施等重要技术设备，予以彻底摧毁。在进行破坏时，隐秘伪装得极为巧妙。"[2]国民政府军令部也判断："正太线自经我军破坏，估计该路长期不能通车者当在三分之二以上。平汉、同蒲两路亦破坏多处，短期当难恢复交通。沧石、石德、邯济、平辽各路与白晋公路等亦均大部破坏，现仍继续破坏中。"[3]百团大战破坏日军控制的煤矿五所，特别是严重破坏了日军的燃料基地井陉煤矿，使之在很长时间不能出煤。日军独立混成第八旅团参谋泉可畏翁回忆说："井陉煤是炼钢用煤，当时为供应满洲鞍山制铁所的重要原料。井陉三矿井中最重要的新矿井损害最大，至少半年以上不能出煤。"[4]正因如此，日军华北方面军承认：百团大战使日军"三

---

[1] 袁旭：《百团大战》，新华出版社，1991年，第47页。一般著作都称百团大战破坏公路3044里。

[2] 中国人民革命军事博物馆、《百团大战历史文献资料选编》编审组编：《百团大战历史文献资料选编》，解放军出版社，1991年，第602页。

[3]《军令部关于第二战区有关部队作战战报（摘录）》（1940年9月20日），《百团大战历史文献资料选编》，第240页。

[4]《百团大战历史文献资料选编》，第602页。

年来惨淡经营积累的资材几乎全部耗尽”[1]。“这次奇袭完全出乎我军意料之外，损失重大，恢复建设需要相当时间与大量资金。”[2]百团大战还沉重地打击了日本占领区的经济，百团大战“使平、津、太原、石家庄等大城市人民大为兴奋，影响伪币大跌价”[3]。

第四，敌后战场对正面战场形成有力的支持。不能否认国民党抗战的功绩，正面战场国民党军的抗日行动，无论成败均是对着民族敌人的，应当肯定。但是，在相持阶段之后，由于国民党军队固有的问题越来越突出，如蒋介石所批评的：“上层官兵不知奋发补进，而且弛懈偷安”，士气低落，军队“真是一天不如一天”，“敌人来了，不能抵抗，敌人退了，不能追击。几次战斗，毫无俘获”，[4] 国民党军作战的积极性较之战略防御阶段大为减弱，对日作战主要呈现出敌攻我防、敌退我守的态势。较之正面战场，敌后军民主动作战的积极性很高，游击战十分活跃，使日军防不胜防，穷于应对，不断增兵防守，其主战场的作用就非常突出。敌后战场和正面战场是互相支持的，敌后游击战牵制、消耗大量的日军，就大大减轻了正面战场的压力，形成对正面战场的重大支持。

日本帝国主义是因为长期深陷中国战场、被严重削弱而遭遇

---

[1] 日本防卫厅防卫研究所战史室编：《华北治安战》上册，天津人民出版社，1982 年，第 342 页。

[2] 同上书，第 296 页。

[3]《晋冀豫区党委关于开展沿线工作之补充意见》（1941 年），转自《彭德怀全传》，第 476 页。

[4] 蒋介石：《柳州军事会议闭幕训词》（1940 年 4 月 25 日），《第三次南岳军事会议训词》（1941 年 10 月 22 日），《国军入缅作战经过和决心与我军对世界战局演变应有之认识与准备》（1942 年 5 月 3 日）。

灭顶之灾的，敌后战场无疑就是致其死命的一个主要因素。

需要说明的是，中国共产党是在极端困难、严重缺少必需资源的情况下，开辟敌后战场的。仅靠几万人的军队、仅有极其简陋的武器，就建立一个和强大的敌人抗衡并相持到最后的战场，这是一个战争奇迹，震惊世界的奇迹。早在抗日初期，美国记者就看到了这一点："共产党从光秃贫清的山区出发，在一个从满洲到长江流域的巨大弧形范围内，建立了巩固的根据地。在现代战争或现代政治中，很少有其他政治事业可以与中国共产党所创造的奇迹相比。"[1]了解这个奇迹，就更能体会到中共游击战方针的正确性和敌后战场的历史作用，更加明确中国共产党对中国抗日战争的巨大贡献。

曾流传中共抗日武装"游而不击"和"坐大"的言论，它和历史事实相距甚远，前述事实充分证明了这一点，即使在情理和逻辑上也是讲不通的。中共抗日武装在敌后即日本占领区的大规模活动，是对日本占领秩序的破坏，对其军事基地（据点）和运输线形成严重威胁，所以日军频繁以重兵"扫荡"或"讨伐"，以消除对它的威胁。特别是八路军、新四军通过广泛的抗日游击战，建立广大的抗日根据地，在敌后扎根，更是对日本掠夺占领区资源而"以战养战"战略的沉重打击，是其绝不能容忍的。所以，中共抗日武装从挺进敌后抗战之日起，就一直充满了激烈的军事斗争。在敌后存在和发展，必须通过极其艰苦卓绝的战斗来完成，中共抗日武装只有坚决抗战并打退日军的"扫荡"，才能

[1]〔美〕西奥多·怀特、安娜·雅各布：《中国的惊雷》，解放军出版社，1985年，第216页。

坚持和生存下来，即只有“抗”方能“大”。在那样的环境中，坚持敌后抗战绝不是“游而不击”和“坐大”能实现的，“游而不击”是“游”不动的，“坐”而“大”是不可能的。

六、发展、坚持和维护抗日民族统一战线

国共合作之始，中国共产党就坚定地认识到：以国共合作为主干的抗日民族统一战线，“将给予中国革命以广大的深刻的影响，将对于打倒日本帝国主义发生决定的作用”[1]。因此，坚持、充实、维护和完善的立场非常明确：“我们的政策，无论如何要一个长期的民族统一战线，要一个长期合作”[2]，“在整个抗日战争时期，无论在何种情况下，我党的抗日民族统一战线的政策是决不会变更的”[3]。在中共六届六中全会上，毛泽东提出了“巩固和扩大抗日民族统一战线，巩固和扩大国共合作”的任务，号召全党为抗日民族统一战线的“广大的发展与高度的巩固”而不懈努力。[4]在这样的方针指导下，中共努力完善国共合作，多次提出了发展两党合作的具体方案，建议国共两党共同组成“民族革命联盟”，或恢复第一次国共合作的方式，或拟定其他的方法和方式，制定两党合作的纲领，但均遭到国民党的拒绝。尽管如此，中国共产党

[1] 毛泽东：《国共合作成立后的迫切任务》（1937年9月29日），《毛泽东选集》第二卷，第364页。

[2] 毛泽东：《论新阶段》（1938年10月12日至14日），《中共中央文件选集》第11册，第623页。

[3] 毛泽东：《论政策》（1940年12月25日），《毛泽东选集》第二卷，第762页。

[4] 毛泽东：《论新阶段》（1938年10月12日至14日），《中共中央文件选集》第11册，第604页。

还是采取了有原则的帮助国民党的政策，以推动其进步。中共曾多次就抗战的战略战术向国民党提出建议，如南京最高国防会议周恩来、朱德的建议；1938年3月，针对国民党死守一城一地、大打阵地战的战法，中共中央决定向国民党提出军事建议书，建议：战略方针以运动战为主，包括阵地战，以游击战为辅。[1]在军事斗争方面，先是直接的军事配合，全力协助国民党保卫山西，其后通过敌后战场的积极作战，从战略上配合正面战场。再如派代表参加国民参政会，周恩来接受国民党邀请出任国民政府军事委员会政治部副部长，派出叶剑英等干部帮助国民党开办南岳游击干部训练班等。在国民党召开临时全国代表大会后，中共中央书记处致电长江局，就国民党的《抗战建国纲领》指出："今天全国总的方向是坚持抗战的最后胜利，国民党纲领的基本精神是朝着这个方向的，在这个方向上说来我党十大纲领……同国民党纲领应说基本上是一致的。我们坚决赞助其实现，亦即如此。至于其中缺点与不足之处，我们在赞助的基本方针下，给以充实与发展，其中错误之处，亦应在此方针下给以侧面的解释与适当的批评。""今天的中心策略不是要国民党制定出一个更完善的纲领，而是站在主动的积极地位，赞助国民党实施这个纲领，在实施中发展与提高它。"[2]

1939年1月，在国民党五中全会召开之际，中共中央又一次致电蒋介石及国民党五中全会，希望"总结过去之经验……以固

[1] 中共中央文献研究室编：《周恩来年谱（1898—1949）》，人民出版社、中央文献出版社，1989年，第406页。

[2]《中共中央文件选集》（内部本）11，中共中央党校出版社，1985年，第508—509页。

国共两党长期合作之基”，并强调“抗战高于一切，团结必能胜敌，国共两党之长期团结，乃与团结全国，团结抗日各党派，实现民族解放之伟大事业，丝毫不可分离。抗战虽为一艰难过程，团结则为无坚不摧无敌不克之利器”。[1]

当然，中国共产党清醒地认识到，蒋介石国民党在合作过程中包藏祸心。针对国民党利用抗战搞垮共产党的企图，中国共产党制定了统一战线中的独立自主原则。毛泽东指出：“我们的方针是统一战线中的独立自主，既统一，又独立。”毛泽东又指出：“统一战线中的独立性，只能是相对的，而不是绝对的：如果认为它是绝对的，就会破坏团结对敌的总方针。”反之，“如果被人抹杀或自己抛弃这种相对的自由权，那就也会破坏团结对敌的总方针”。统一和独立是互相依存、互相制约、相辅相成的，是“统一中的独立，统一是主，独立是辅”。[2]

但是，蒋介石企图利用抗战搞垮共产党，军事上企图假日本人之手摧垮中共的武装力量，政治上企图以“化多党为一党”的方式“溶化掉”共产党。他对中共领导人说：“我的责任是将共产党合并国民党成一个组织，国民党名义可以取消，我过去打你们也是为了保存共产党革命分子合于国民党。此事乃我的生死问题，此目的如达不到，我死了心也不安，抗战胜利了也没什么意义，所以我的这个意见，至死也不变的。”[3]中共坚决拒绝了蒋介石合并两党的要求，中共实行敌后游击战的结果是力量发展了。

---

[1]《中共中央文件选集》第12册，第15页。

[2]《毛泽东选集》第二卷，第540、524—525页。

[3]《陈绍禹等关于一个大党问题与蒋介石谈判情况向中央的报告》(1938年12月13日)，《中共中央文件选集》第12册，中共中央党校出版社，1991年，第6页。

对此，蒋介石感到恐惧。1938年12月31日他在日记中写道："共产党乘机扩张势力，实为内在之殷忧。"1939年1月6日的日记又写道："目前急患不在敌寇"，而对"共产党之到处企图发展""沦陷区游击队之纷乱无系统"等，"应定切实对策，方足以消弭殷忧也"。[1] 1939年1月召开的国民党五届五中全会，主题是"强化"国民党，"与共产党作积极之斗争"，会议制定了"溶共""防共"和"限共"的方针。蒋介石在会上说："对中共是要斗争的，不好怕它"，对中共"现在对它要严正—管束—教训—保育—现在要溶共—不要容共。它如能取消共产主义我们就容纳它"。[2]会后，国民党成立反共的"特别委员会"，陆续制定和秘密颁发《防制异党活动办法》《共党问题处置办法》《沦陷区防范共党活动办法》等一系列反共文件，由国民党党政军各系统转发，饬令各地"加紧努力，切实执行"。国民党在其统治区内，大肆进行反共宣传，加强"中统""军统"等特务机构的活动，在一些地区设立集中营，囚禁和杀害共产党员、爱国人士和进步青年。1939年11月，国民党五届六中全会则进一步确定了以军事反共为主、政治反共为辅的方针。由此，国民党反共行为愈来愈烈，从到处制造摩擦，发展到制造大量惨案，进而在1939年冬和1940年春掀起第一次反共高潮，1941年制造皖南事变，掀起第二次反共高潮。这些反共行为，严重地破坏合作、破坏抗战，危及中共抗日力量的生存。

---

[1] 转自金冲及主编：《毛泽东传（1893—1949）》上，中央文献出版社，1996年，第532页。

[2] 李勇、张仲田：《蒋介石年谱》，中共党史出版社，1995年，第273页。

针对国民党顽固派的反共行径，中共中央采取了准备自卫和争取好转两方面的措施。一是提醒“全党努力从思想上组织上准备自己，并准备舆论，准备群众，随时可以对付事变——各种意料之外的袭击，各种大小事变”。二是推动国民党向好的方面转化，“积极帮助蒋与督促蒋向好的一边走，仍然是我们的方针”。[1] 为此，1939 年 7 月 7 日，中共中央在纪念全面抗战两周年所发表的对时局宣言中，明确提出：“坚持抗战到底，反对中途妥协”；“巩固国内团结，反对内部分裂”；“力求全国进步，反对向后倒退”[2]。

中共坚持抗战、团结、进步三大方针，领导根据地军民广泛开展游击战争，坚决抗击日本侵略者的军事进攻；开展强有力的反投降斗争，声讨汪精卫集团的卖国投敌行径。同时，针对蒋介石集团既动摇妥协又不敢公开放弃抗日，既积极反共又不敢彻底破裂国共合作的两面态度，中共采取了革命的两面政策，即一方面，坚持团结抗战，坚持国共合作，帮助和推动国民党进步，使局势向好的方向发展；另一方面，对其妥协动摇和倒行逆施，进行坚决的斗争，以便通过斗争，求得团结。毛泽东指出：“对于一切反共顽固派的防共、限共、反共的法律、命令、宣传、批评，不论是理论上的、政治上的、军事上的，原则上均应坚决地反抗之，均应采取坚决斗争的态度。”“对于反共顽固派的一切反动的法律、命令、宣传、批评，我们应提出针锋相对的办法和他

[1]《毛泽东传（1893—1949）》下，第 540 页。

[2]《中共中央文件选集》第 12 册，中共中央党校出版社，1991 年，第 143 页。

们作坚决的斗争。”[1]同时，毛泽东又指出：这种斗争，“必须严格站在自卫立场上，决不能过此限度，给挑衅者以破裂统一战线之口实。这种自卫的防御的反磨擦斗争之目的，在于巩固国共合作。为此目的，一定条件下缓和、退让，也是必要的”。“统一不忘斗争，斗争不忘统一，二者不可偏废，但以统一为主。‘磨而不裂’。”[2]中共在斗争中坚持有理、有利、有节的原则，其本身就包含着求团结的目的，而且在斗争之后又要团结。在打退国民党第一次反共高潮后，1940 年 2 月，毛泽东给阎锡山写信，表示愿意和平解决山西发生的摩擦事件，并派萧劲光、王若飞同阎锡山谈判。3 月 20 日，毛泽东、王稼祥致电朱德等，指出：“山西、河北两省反磨擦行动，全部告一段落，在此期间内，偃旗息鼓，一枪不打，向一切国民党军队表示友谊，求得恢复感情，推动时局好转。”[3]1941 年皖南事变发生后，中国共产党实行政治上取全面攻势，军事上取守势的方针，提出两个十二条的严正要求，共产党参政员拒绝出席国民参政会，在全国范围内进行抗议运动，等等。但正如毛泽东在 1 月 15 日的中共中央政治局会议上所说：“对于皖南事变，我们要实行全国的政治反攻，像前年我们反对第一次反共高潮时那样的非常强硬的态度。只有不怕决裂，才能打退国民党的进攻。”[4]但中共坚决斗争的目的仍是打退国民党的进攻，仍是为了维护合作，以利抗战。

皖南事变严重地损害了国共关系，进一步暴露了国民党独

[1]《毛泽东选集》第二卷，第 754 页。
[2]《毛泽东文集》第二卷，第 221—222 页。
[3]《毛泽东年谱（1893—1949）》（修订本）中卷，第 181 页。
[4] 同上书，第 258 页。

裁、反共的面目。但为团结国民党继续抗战，中国共产党从抗日的大局出发，坚持“和国”的方针，力图缓和同国民党的关系。1941 年 4 月下旬，毛泽东致电周恩来，要他在见蒋介石时，“表示我党愿意同国民党继续团结抗日，惟望国民党改变对内政策，并对八路军发饷，合理解决新四军问题”[1]。1941 年五六月，国民党军队在中条山战役中遭受严重失败，中共中央就此在一份党内指示中指出：“从大局着眼，目前争取以蒋为统帅仍继续抗战局面十分必要。当此中央军在中条山溃败，日军仍将继续进攻，而在东方慕尼黑尚未过去的时候，我们对蒋方针着重在拉。”[2]毛泽东在《1942 年的中心工作任务》中指出：“对国民党以疏通团结为主，以防制其反共为辅。”[3]1942 年 7 月 9 日，毛泽东又致电在华中的刘少奇：“我们的方针是极力团结国民党，设法改善两党关系，并强调战后仍须合作建国。”[4]为此，毛泽东曾准备亲赴重庆与蒋介石面商国共合作大计。为了改善国共关系，1942 年 9 月 3 日，毛泽东致电周恩来，指出：“目前不在直接利益我方所得之大小，而在乘此国际局势有利机会及蒋约见机会我去见蒋，将国共根本关系加以改善。这种改善如果做到，即是极大利益，哪怕具体问题一个也不解决也是值得的。”[5]情况正如毛泽东在国民党掀起第三次反共高潮前所说的：“两年来我党采取‘和国’方针，不刺激国民党，也没有

[1] 中央档案馆编：《皖南事变（资料选辑）》，中共中央党校出版社，1982 年，第 240 页。
[2]《毛泽东年谱（1893—1949）》（修订本）中卷，第 305 页。
[3]《毛泽东文集》第二卷，第 386 页。
[4]《毛泽东年谱（1893—1949）》（修订本）中卷，第 392 页。
[5] 同上书，第 401 页。

在报纸上反对国民党。……对国民党要避免公开武装冲突，把同盟者国民党的力量用去对付日本。”[1]从而使国共关系在皖南事变后得以维持。

1943年在打退国民党第三次反共高潮后，中国共产党继续采取“拉蒋抗日”的方针。8月13日，毛泽东致电中央局、各中央分局，“我党政策是尽一切方法避免和国民党破裂，避免大内战，同时揭露国民党的抗战不力与反共阴谋，对抗国民党的反共言论，并准备自卫实力”[2]。针对蒋介石在国民党五届十一中全会上表示的：中共问题“为一政治问题，应用政治方法解决”，毛泽东在为《解放日报》写的《评国民党十一中全会和三届三次国民参政会》的社论，明确地表示：只要蒋介石实行自己的诺言，则中共向国民党保证继续实践自己的诺言，“在蒋先生和国民党愿意的条件下，我们愿意随时恢复两党的谈判”。[3]并指示在重庆的董必武，停发一切批评国民党的稿件，以示缓和。1944年年初，根据蒋介石希望中共派代表到重庆谈判的信息，中共中央决定派林伯渠赴重庆谈判。关于这次谈判的方针，毛泽东说，总的态度是不卑不亢，表示我们是求和，要求抗战到底，团结到底。周恩来说，这次我们不提方案，目的只在和缓国共关系，表示我们是要与国民党合作。[4]这些充分说明，中共不愿意国共合作破裂，极力在维护国共合作。

1944年9月，中共中央根据豫湘桂战役后的中国抗日的

[1]《毛泽东年谱（1893—1949）》（修订本）中卷，第445、446页。

[2] 同上书，第465页。

[3]《毛泽东选集》第三卷，第926页。

[4] 中央文献研究室编：《周恩来传》，中央文献出版社，1998年，第565—566页。

严峻形势，提出了建立民主联合政府的主张，但基本立场仍然是和国民党合作。毛泽东曾讲到联合政府有三种可能性：“第一种是坏的可能性，那就是要我们交出军队，国民党给我们官做。军队我们当然是不交的，政府还是独裁的，我们去不去做官呢？我们要准备这种可能性，不应完全拒绝去做官，这是委曲求全为了团结抗战，好处是可以进行宣传。第二种可能性是形式上废止一党专政，实际上独裁加若干民主。第三种是以我们为中心，我们的军队发展到一百五十万人以上、人口一亿五千万以上时，政府设在我们的地方。在蒋介石发展到无联合的可能时，就应如此做。”但是现在，“联合政府仍然是蒋介石的政府，不过我们入了股，造成一种条件。为着大局，可能还要忍耐一点”。[1]联合政府主张是团结抗战的主张，它表明了中共追求民主和平的真诚愿望，联合政府是把国民党包括在内的。毛泽东说：“我们曾经设想过国民党可能改造，直到今天，我们对国民党还是‘洗脸’政策，要求它修改其错误政策。”“现在的口号是改组政府，改组统帅部。”[2]1945年4月1日，毛泽东在同美军观察组成员谢伟思的一次谈话中指出：中国共产党对国民党的政策仍旧是“一方面批评并试图激励其进步；另一方面提出能够作为实现真正统一、民主和使全国一切力量致力于赢得战争的基础的妥协。这个妥协必须意味着国民党和蒋介石专政的结束，这个妥协必须包括承认共产党军队是国家军队

[1] 中共中央文献研究室编：《毛泽东年谱（1893—1949）》（修订本）中卷，第588、577页。

[2] 同上书，第595、553页。

的一部分，解放区政权是合法的地方政府。对于国民党，我们不打第一拳，不放第一枪”[1]。周恩来1945年在中共七大时说：“自从我们党提出抗日民族统一战线的主张，到去年提出联合政府的主张，有了发展，实际上是一个东西。联合政府就是抗日民族统一战线在政权上的最高形式。”[2]联合政府主张实质上提出了国共合作的一种新形式，是在新的形势下国共合作的一种新形式。毛泽东指出：“这是一个原则的转变，以前是你的政府，我要人民，九月以后是改组政府，我可参加。”[3]

综上所述，坚持和国民党合作抗日是中国共产党的一贯立场和基本方针，中共为维护国共合作做了许多的努力。

国共合作是抗日民族统一战线的基础，虽然抗战时期国共矛盾丛生，两党关系复杂多变，曾一再发生冲突，尤其是国民党曾发动了三次反共高潮，把国共关系推到危险的边缘，但中共不计前嫌，顾全抗日大局，努力维护和国民党的关系。特别是中共虽然屡受国民党的压迫和进攻，但并不因此而改变合作的立场，从防御的角度而不是主动进攻的方式处理两党之间的冲突，这是保全全国合作抗日的重要原因。

以国共合作为主干的抗日民族统一战线，是抗日战争坚持、发展和胜利的前提条件和基础。中共为此所做的努力和牺牲，保障了抗日民族统一战线，保障了全国的抗战局面。这是中共对中国抗日战争做出的最大贡献，也是其在抗日战争中发挥的极其重

---

[1]《毛泽东年谱（1893—1949）》（修订本）中卷，第590页。

[2]《周恩来选集》上卷，人民出版社，1980年，第190页。

[3]《毛泽东年谱（1893—1949）》（修订本）中卷，第577页。

大的作用。

国民党是当时中国的执政党，掌握国家资源，实施正面战场的作战，因此是中国抗日战争的主要组成部分之一。它抗日自有其内在原因，但中国共产党的推动、团结和制约，无疑是一个重要的外在原因。

中共在推动和坚持国共合作的同时，大力争取国共之外的一切可以团结的抗日力量，广泛扩展抗日民族统一战线。

全国抗战爆发后，中共和民主人士张澜，救国会的沈钧儒、史良、邹韬奋、李公朴，职业教育社的黄炎培，国社党的张君劢，青年党的左舜生，中华民族解放行动委员会（后来改为农工民主党）的章伯钧、彭泽湘等；对桂系、滇军、川军、河南地方实力派等，都建立了联系。如钱俊瑞、胡绳、周新民、张劲夫等一批中共党员，进入桂系控制的五战区民众总动员委员会安徽省分会（后改称“安徽省民众总动员委员会”）和五战区成立文化工作委员会，开展抗日救亡活动。中共河南省委成立了统战委员会和上层工作委员会，与当地的军事大员商震、张钫、张轸、刘茂恩、刘汝明、于学忠、冯治安、何基沣等建立了联系，与当地各专员、部分县长也有往来，深受影响的五个县长后来参加了中国共产党。

1939年后，国民党在打击共产党的同时，压制民主党派，取消张申府、章伯钧、杜重远、章乃器等的参政员资格。这些小党派和无党派人士为求自保和发展，决定联合成立“中国民主政团同盟”（简称“民盟”），周恩来、董必武表达了“极端赞同，并愿予以种种协助之意”。中共资助民盟创办机关报《光明报》，发表宣言支持其成立。民盟成立后，周恩来等南方局领导人经常与同盟领导人共商国是，在抗战、团结、民主等问题上密切合作。

在抗战时期形成的国民党民主派，一部分是大革命时期的国民党左派，主要代表人物有宋庆龄、何香凝、柳亚子、彭泽民等；另一部分的主要代表人物有冯玉祥、李济深、蔡廷锴、蒋光鼐等，他们过去曾与中共对立，但在抗战后则拥护抗战民主。中共大量做他们的工作，推动他们为抗战、民主、进步做贡献。西南地方实力派，在抗战时期大都赞同抗日，和蒋介石排除异己的政策存在深刻的矛盾。为团结抗战，中共中央南方局积极争取这些地方实力派，和时任西康省政府主席的刘文辉达成《抗日合作协定十二条》；在国民党二十八集团军总司令潘文华处设置秘密电台，建立了直接联系；与重庆行营副主任、川康绥靖公署主任邓锡侯，云南省政府主席龙云，桂系重要军政人物李济深等也建立了合作抗日的关系。

中共中央南方局还和国统区工商界人士刘鸿生、胡厥文、吴蕴初、胡子昂、李烛尘、康心远、章乃器、吴羹梅、颜耀秋、古耕虞、陶桂林、胡西同、余名钰等，逐渐建立了密切的联系。

中共广泛的抗日民族统一战线工作，把大批中间势力团结和争取在抗战、团结、进步、民主的旗帜下，形成一股强劲的推进和发展抗日战争的力量。

结　语

长达14年之久的中国抗日战争经历了复杂曲折的过程，艰难备至。其中，全局性的具有决定性意义的问题，主要是两个：

在九一八事变至七七事变发生之时，主要是是否抵抗日本侵略的问题；全国抗战爆发后，是如何抗日和夺取胜利的问题。恰是在这两个全局性问题上，彰显了中共的中流砥柱作用。

九一八事变爆发后，国民党采取不抵抗主义，东北大好河山和3000万同胞沦落敌手。其后，它奉行“攘外必先安内”方针，对日本的侵略妥协退让，屈辱地接受日本侵略者的要求，丧权辱国。同时，在“安内”的旗号下大规模“剿共”和剪除其他异己，结果不仅无利于“攘外”抗日局面的形成，而且极大地破坏了抗日所需的民族凝聚力。中国共产党在九一八事变后，就鲜明地提出以民族革命战争反抗日本帝国主义侵略的主张，开创东北大规模抗日的局面。中国共产党在遭遇国民党大举“围剿”的非常困难的环境中，十分艰难地推进和力促全国走向抗日。华北事变后倡导抗日民族统一战线，呼吁“停止内战，一致抗日”，受到国内外普遍赞誉和广泛的响应，并且在这个基础上，终于在七七事变后实现了国共合作、全国抗战。国共两党在七七事变前对日本侵略的这样两种应对的立场和决策，结果截然不同的事实，彰显了国共两党在民族危机面前的不同作用，这是中共抗日战争中流砥柱作用的一个重大体现。

在全国抗战时期，国民党在中国抗日战争的重大问题上，即如何抗日和夺取胜利的大政方针上，提不出关系抗日战争全局的、制胜日本帝国主义的具有战略意义的方案。而且就是对提出和制定的抗日方案，也因国民党在抗战相持阶段的抗日动摇性，反共、独裁、消极倾向，及国民党固有的顽症，如贪污腐化、敷衍塞责、裙带作风、文牍主义、官僚习气等，而难以实行。而中国共产党用自己的政治主张和模范的抗日行动，为全国人民树立了标杆，很好地发挥了领导人民群众不断向胜利迈进的作用。

中国共产党提出了全面抗战路线，全面抗战路线就是主张实行全国总动员，全国人民、政府和军队团结一致进行全民抗战，就是“全民族实行抗战”，努力通过全国人民的奋斗战胜日本侵略者。毛泽东就此指出：“民力和军力相结合，将给日本帝国主义以致命的打击。民族战争而不依靠人民大众，毫无疑义将不能取得胜利。”[1]中共科学阐述了中国抗日战争的战略总方针——持久战理论，毛泽东分析指出：日本是一个强大的帝国主义国家，但它的侵略战争是退步的、野蛮的；中国的国力虽然比较弱，但它的反侵略战争是进步的、正义的。战争的最后胜利一定属于中国。他正确预见了战争发展的趋势：抗日战争是持久战，将经历战略防御、战略相持和战略反攻三个阶段。战略相持阶段是一个相当长的时期，是抗日战争最困难的时期，也是战争形势发生转变的关键时期。他阐明了决定战争胜败的关键：“兵民是胜利之本”，“战争的伟力之最深厚的根源，存在于民众之中”。[2]

全面抗战路线和持久战的战略方针，指明了夺取抗战胜利的正确道路，极大地鼓舞了全国军民抗日的信心。抗日战争的历史说明，先进的军事理论，对弱国战胜强国取得战争的彻底胜利，有着不可估量的指导作用。

抗战进入相持阶段后，出现了汪精卫的叛逃，国民党的抗日决心有所动摇，发生许多与日本秘密接触和谈判的事件；国民党

[1] 毛泽东：《反对日本进攻的方针、办法和前途》(1937年7月23日)，《毛泽东选集》第二卷，人民出版社，1991年，第347页。

[2] 毛泽东：《论持久战》(1938年6月)，《毛泽东选集》第二卷，人民出版社，1991年，第509、511页。

反共加剧，全国抗战形势出现危机。中国共产党响亮地提出坚持抗战、坚持团结、坚持进步三大号召，动员全国人民同国民党的妥协、分裂、倒退活动进行斗争，对维持全国抗战局面产生了深远影响。

在中国抗日战争的战局变化之时或大的战事发生之时，中国共产党几乎每次都提出了建议。后来的事实证明，中国共产党的这些主张和建议，适合中国抗日战争实际、有利于抗日战争的发展，是从战略思维方面对中国抗日战争做出的贡献。

中共抗日武装挺进敌后，广泛发动群众，组织抗日武装，发展游击战争，在毫无外援的情况之下，完全靠自己的努力，开辟了广大的敌后战场，解放了广大的国土，抗击了约 60% 左右的侵华日军和几乎全部伪军，有力地支持和配合了国民党主导的正面战场，支撑了中国抗日战争的大局。需要强调的是，中共的敌后战场，解决了中国抗日战争的力量来源问题，解决了通过相持阶段改变敌强我弱力量对比问题，解决了如何最终战胜日本的问题。

中国共产党坚决实行全面抗战路线，坚持敌后抗战的模范行动，极大地鼓舞了全国人民的抗日信心和斗志。这主要体现在两个方面，一是党在敌后抗日根据地实行的空前动员，把根据地的人民群众完全组织起来，形成全民抗日、立体战争的宏伟局面，建立起一个任凭日军如何猖狂但坚不可摧的敌后战场。二是中共抗日武装以极其简陋的武器，不断取得震惊中外的辉煌战绩，如平型关大捷、雁门关伏击战、七亘村重叠伏击战、夜袭阳明堡日军机场；如黄崖底、广阳、户封村伏击战；如创建和发展晋察冀、晋绥、晋冀豫、冀鲁豫、山东等抗日根据地的一系列作战；如针对国际法西斯气焰猖獗和国内正面战场形势低迷的状况，为了粉碎日军的“囚笼政策”，克服国民党投降危险，振奋全国的抗日斗志而在华北发动的威震中外的百团大战；如在严重困难时期粉碎日本侵略军的艰苦卓绝的反“扫荡”作战；如在局部反攻中把日本侵略军挤压到“点”“线”之间，形成巨大包围圈的大规模进攻战。辉煌的战绩是对中国共产党抗日主张和抗日作用的最大、最真实和最强劲的宣传，把中国共产党抗战路线、方针、政策的正确性和为中华民族的独立与解放英勇奋斗、忠贞不渝抗日到底的精神，广泛地、深入地传播到亿万人民的心目中，产生了震撼无数人心灵、激发他们奋起抗日的效果。

日本帝国主义是因为长期深陷中国战场、被严重削弱而遭遇灭顶之灾的，敌后战场无疑就是致其死命的一个主要因素。

全国抗战时期，国内、国民党内恐惧日军者大有人在，许多人对中国抗日没有信心。而中国共产党的抗日主张和行动，从理论上和事实上，对打破人们的恐日病、焕发抗日积极性产生了极其重要的作用。

中国共产党倡导的抗日民族统一战线的建立，为实现国共合作奠定了政治基础，为实现全国团结、发动全民族抗战提供了有效的形式。中共不仅是中国抗日民族统一战线的积极倡导者、促成者，而且是其坚定的维护者和力行者，抗日民族统一战线得以形成、维持和发展，中共的正确的政策指引和顾全大局，是基本的条件。

抗日战争的胜利，是中华民族同仇敌忾、英勇奋斗的结果。中国人民空前的民族觉醒和民主觉醒，使抗日战争能够形成规模空前的全民族抗战，是这场战争取得完全胜利的社会基础。而中国共产党的抗日主张和行动，在唤醒民族觉醒、凝聚人民力量、推动全国抗战方面，产生了巨大的作用。

有一个观点认为，国民党正面战场先后进行大会战 22 次，重要战斗 1117 次，小战斗 3.89 万余次，毙伤日军 85.9 万余人，而中共只是敌后游击战，没有几次大战役，因此强调国民党正面战场是中国抗日战争的主战场，强调国民党在抗战中的作用，并以此质疑和否认中共的中流砥柱作用。对此，需要说明的是，正面战场是中国抗日战争的主要组成部分，必须肯定正面战场的作战和重大作用，但应看到，中国抗日战争是由正面战场和敌后战场构成的，两者互相配合、互相依存、缺一不可。中共的游击战，战果辉煌。全面抗战中，中共抗日武装对敌作战 12.5 万余次，消灭日伪军 171.4 万人，其中日军 52.7 万多人。特别是，战争实际上是一个包含政治、军事、经济、群众动员和外交等各方面内容的综合行为，军事无疑非常重要，战争的直接结果也由军事显现，但就战争的进行和最后结果而言，仅倚仗军力未必能打赢一场全面战争，而政治、经济、战略等则在其中具有决定性的作用。另外，战争的胜负也不仅仅取决于作战双方的军事、政治、经济等条件，还决定于作战双方的主观指导的驾驭能力。战争指导的正确与否，直接关系着沙场角逐的胜败。对于中国抗日战争来说，由于敌我力量悬殊，这些因素就尤其重要，要战胜强大的日本侵略者就更需要军事之外的诸多因素（实际上军事力量的增加和增强也需要政治等多方面的作用）。而恰是在这些方面，即在赢得抗日战争胜利的理论、路线、方针政策以及时局把控和引导、发动群众等方面，中国共产党的作用甚大，影响深远。而国民党则如前所述，与中共比较十分逊色。

有论者以抗战时期国民党牺牲 200 多名将军，而共产党牺牲将军少而否定共产党的抗战功绩和贡献。应该说，这样的观点是不科学的。首先，不应以牺牲将军人数来衡量抗战的贡献。所有在抗战中牺牲的将士都值得敬仰，他们为国家捐躯，中华民族应该永远记住他们。但是，以此作为评价抗战贡献的标准，失之偏颇。因为作战的基本原则是保存自己、消灭敌人，凡是自己损失小而消灭敌人多的作战，其对战局的积极影响大，具有战略意义，因此贡献就大；而导致自己伤亡惨重甚至全军覆没的战役或战斗，决策必然存在问题，其对战争形势的影响必然不好，因此不能简单地因其牺牲大而说它贡献大。当然，也存在虽然付出很大代价，但有战略意义的作战，但这是特殊的现象，是少数。因此，对战争贡献，应做具体的分析，而不能以牺牲大小来判断。其次，应该注意正面战场和敌后战场的不同特点。正面战场实行阵地战，在激烈战斗中伤亡可能就大，尤其是许多作战都是简单的硬防死守，结果在日军优势武器的进攻下，往往损失很大，甚至因为损失大而对战局产生很大的不利影响。敌后战场采取机动灵活的游击战和运动战，打得赢就打，打不赢就走，充分发挥自己的特长，避开敌人的优势，专门寻找敌人的劣势打，所以虽然也有重大的牺牲，但总体上损失小，战果大。需要说明的是，实际上八路军、新四军也牺牲了大批将领，这是由于敌后战场环境险恶、战争频仍造成的。再次，要区分抗战时期国民党军和中共军队在享受军衔制上的差别。由于国民党的严厉限制，八路军、新四军编组时，干部都是“降职使用”，八路军和新四军的团长，在红军很多都是师长甚至军长，无疑是高级将领。其后，国民党拒不同意中共武装扩大编制，因此大量八路军、新四军的将领也就享受不到将军的军衔。据统计，国民党军队牺牲的将官有240多人，其中包括牺牲后被追授为少将的；八路军牺牲的团以上干部达640多人，新四军牺牲的团以上干部有300多人，还不包括东北抗联牺牲的高级将领。了解到抗战时期军衔制实行的实际情况，也就更清楚这样的观点的偏颇了。

应该强调的是，中国共产党在抗日战争时期面临的困难是巨大的，所遇到的挑战是前所未有的：敌人是以前所没有遇到过的日本帝国主义，是一个强大的、训练有素的、异常凶恶的敌人，需要有一整套针对它的战略战术；国民党及其军队由过去的敌人成了友党友军，但他们又包藏祸心，准备在合作的过程中搞垮共产党，并不断制造摩擦，如何处理和他们的关系，既维护合作抗日的大局又防止和避免他们的破坏，是难度非常大的问题。土地革命时期发动农民的方式，因和国民党合作而不能采用了，但抗日必须发动农民，发动农民就必须解放农民，因此在新的历史条件下如何解决农民问题，仍是非常困难的问题。抗战时期，国民党千方百计打压共产党，如武器、弹药、军需品及军饷等方面，始则苛刻，1940年10月后完全停发，党缺乏抗日斗争的起码物质资源，但又必须坚决贯彻自己的抗日主张，领导人民群众坚持抗战，不断开创抗日的新局面，如何解决这一矛盾，是非常现实但关系抗日全局的重大问题。另外，在敌后建立抗日根据地，涉及政治、经济、文化、军事、社会等一系列的问题；抗日战争是在世界反法西斯战争的整个形势下进行的，还要处理国际关系方面的问题。

中共坚毅地迎接了这些挑战，经受住了格外严峻的考验，战胜了无数难以述说的困难，正确地处理了各种矛盾、问题，开创了一个令世界惊奇不已的大好抗日局面。在这场为人类文明、进步而战，为中华民族生存、自强而战的残酷较量中，中国共产党以其巨大贡献，彰显了抗日战争中流砥柱的作用。

辑外

古田会议与人民军队建军纲领的确立

1927 年大革命失败后，中国共产党在国民党残酷镇压的腥风血雨中继续革命。根据八七会议确定的土地革命和武装反抗国民党反动派的方针，党在武装起义的过程中开始创建新型人民军队。但是，对于时处幼年的中国共产党来说，建设新型人民军队是一项全新的工作，充满了困难和挑战，全党为此进行了艰辛的探索。而为此做出巨大贡献的是毛泽东。毛泽东在领导湘赣边界秋收起义和开辟井冈山革命根据地的过程中，提出一系列充满创新的建军思想，制定了许多推进人民军队建设的制度，成效卓著。1929 年 12 月召开的中国工农红军第四军第九次代表大会，及其通过的决议案（《古田会议决议》），确认了毛泽东的这些卓有成效的探索成果，解决了红四军建设中存在的、实际上也是全国红军普遍面临的主要问题，为红军的建设指明了方向。《古田会议决议》由此成为人民军队建军的纲领性文件，古田会议因此而彪炳史册。

一、新型人民军队的初建

国民党背叛革命后，代表地主阶级和买办性大资产阶级的反动独裁统治，残酷镇压革命，中国社会性质依旧，人民痛苦依旧。为了实现中国共产党救国救民的政治目标，为了推进中国的现代化进程，中国共产党人奋起继续革命，而在国民党的疯狂屠杀政策下，中国共产党只能进行武装革命，并在武装革命的过程中，开始了建立人民军队的伟大征程。

（一）武装斗争是中国革命的必由之路

1924年至1927年的第一次国共合作，在全国强劲地传播了反帝反封建的革命思想，形成前所未有的大革命高潮，从根本上动摇了北洋军阀的统治，开创了中国民主革命的大好局面。但是，国民党的掌权者蒋介石、汪精卫相继背叛革命，破坏了国共合作，埋葬了这个蓬勃兴起的革命。

国民党背叛革命后，经过激烈的内部纷争和对张作霖奉军的作战，从形式上实现了对全国的统一。但国民党的统治与北洋军阀的统治并没有区别。对内，它承继北洋军阀的统治方式，大量吸纳北洋军阀和政客，恢复大革命中被打倒的地主豪绅的地位。建立在这个基础上的国民党南京政府，与中国传统社会及其传统政治的统治架构并没有本质性的区别。特别是蒋介石依靠迅速膨胀的武力和操控的国民党党务及其特务组织，形成了个人独裁的统治体制。对外，国民党政府投靠帝国主义。对帝国主义委曲求全、妥协退让，孙中山废除不平等条约、争取国家独立的主张成为空谈。

尤其是国民党疯狂屠杀共产党员和革命群众，残酷镇压革命。四一二反革命政变中，上海一地300多人被杀、500多人被捕、5000多人失踪。广州国民党当局在发动四一五政变的当天，就捕捉共产党员和革命群众2000多人，枪杀100多人，封闭工会等团体200多个。南京国民政府成立后发出的“秘字第一号命令”，就是厉行“清党”，通令“缉拿”著名共产党人和国民党左派。随后，国民党成立“中央清党委员会”，在南京国民政府所辖各地大肆“清党”，在江苏、浙江、安徽、福建、广西等省疯狂屠杀，制造了大量令人触目惊心的血案。北方的奉系军阀与之遥相呼应，在北京捕杀了李大钊和其他 19 名革命者。汪精卫七一五反革命政变后，“清党”推至武汉国民党政府辖地，其反共行径与蒋介石南京政府如出一辙：通令“对共产党徒一经拿获，决不宽恕”，[1]通缉毛泽东、董必武、林伯渠、邓颖超等著名共产党人。国民党军阀甚至发出“宁可错杀一千，不可放过一人”的残暴叫嚣，丧心病狂地滥捕滥杀。1928 年 2 月，国民党二届四中全会通过《制止共产党阴谋案》；3 月，南京国民党政府公布《暂行反革命治罪法》和《中华民国刑法》，规定：凡“意图颠覆政府僭窃土地或紊乱国宪”者，处以死刑、无期徒刑或七年以上有期徒刑。国民党把反共作为其执政的一个主要基本政策，反共措施越来越疯狂。

在国民党政府的屠杀政策下，大批共产党员、青年团员和其他革命者、民主人士，被以各种罪名杀害。据中国共产党第六次全国代表大会时的不完全统计，从 1927 年 3 月到 1928 年上半年，被杀害者达 31 万多人，其中共产党员 2.6 万多人。中国共产党的重要领导干部李大钊、杨阉公、陈延年、赵世炎、罗亦农、蔡和森、萧楚女、郭亮、向警予、陈乔年、彭湃、杨殷、恽代英、夏明翰等先后被杀害。甚至著名的国民党左派邓演达等也被杀害。

国民党的登峰造极的血腥镇压政策，把全国置于极端的白色恐怖之中。身临其境的鲁迅指出：“在‘清党’以后的党国里，讲

[1]《汉口民国日报》1927 年 8 月 3 日。

共产主义是算犯大罪的，捕杀的网罗，张遍了全中国。”[1]由于极端残忍，甚至国民党官员也认为是暴政。如国民党上海市党部的人员承认：“无辜人民之遭害者更不计其数。”[2]国民党内死硬的反共分子胡汉民也看不过眼，说：“清党，清党，许多罪恶，借之而生。土豪劣绅，弹冠相庆。”[3]居于民间立场的天津《大公报》强烈谴责了国民党疯狂屠杀的行径：“上海广州大清党之时，杀人殊多……历时数月，而恐怖未减。”抨击国民党当局“嗜杀成性，而且每每刑讯逼供”，表示“极端抗议”。[4]国民党如此丧心病狂的屠杀政策，造成全国性的白色恐怖，人民失去了起码的人身安全和自由，共产党没有了和平进行救国救民政治活动的空间。

概言之，国民党背叛革命之后，背叛了孙中山的新三民主义，它用枪杆子建立的南京政府，与北洋军阀政府的统治没有区别，中国社会性质和政治、经济制度在本质上没有发生变化，引起中国革命的基本矛盾一个也没有解决，中国仍然是一个半殖民地半封建社会，中国人民的苦难远未结束，中国民主革命的任务没有完成。

革命是中国走向现代化的必由之路。近代中国积贫积弱，国势衰微，山河破碎，人民痛苦不堪，而其根本原因是帝国主义和封建主义的统治，帝国主义是中国人民最凶恶的敌人，封建主义

---

[1] 鲁迅：《二心集·序言》，《鲁迅全集》第四卷，人民文学出版社，2005年，第194页。

[2] 陈立夫：《成败之鉴》，正中书局，1994年，第104页。

[3]《胡汉民同志演讲不要再上共产党的当》（1927年5月16日），转自杨奎松：《国民党的“联共”与“反共”》，社会科学文献出版社，2008年，第252页。

[4]《上海之特别军法处》《党祸》，天津《大公报》1927年8月18日、4月29日。其时，国民党势力尚未到达天津。

是中国最落后最反动的生产力，两者勾结在一起，阻碍了中国社会的发展，使中国落后、贫穷且每况愈下。因此，必须进行反帝反封建的革命，推翻它们对中国的统治。这是中国社会的时代主题，是中华民族的根本利益，是全国人民孜孜以求的崇高目标，同时也是中国人民鉴别和取舍各个政党的试金石。

中国共产党是适应中国历史发展潮流和中国革命需要而建立的，成立伊始就英勇地挑起了时代赋予的重任，投入了争取中华民族独立和解放的伟大的革命斗争。在与国民党合作后，致力国民革命，功绩卓著。而国民党的背叛和疯狂屠杀，破坏了两党合作，中断了正在进行的中国革命，阻碍了中国现代化的进程。于是，矢志革命的中国共产党只能在白色恐怖中进行武装革命。

（二）党组建新型人民军队的伟大实践

1927 年 8 月 1 日，根据中共中央的决定，在以周恩来为首的中共前敌委员会领导下，贺龙、叶挺、刘伯承、朱德等率领在中国共产党掌握和影响下的国民革命军两万余人，在南昌举行起义。经过近五个小时的激烈战斗，全歼国民党守敌，占领南昌。虽然起义部队在南下广东途中遭到强敌围攻而失败，但它的意义是深远的。

8 月 7 日，中国共产党召开了著名的八七会议，会议“给全党以新的精神，并且定出新的政策”[1]。这个新的精神和政策，就是严厉批判大革命后期的右倾机会主义错误，确定了土地革命和武装反抗国民党反动派的方针，由此全党开始了武装革命的伟大实践。

[1]《中央通告第一号——八七会议的意义及组织党员讨论该会决议问题》（1927 年 8 月 12 日），中央档案馆编：《中共中央文件选集》第 3 册，中共中央党校出版社，1989 年，第 311 页。

根据八七会议确定的革命方针，各地党组织相继举行了一系列的武装起义。其中规模大、影响大的是湘赣边界秋收起义和广州起义。

八七会议后，临时中央政治局候补委员毛泽东作为中央特派员，回到湖南组织湘赣边界的秋收起义。起义于9月9日发动。由于敌我力量悬殊和起义军缺乏严密的组织，作战经验不足，战斗相继失利。以毛泽东为书记的前敌委员会当机立断，改变原定进攻长沙的部署，决定部队沿罗霄山脉向南转移到敌人控制比较薄弱的山区寻求立足地。10月，毛泽东率部到达江西宁冈县茅坪，开始了创建井冈山革命根据地的斗争。

1927年11月下旬，国民党新军阀为争夺地盘发生粤桂战争，出现了有利于党发动武装起义的形势，中共中央决定在广州发动起义。12月11日，起义在张太雷和叶挺、叶剑英等领导下发动。起义军一度占领广州绝大部分市区，成立了苏维埃政府。但敌人重兵反攻，起义终因敌我力量悬殊而失败。起义军余部分散转移到广东海陆丰和广西左、右江等地，与当地革命武装结合，继续革命斗争。

除上述南昌起义、湘赣边界秋收起义和广州起义之外，在大革命失败后的一年多时间里，中国共产党先后在全国12个省、140余县领导发动了近百次不同规模的起义。其中比较重要的有1927年9月，邓赤中、肖人鹄、曹壮父等领导的湖北沔阳、公安起义；10月，中共鄂南特委领导的秋收起义；彭湃等领导的广东海陆丰起义；唐澍、白乐亭、谢子长等领导的陕西清涧起义；杨善集、王文明、冯白驹等领导的海南岛起义；王克新、杨靖宇等领导的河南确山起义；中共中央北方局和顺直省委领导的河北玉田起义；11月，吴光浩、戴克敏、曹学楷等领导的湖北黄（安）麻（城）起义；赖经邦等领导的江西东固起义；曾天宇、张世熙领导的江西万安起义；中共鄂北特委领导的枣阳起义；1928年1月，方志敏、邵式平、黄道领导的江西弋（阳）横（峰）起义；朱德、陈毅领导的湘南起义；3月，贺龙、周逸群领导的湘鄂西起义；郭滴人、邓子恢、张鼎丞领导的闽西起义；4月，唐澍、刘志丹等领导的陕西渭华起义；7月，彭德怀、滕代远、黄公略等领导的湖南平江起义；10月，闽北党组织领导的崇安起义。1929年比较重要的起义有王维舟、李家俊领导的川东起义；周维炯、徐其虚等领导的豫南、商南起义；舒传贤、徐百川、姜镜堂领导的六安、霍山起义；邓小平、张云逸等领导的广西百色起义。

各地的武装起义，由于敌人疯狂镇压，加上起义部队因匆忙间组建而党的领导不健全，领导者缺乏经验，普遍遭受过挫折，并且大都失败。但这些起义，都给予国民党反动统治一定的打击，扩大了中国共产党和工农革命的影响，并且为后来的革命打下一定的基础。

特别是在起义过程中，中国共产党开始了创建人民军队的伟大实践。比如，毛泽东在领导湘赣边界秋收起义时，将参加起义的原武汉国民政府警卫团和湖北、湖南、江西等地的农民自卫军、工人纠察队、工农义勇队等革命武装统一整编为工农革命军第一军第一师。黄麻起义后，中共黄麻特委将起义的农民自卫军改编为工农革命军鄂东军（后改称工农革命军第七军）。赣西南农民起义后，相继组成工农革命军第七、第九纵队。贺龙、周逸群等在领导湘鄂西起义时，打出了四十九路工农革命军的旗帜。湘南起义后，宜章、耒阳、郴县的起义农军分别组成了工农革命军第三、第四、第七师。闽西起义后，杭、永、岩暴动武装成立了红军第七军第十九师。1928 年 4 月，朱德、陈毅率领的南昌起义余部及湘南起义军到达井冈山地区，与毛泽东领导的湘赣边界秋收起义部队胜利会师。两军会师后，组成了中国工农革命军第四军（6 月改称中国工农红军第四军）。彭德怀、滕代远、黄公略等领导平江起义后，成立了中国工农红军第五军。邓小平、张云逸等领导的百色起义，成立了中国工农红军第七军，等等。凡是起义，都组建了革命武装。

虽然在起义过程中，各地革命武装的名称不相统一，有的沿用国民革命军的番号，有的称工农革命军，有的称农军或农民革命军，还有的称工农自卫军、工农讨逆军、共产军、土地革命军等，[1] 但都属于中国共产党领导，是党领导进行土地革命、建立农村革命根据地的基本力量、支撑力量，是人民军队的重要组成部分。

中国革命的特点是武装的革命反对武装的反革命，新民主主义革命是通过战争而取得胜利的，人民军队是党领导进行革命和取得胜利的基本力量和决定性力量。在这个意义上去考察，人民军队创建的伟大意义就非常明确了。

---

[1] 南昌起义时沿用国民革命军番号。1927 年 8 月 20 日，到湖南负责领导秋收起义的毛泽东致信中共中央，建议：国民党的旗帜不要了，要共产党；不要国民革命军，要工农革命军。中共中央接受了这个意见，决定：起义后，“乡村用农民革命军，城市用工人革命军名义，简称农军、工军，合称工农革命军”。1928 年 5 月 25 日，中共中央在《军事工作大纲》中规定：“割据区域所建立之军队，可正式定名为红军，取消以前工农革命（军）的名义。”据此，全国各地的工农革命军及其他革命武装开始陆续地改称红军。

二、党建设新型人民军队的探索

在土地革命、武装反抗国民党反动派的方针确定后，组建人民军队以保障党的新方针的实施，就非常现实地摆在了全党的面前。但是，对于幼年的中国共产党来说，建军是一个全新的、前所未遇的问题，毫无经验，也缺乏起码的必要的条件。在非常困难的条件下，党为此进行了积极的卓有成效的探索。

（一）政治建军思想的提出

中共中央在确定独立领导中国革命之后，也就开始了探索如何建立人民军队的问题。八七会议之后，8月21日，中共中央在《中国共产党的政治任务与策略的议决案》中明确提出了“建立工农的革命军”的任务，指出：“革命的经验，已经证明雇佣军队决不是革命的靠得住的工具。军阀如今很容易的利用雇佣军队来反对革命的群众运动，——这就是证据。因此创造新的革命军队，不要有雇佣的性质，……建立工农的革命军。”并提出建军的具体方案：“这种军队之中要有极广泛的政治工作及党代表制度，强固的本党兵士支部，要有靠得住的忠实于革命的军官，——这是现时革命运动中最重要的任务之一。”[1]“极广泛的政治工作及党代表制度”，即是强调创建人民军队中的政治工作。这个规定，源自对大革命时期政治工作的借鉴，但提出的政治建军方向已经被实践证明是正确的，因此意义深远。

此后，中共中央又多次要求在军队中建立党代表制度。1927年10月24日，中共中央在关于南昌起义失败的通告中指出：

[1]《中共中央文件选集》第3册，第340页。

“工农革命军中，必须有党代表的制度。”[1] 11月10日，中共中央临时政治局扩大会议在《中国现状与党的任务决议案》中指出：“党代表政治部的制度，应当在新军队的各级组织之中建立起来。”[2]与此同时，中共中央对各地起义军的状况有比较清楚的了解，1928年2月《瞿秋白给共产国际的报告》中说：“暴动胜利后，我们自己军队的组织也成问题——恐怕初期仍不免带雇佣军队的性质。”[3] 5月《中央通告第五十一号——军事工作大纲》指出：“各地的暴动都只是承袭旧的军事运动的遗产，每表现出军事运动的政策不能与土地革命的深入相应的缺点。”[4]针对这种情况，党的六大强调要加强党对红军思想政治工作的领导：“在军队中应组织党的支部和青年团的小组”；“加强党员群众的教育，增加他们的政治程度，有系统的宣传马克思列宁主义，研究中国革命过去几时期的经验”；“加紧宣传武装暴动策略的政治观念，宣传建立工农兵代表会议（苏维埃）的政权的总任务”。并强调对游击状态下的党员，更应该加强思想政治教育：要坚决克服“游击战争的弱点”，纠正“缺乏与群众的联系，毁灭城市和乡村”等不正确行为。[5]

根据中共中央的指示，各地武装起义部队在创建根据地的过程中，普遍建立了党代表制度。如，1928年7月平江起义部队编为红军第五军时，从连到军实行了党代表制度。黄麻起义、商南

---

[1]《中共中央文件选集》第3册，第405页。

[2] 同上书，第464页。

[3] 中国人民解放军政治学院党史教研室编：《中共党史教学参考资料》第14册，第44页。

[4]《中共中央文件选集》第3册，第224页。

[5]《中共中央文件选集》第4册，第396、320、362页。

起义、六霍起义后建立的红三十一、红三十二、红三十三师，从诞生时就建立了党代表制度。在湘鄂西地区创建军队的初期，党代表制度仅在高层编制中有所体现，但是随着创建革命根据地和红军的深入，党代表制度逐步得到了实行。虽然各地实行的党代表制度在具体内容上不尽相同，但有一点是非常清楚的，就是加强党对红军的领导，走政治建军的道路。

（二）毛泽东的建军探索

毛泽东在领导湘赣边界秋收起义时，面临的军队情况是非常糟糕的。秋收起义的部队开始时编为一个师，由三部分组成：未赶上南昌起义的国民革命军第二方面军总指挥部警卫团，平江、浏阳等地的工农义勇队或农民自卫军，安源路矿的工人武装。警卫团虽然是有组织、有训练的正规部队，虽然经历过大革命时期的民主政治训练和接受过广大工农群众斗争的影响，但基本沿袭了国民革命军的模式，基础是旧式的雇佣军队，主要成分也是旧军人；而平江、浏阳和安源路矿的工农群众武装，主要成分是农民，没有经过军队训练，纪律松散。由于是临时组建，党对起义军的领导实际上没有建立起来，因此，“这支部队中虽然有不少党员，但并没有形成坚强的组织核心，也没有明确的行动纲领。军事指挥员大部分是黄埔军校的学生，他们都是知识分子，没有经过更多实际战争的锻炼，指挥能力较弱，旧的一套带兵方法，妨碍上下一致、官兵一致。由于上述原因，这支部队的战斗力并不强”[1]。所以起义一开始就打了败仗。由

[1] 罗荣桓：《秋收起义与我军初创时期》，《井冈山革命根据地》（下），中共党史资料出版社，1987 年，第 119 页。

警卫团编成的第一团，遭受起义前夕收编的黔军邱国轩团的背后袭击，受到很大损失；由浏阳工农义勇队编成的第三团在进攻浏阳东门时打了败仗；安源工农武装和矿警队组成的第二团先胜后败，在国民党军优势兵力下几乎全部溃散。等到在浏阳文家市集中时，起义部队已由原来的5000人锐减到1500余人。而从文家市转兵向湘南行军后，一路艰苦战斗，连续行军，部队更加涣散，许多人惧怕艰苦不辞而别。时在这支队伍里的赖毅回忆说："那时，逃跑变成了公开的事，投机分子竟然互相询问：'你走不走？''你准备往哪儿去？'这真是一次严重的考验。"[1]

特别是部队的军事主官不服从党的领导。师长余洒度自恃黄埔军校出身，根本不把毛泽东任书记的前委放在眼里，他自作主张收编黔军残部邱国轩部，既未对其进行改造，又对其丧失警惕；前委通知他率第一团到铜鼓和第三团会合进攻浏阳，他却自行下令进攻平江，结果在作战中邱国轩团突然叛变，一团腹背受敌，遭受重大损失。到文家市后，他又主张经浏阳进攻长沙，同毛泽东发生严重争执，只是由于他原来的上级、起义军总指挥卢德铭坚决支持毛泽东而作罢。在卢德铭牺牲后，他对前委不尊重的态度越来越明显起来，多次抗拒毛泽东的领导。二团团长王新亚因攻下醴陵和浏阳而居功自傲，根本不理党代表解决东乡之敌的要求，结果使二团在敌人反扑中溃散。三团团长苏先俊和副师长余贲民有矛盾，对前委任命余为副师

[1] 赖毅：《毛泽东同志在连队发展党员》，《井冈山革命根据地》（下），第176页。

长愤愤不平。[1]

如此涣散的军队，且不说承担革命任务，就是生存也成了严重的问题。因此，当秋收起义部队行进到永新县三湾村、摆脱追敌后，毛泽东立即进行了著名的三湾改编：把已经不足1000人的部队，缩编为一个团，淘汰了不坚定分子。更重要的是政治建军：第一，加强党对军队的领导。确定全军由党的前敌委员会统一领导；各级部队分别建立党组织，班排设小组，支部建立在连队上，营、团建立党委；连以上设党代表，由同级党组织的书记担任；部队一切重大问题，都必须经党组织集体讨论决定。第二，规定了部队的民主制度。官兵平等，待遇一样，官长不准打骂士兵，士兵有开会说话的自由；连以上建立士兵委员会，参加对部队的行政管理和经济管理，官长要受它的监督。

三湾改编是在军情混乱情况下对部队的一次整顿，直接目的是克服起义军的旧式军队的习气和农民的自由散漫作风，纯洁部队、巩固部队。三湾改编后，在部队建立健全了党的组织，特别是在连队一级建立的党支部，开始发挥组织的作用。指挥员通过党组织发动党员群众，有领导、有计划地做其他官兵的思想工作，对部队的掌控能力大大提高，实际上挽救了这支部队。参加了秋收起义和三湾改编、改编后任连党代表和支部书记的罗荣桓回忆

[1] 余洒度在三湾改编后以向湖南省委汇报工作为名，与苏先俊离开部队，到上海后脱党，参加中华革命党，1931年8月被国民党逮捕后，投向国民党。1934年被蒋介石下令枪决。王新亚在浏阳失败后失踪。苏先俊1928年1月在岳阳被捕叛变，1930年7月，红三军团攻占长沙后被抓获处决。余贲民后任红四军军需处长、湘鄂赣苏维埃政府内务部长、军事部长、红十六军政委等职。1933年2月在江西万载县小源牺牲。

说："当时，如果不是毛泽东同志英明地解决了这个根本性的问题，那么，这支部队便不会有政治灵魂，不会有明确的行动纲领，旧式军队的习气，农民的自由散漫作风，都不可能得到改造，其结果即使不被强大的敌人消灭，也只能变成流寇。"[1]

三湾改编的深刻意义是提出了人民军队政治建军的两个基本原则——党对军队的领导和军队内部的民主制度。虽然是初步的，但它使党对军队的政治工作真正建立起来了，揭示了党如何建军的方向，因此具有开拓性和深远的历史意义。后来的建军实践证明了它的功效，1928 年，毛泽东在向中共中央的报告中，分析"红军的物质生活如此菲薄，战斗如此频繁，仍能维持不散"的原因时，指出就是三湾改编中提出的这两条，一是党的领导："红军所以艰难奋战而不溃散，'支部建在连上'是一个重要原因。"另一条是民主制度："除党的作用外，就是靠实行军队内的民主主义。官长不打士兵，官兵待遇平等，士兵有开会说话的自由，废除烦琐的礼节，经济公开。士兵管理伙食，仍能从每日五分的油盐柴菜钱中节余一点作零用，名曰'伙食尾子'，每人每日约得六七十文。这些办法，士兵很满意。尤其是新来的俘虏兵，他们感觉国民党军队和我们军队是两个世界。他们虽然感觉红军的物质生活不如白军，但是精神得到了解放。同样一个兵，昨天在敌军不勇敢，今天在红军很勇敢，就是民主主义的影响。"[2] 正因如此，罗荣桓后来评论说："三湾改编，实际上是我

---

[1] 罗荣桓：《秋收起义与我军初创时期》，《井冈山革命根据地》（下），第 119 页。

[2] 毛泽东：《井冈山的斗争》，《毛泽东选集》第一卷，人民出版社，1991 年，第 65—66 页。

军的新生，正是从这时开始，确立了党对军队的领导。”[1]对毛泽东在三湾改编的这些创举，西方学者高度评价，在西方影响很大的罗斯·特里尔的《毛泽东传》写道：“这样，党便由一个抽象的概念转化成了一个每日都在的实体，党便来到了夜晚营地的篝火边，来到了每个战士的身旁。”[2]

其后，在开辟井冈山革命根据地过程中，毛泽东进一步发展了政治建军的思想。主要是（1）细化党对军队领导的制度。1928年春，制定了《党代表工作大纲》。明确规定：党代表“代表党在军中工作”，因此“党代表一切行动和言论，均需站在党的观点上，去施行党的主义政策”；“党代表在军队中，在民众中，均在党的指挥之下，积极发展党和团的组织，并使党与团为群众核心”；“党代表应为各同志模范，并使各同志，以及非同志在本党政策之下，都积极工作”。关于党代表的工作职责，《大纲》规定：党代表平时“注意士兵教育与管理”，使士兵了解党的主义与政策，提高文化程度，严格军纪，密切官兵关系，战时“帮助指挥官指挥”，做战时政治工作；“如遇有了民众运动的地方，党代表应该领导官长、士兵积极参加工作，将党的政策在该处实行”，“如遇没有民众运动的地方，党代表应该领导士兵、官长唤起群众，领导群众，施行党的政策”。[3]（2）制定了工农革命军军纪。在进军井冈山途中，毛泽东针对起义以来的情况和一些战士随便拔取老百姓红薯充饥的现象，提出三条纪律：行动听

---

[1] 罗荣桓：《秋收起义与我军初创时期》，《井冈山革命根据地》（下），第119页。

[2] 罗斯·特里尔著，胡为雄、郑玉臣译：《毛泽东传》，中国人民大学出版社，2006年，第118页。

[3]《井冈山革命根据地》（上），第442—445页。

指挥，打土豪筹款子要归公，不拿老百姓一个红薯。这是工农革命军最初颁布的“三大纪律”。1928年年初，工农革命军分兵在遂川县筹款做群众工作中，出现没收小商小贩的货物，错还借去睡觉的门板、将铺草弄得遍地都是等损坏群众利益的现象，毛泽东由此提出了工农革命军的“六项注意”：一、上门板，二、捆禾草，三、说话要和气，四、买卖要公平，五、借东西要还，六、打烂东西要赔。同年4月3日，毛泽东将以上两者合一，向工农革命军正式颁布“三大纪律、六项注意”（1929年在闽西增加了“洗澡避女人，大便找厕所”两个注意，发展为“三大纪律、八项注意”）。（3）提出工农革命军的“三大任务”：第一，打仗消灭敌人；第二，打土豪筹款子；第三，宣传群众，组织群众，武装群众，帮助群众建立革命政权。（4）优待俘虏。1928年2月新城（宁冈县城）战斗，俘虏国民党兵近300人，曾出现打骂俘虏、搜俘虏腰包等现象。毛泽东发现后，向指战员说明，国民党军队中许多士兵是被作为壮丁抓来的穷人，不应该打骂他们，而要进行说服，教育他们反戈一击。并提出优待俘虏的政策：不杀、不打、不骂俘虏，不搜俘虏腰包，对伤病俘虏给予治疗；经过教育、治疗后留去自由，留者开欢迎会做革命军战士，去者开欢送会并发路费。这一俘虏政策得到了很大成功，有大量俘虏兵参加了红军。毛泽东的这些探索及实践，颇多创新，意义深远，为后来《古田会议决议》的制定打下坚实的基础。

（三）其他起义部队的探索

实际上，起义部队军纪很差、战斗力非常弱的现象，在各地起义部队中普遍存在。针对农民武装和转向革命的旧军队的弱点，各地起义领导人不约而同地、程度不同地对起义部队进行了整顿，而思想政治工作则是其中的主要内容。

比如，朱德、陈毅对南昌起义余部的整顿（史称“赣南三整”）。在南下失败后，南昌起义军余部思想一片混乱，“每个人都考虑着同样的问题：现在部队失败了，到处都是敌人，我们这一支孤军，一无给养，二无援兵，应当怎样办？该走到哪里去？”[1]不少官兵相继离队，有的带着一个排、一个连公开离队，有的散布失败情绪，要求解散部队，甚至“师长、团长均皆逃走，各营、连长亦多离开”[2]。在异常严峻的时刻，朱德、陈毅等为坚持革命，巩固起义军余部，相继进行了天心圩整顿、大余整编、上堡整训。

天心圩整顿主要是对部队进行思想教育。在起义军的军人大会上，朱德以俄国 1905 年革命失败和 1917 年成功为例，说明革命遭受挫折和最后胜利的关系：“中国革命现在失败了，也是黑暗的，但黑暗也是暂时的。中国也会有个‘一九一七年’的。只要保存实力，革命就有办法。”并说：“同志们，要革命的跟我走；不革命的可以回家！不勉强！”[3]这次整顿和以后行军途中的思想政治工作，扭转了部队中人心涣散的局面，部队情绪有了转变，开小差的减少了，天心圩整顿是起义军余部转战途中的一个转折点。陈毅说：“人们听了朱总司令的话，也逐渐坚定，看到光明前途了，当时如果没有总司令领导，这个部队肯定地说，是会垮掉的。”[4]在部队到达赣粤边界的大余地区后进行了第二

[1] 杨至诚：《艰苦转战》，中国人民解放军战士出版社，1979 年，第 110 页。

[2] 张启图：《关于七十五团在南昌暴动中斗争经过报告》（1927 年 12 月 22 日于上海），《南昌起义》，中共党史资料出版社，1987 年，第 135 页。

[3]《艰苦转战》，第 111 页。

[4] 陈毅：《关于八一南昌起义》，《近代史研究》1981 年第 2 期。

次整编，这次整编，除了把这支由不同单位人员、已经不成建制的部队改编为一个纵队（采用“国民革命军第五纵队”的番号），最重要的是进行组织整顿——整顿党团组织。朱德回忆说：“于十月底到了大余，对部队进行整编。首先，整顿党、团组织，成立党支部。”[1]把一部分党、团员分配到各个连队去，选派了一些优秀党员去基层担任指导员，粟裕说：“这一次整顿，重点是加强党对部队的领导。”“从此，部队的组织状况和精神面貌都大为改观，团结成了一个比较巩固的战斗集体。”[2]11月初，起义军到达湘、粤、赣三省交界的江西崇义县西南的上堡后，再次进行了整训。上堡整训，主要是整顿纪律。因为在转战途中，发生过少数战士抢当铺的事件。陈毅抓住这件事对部队进行教育：“这哪里像革命军队，简直像土匪一样了！”并告诫大家：“我们是共产党的队伍，没有纪律是不能生存的。”[3]“赣南三整”，使南昌起义余部的状况得到了显著的改善。

湘鄂边的工农革命军第四军，在1928年3月和9月遭受两次严重挫折后，贺龙任书记的湘西前敌委员会总结几次遭受挫折的教训，接受了井冈山斗争的经验，整顿部队，遣散了老弱和动机不纯分子，发展党、团员，加强基层领导骨干，严格管理教育。贺龙回忆说：“就整了三个月，共九个班，每个班都有党员”[4]，

[1]《朱德选集》，人民出版社，1983年，第125页。

[2] 粟裕：《激流归大海——回忆朱德同志和陈毅同志》，《人民日报》1978年12月1日。

[3]《艰苦转战》，第114页。

[4] 贺龙：《关于一九二七年冬——一九三一年间湘鄂西武装斗争问题的谈话》，转自中国工农红军第二方面军战史编辑委员会《中国工农红军第二方面军战史》，解放军出版社，1992年，第18页。

从而形成党的坚实领导。虽然整顿后仅剩下 91 人，但部队政治素质发生巨大变化，成为湘鄂边红四军发展的一个转折点，从此走上了胜利发展的道路。

赣东北的江西红军独立第一团（红十军前身），在 1929 年 8 月和年底组成第一、二连，但存在两个严重的问题，一是“长官乏人”。“连、班、排长，差不多是完全引用哗变过来的士兵担任。”二是“军纪亦未建立，士兵不高兴便会一致割［搁］枪不背。出发打仗，间或要征求士兵同意，如果士兵不赞成，命令还是不能有绝大的效力。”赣东北党组织也采用了整训的办法，“从此以后，一方面应付匪军，一方面加紧训练，红军便走上正式军队的道路了。这就是说，有一点像正式军队了”。[1] 1929 年秋，经方志敏提议，在弋阳创办了军政学校，有计划地培训党和军队干部，进一步推动了部队建设和思想政治工作的开展。

在鄂西地区，周逸群、段德昌在领导游击战争的同时，注意加强军队的思想政治教育和发展党的队伍等工作。1929 年 12 月，中共鄂西特委代表大会通过《关于军事问题决议案》，确定了红军建设、游击战争和党员军事化等一系列方针原则，明确规定军队中的政治委员负责对内的一切政治教育和对外的一切政治宣传工作。

在鄂豫皖，1928 年 11 月，中共鄂东特委召开会议，贯彻六大决议精神，并明确提出“学习井冈山的方法”，加强党对红军

[1]《中共信江特委的报告——信江党和红军以及最近之局势》（1930 年 6 月 8 日），江西档案馆编：《闽浙赣革命根据地史料选编》，江西人民出版社，1987 年，第 21、22 页。

的领导和军队思想政治工作。1929年5月下旬至6月上旬，红三十一师党委和黄安、麻城、黄陂、孝感四县县委召开联席会议，通过《目前政治形势与党的任务》等八个决议案，强调加强军队中党的思想政治教育，用布尔什维克的精神来战胜小资产阶级和农民的一切不良倾向。为此，开办党务干部学校轮训党员干部，出版《英特纳雄耐尔》《群众》等刊物作为党员教育的教材。同年11月，中共鄂豫边第一次代表大会通过《关于军事问题决议案》等，强调党对政治工作的领导，强调建立士兵委员会以造成红军内部的民主，强调对红军士兵、赤卫队的政治教育，强调红军的任务是宣传、发动和组织群众开展各种斗争，坚决实行土地革命，保障和扩大苏维埃区域等，强调要加强对于敌军的工作。

1929年12月，百色起义前夕，邓小平主持召开党的委员会会议，决定整顿补充部队，实行官兵平等，反对军阀制度。百色起义后，以邓小平为首的前委加强部队的思想政治工作，着重启发士兵的民主意识，提高官兵的阶级觉悟。

这些整顿，有军事训练、编制调整，但主要是通过加强思想政治工作以改造农民武装和参加革命的旧军队，即以政治建设为主。这是中国共产党在创建新型人民军队过程中的重要探索，虽然这些探索是初步的，但成效明显。也正因有这样的实践经历，所以后来党加强思想政治工作的决定能够比较顺利地被各支部队接受。

（四）人民军队建设中产生的问题

建设新型人民军队是军队发展史上的一场革命，是一个打碎旧的军队体制建立新的军队制度的创新过程，它是一个系统工程，也是一次深刻的思想革命。因此在红军初创过程中，虽然中共中央明确提出要加强政治工作，但对如何达成这个目标没有配套的方案；虽然许多部队采取了政治整训的办法，但对政治建军的认识并不坚定，或者存在制度不健全、措施不到位的问题，比如，南昌起义军余部到湘南后曾取消了党组织，湘鄂西仅在“前委之下组织一个支部，管理全军党的组织”[1]。

以毛泽东三湾改编为代表的建军探索，虽然提出了正确的建军原则，迈出了成功的一步，但是正如罗荣桓后来指出的：“三湾改编也只是开始奠定了新型的革命军队的基础，政治上、思想上的彻底改造，是一个长期斗争的过程。”[2]即使在红四军内部，也存在问题，一是整个制度体系没有完全形成，因此实行过程中容易甚至必然出现偏向和问题；二是毛泽东的许多创新是对旧军事制度、旧思想观念的挑战，而思想观念的转变特别是对于新事物的接受，需要有一个过程——磨合的过程，甚至思想斗争的过程，所以毛泽东的创举还没有被全军完全接受。也就是说，在红军初建时期，党的探索还是初步的，如何建军的问题并没有完全解决，仍然存在一些严重影响红军建设和发展的问题。

人民军队初创时期，毛泽东、朱德领导的红四军力量最大，政治建军实行得最早，成效也最显著。因而，朱毛红军在探索过程中暴露出的问题，就具有代表性。

第一，极端民主化倾向。三湾改编中确定了军队内部民主

[1]《关于湘鄂西苏区发展的几个问题》(1929年3月17日),《周恩来军事文选》第一卷，人民出版社，1997年，第77页。

[2] 罗荣桓：《秋收起义与我军初创时期》,《井冈山革命根据地》(下)，第119页。

的制度，决定成立士兵委员会，参加对部队的行政管理和经济管理，组织士兵接受政治训练和开展群众工作，并且有处罚违纪官兵的权力，特别是与军官的军阀习气做斗争。这个制度在红军发展过程中产生了非常重要的作用。许多历史当事人对此有很高的评价。毛泽东后来在20世纪60年代评论说：井冈山时期士兵委员会是有很大作用的。[1]罗荣桓在回忆井冈山斗争时说："士兵委员会就是实现民主的一个组织形式。那时，士兵委员会有很大的权力，军官要受士兵委员会的监督，做错了事，要受到士兵委员会的批评，甚至制裁。""发扬民主后，官兵关系真是密切，部队真是拖不垮打不烂的。"[2]粟裕回忆说：井冈山时期"在人民军队里，扫除了几千年军队内部的统治与被统治关系，建立起了新型的人与人的平等关系"。所以"生活虽然苦，但从朱军长、毛委员起，吃的、穿的、用的都一样，只有军医受优待，那时医生很少，给他们每月十元津贴。大家都知道，旧军队常常有闹饷的事，而我们的部队，因为官兵一个样，从来没有闹饷的，也不怨恨谁"。[3]谭冠三也回忆说："士兵委员会对于克服军阀主义残余，起了很大的作用。特别是对俘虏兵，起的作用更大。他们来到红军部队后，感觉与白军中不一样，觉得很舒畅，心情愉快。同时士兵委员会也教育士兵由不自觉到自觉遵守各种纪律，克服各种错误思想。"[4]士兵参加部

[1] 马社香：《前奏——毛泽东1965年重上井冈山》，当代中国出版社，2006年，第174页。

[2] 罗荣桓：《秋收起义与我军初创时期》，《井冈山革命根据地》（下），第119页。

[3]《粟裕战争回忆录》，解放军出版社，1988年，第67、69页。

[4] 谭冠三：《我记忆中的井冈山斗争》，《井冈山革命根据地》（下），第136页。

队的管理，这在中国军队历史上是第一次；士兵在一定的会议上可以批评排长、连长，这也是破天荒的。因此士兵把它看成是政治上、经济上解放的象征，极大地增加了士兵的政治热情，凝聚了军心。应该说，这是改造旧军队，提高部队战斗力的重要途径，是人民军队民主建设的重要成果。

但是，随着士兵委员会工作的广泛展开，随着官兵平等、士兵平等的实行，随着军队内部民主气氛的发展，结果迅速出现了极端民主化的严重偏向：部队的许多问题，都得提交士兵委员会讨论，如果不能通过，长官毫无办法；而士兵委员会的意见，可以左右长官甚至必须执行。井冈山斗争时期的“八月失败”，就是因为极端民主化助长乡土观念造成的。1928 年 7 月，湘赣两省国民党军对井冈山根据地和红四军发动“会剿”。毛泽东、朱德根据敌情商定：毛泽东率红四军第三十一团在永新迟滞由安福进入永新的赣军；朱德、陈毅率军部和主力第二十八、二十九团进攻湖南酃县（今炎陵），威逼茶陵，迫使已经突进到宁冈、永新地区的湘敌第八军退出“会剿”，然后红军主力回师永新共同对付赣军。照此计划，7 月中旬，红四军主力顺利攻克酃县，进入永新的湘军闻讯回守茶陵。军部见作战目的已经达成，即按计划准备返回永新作战。但其时，在湖南省委巡视员杜修经和第二十九团党代表龚楚的鼓动下，由湘南农军组成的第二十九团官兵的乡土情绪陡然高涨，提出返回家乡闹革命，进行第二次湘南起义。团士兵委员会做出决定，迫使团长执行。朱德、陈毅出面做工作力图制止，但士兵委员会坚持它是代表士兵做出的决定。结果在南下湖南郴州的作战中，遭敌军两个师的反扑，第二十九团只有团长胡少海带领百余人撤出郴州，湘南农军“除保留下来少量干部和第二十九团少数部队外，其余都损失掉了”[1]。并且由于红四军主力不能按照计划返回作战，永新、宁冈根据地大部被敌占领。

“八月失败”的教训是沉重的，但是在其后，极端民主化的错误不但没有消除，而且发展了。1930年，红四军军委代理书记熊寿祺给中央的报告中说：红四军九大前，由于“实行所谓‘由下而上的民主制’，开会就得争论半天”。大大小小的问题，事前没有准备意见，就拿到会场上来争，“往往争论终日得不到一个结论”。红四军八大上甚至“为了一个红军法规中的党代表权力问题，讨论了两天仍旧没法解决，结果还是决定请示中央”。“这就是九次大会前各级指导机关的极端民主化倾向的现象。”这种极端民主化使“当时全军政治上失掉领导的中心”。[2]

由极端民主化还引发出两个问题：（1）非组织观点。少数不服从多数，如果少数人的提议被否决，他们就没有诚意地执行党的决议；曲解批评的意义，把党内批评变成了攻击个人，或者不在党内批评而在党外去批评。（2）绝对平均主义。例如，发给伤兵用费，反对分伤轻伤重，要求平均发给。官长骑马，不认为是工作需要，而认为是不平等制度。分物品要求极端平均，不愿意有特别情形的部分多分去一点。背米不问大人小孩体强体弱，要平均背。住房子要分得一样平，司令部住了一间大点的房子也要骂起来。派勤务要派得一样平，稍微多做一点就不肯。甚至在一副

[1]《黄克诚回忆录》（上），解放军出版社，1989年，第75页。

[2]《红四军部队情况报告》（1930年5月16日），《中共党史教学参考资料》第14册，第257、258页。

担架两个伤兵的情况时，宁愿大家抬不成，不愿把一个人抬了去。

第二，军事与政治的关系问题。三湾改编规定全军由党的前敌委员会统一领导，即确定了党对军队的统一领导。这是保证人民军队性质和健康发展的决定性因素，同时也是领导体制上的一个创新，是中国传统军事领导体制中不曾有过的现象。但是，新事物要真正为广大官兵所接受，需要经历一个过程。红四军初建之时，许多指挥员出身旧军队，他们是共产党员，服从党的领导，但并不清楚党究竟应该如何领导军队，以及军事长官与党的组织是什么关系，在工作中习惯传统模式，习惯于“长官说了算”；对一切行动听党指挥，由党组织讨论决定军中重大问题，感到不很适应，因而对军队的领导方式，即党的前委和各级组织与军事长官的关系，认识不清。这种分歧，在井冈山时期就已存在，而在1929年春红四军转战赣南闽西的过程中突出地爆发出来。

1929年红四军转战赣南、闽西，每天行军打仗，军情紧急，于是决定红四军军委暂时停止办公，权力集中于前委。5月间，随着根据地的扩大，军队和地方工作增多，前委又决定成立临时军委，以刚刚从苏联回国的刘安恭为临时军委书记。但刘安恭随即主持军委会议做出决定：前委只讨论行动问题，不要管其他事。这个以下级决定限制上级领导权的决定，是错误的，不利于革命斗争，结果在6月8日前委在白砂召开的扩大会议上，以36票赞成、5票反对的压倒多数，通过取消临时军委的决定，与前委分权的临时军委书记刘安恭自然免职。

但是，这场围绕红四军军委决定发生的争论，实际上是关于党的领导和军事指挥权限的争论，是是否建立党的绝对领导的问题。因此，虽然白砂会议取消了临时军委，刘安恭去职，但争论并未停止而且升级。其间及之后，出现了许多批评前委“管得太多”，“权力太集中”，是“书记专政”，有“家长制”等意见（实质上是对党的绝对领导的制度的意见），并一时占了上风。时任红四军政治部秘书长的江华的回忆，说明了问题的症结：“所谓党和军队的关系问题，主要是由于当时红军还建设不久，其大部分是从旧式军队脱胎出来的，而且是从失败环境中拖出来的，旧军队的旧思想、旧习惯、旧制度带到了红军队伍中来。因而，一部分人习惯于旧军队的领导方式，对党对军队的领导不赞成，有怀疑。他们强调‘军官权威’，喜欢‘长官说了算’，相反认为现在是‘党太管事了’，‘党代表权力太大’，提出‘党不应管理一切’，‘党所过问的范围是要限制的’，‘党支部只管教育同志’；并主张‘司令部对外’，政治部只能‘对内’，对军队只能指导，不能领导等等。这些都严重影响了党对军队绝对领导权的建立。”[1]

毛泽东以写信的方式，指出红四军中存在“反对‘党管一切’，反对一切工作归支部，反对党员的个人自由限制，要求党员要有相当的自由”的问题，“这三个最大的组织原则发生动摇成了根本问题”。[2]朱德对此有不同看法，也以写信的方式对红四军党内是否存在三个“发生了动摇的最大组织原则问题”，逐条表示了不同意见。于是，争论延伸到红四军主要领导人之间。但是，当时泛民主的意识颇为广泛，结果，6月22日红四军七大错误地否定了毛泽东提出的党对红军领导必须实行集权制（当时对民主

---

[1] 江华：《关于红军建设问题的一场争论》，《党的文献》1989年第5期。

[2] 转自王国忠：《发生在红四军中的一场争论》，《北京日报》2007年8月27日。

集中制的称谓）的正确意见。通过的决议还把“集权制领导原则”视为“形成家长制度的倾向”。由中共中央指定的前委书记毛泽东也在会上被选掉了。

第三，单纯军事观点、流寇思想和军阀主义残余。由于对党的领导的重要性认识不够，由于习惯于旧军队的活动模式，于是红四军中还产生以下错误观念：（1）单纯军事观点。“以为红军的任务也和白军相仿佛，只是单纯地打仗的。”“在组织上，把红军的政治工作机关隶属于军事工作机关，提出‘司令部对外’的口号。”甚至把军事、政治二者对立起来，认为军事领导政治：“军事好，政治自然会好，军事不好，政治也不会好。”（2）流寇思想。不愿意做艰苦工作建立根据地，建立人民群众的政权，并由此去扩大政治影响，而只想用流动游击的方法，去扩大政治影响；扩大红军，不走由扩大地方赤卫队、地方红军到扩大主力红军的路线，而要走“招兵买马”“招降纳叛”的路线；不耐烦和群众在一块做艰苦的斗争，只希望跑到大城市去大吃大喝。（3）军阀主义残余。突出的问题是肉刑体罚，即殴打士兵的问题。毛泽东在红四军九大决议案里，批评“三纵队第八支队部某官长爱打人”，九支队第二十五大队曾有一个最喜打人的大队长，特务支队第三大队打人，二纵队下级官长大多数打人，一、二、三纵队调去四纵队的官长“蛮打士兵”等现象，说“这是红军最大的污点，意义是非常之严重的……实在值得我们严重的注意”。[1]

这些问题，并不是单独存在于红四军中，实际仍是红军初

[1] 本段的引文出自《中国共产党红军第四军第九次代表大会决议案》，《毛泽东文集》第一卷，人民出版社，1993年，第79、86、87、108页。

建时期普遍存在的问题。比如赣东北的红军独立团到1929年年底:“部队虽已进行了一段整顿,但不良倾向还是存在。军队组织纪律性不严,游击作风比较严重,农民的散漫习气还没有彻底克服。从白军过来的人,军阀习气还未肃清,还有打骂战士的现象,被罚跪更是常有的事。”[1]一直到1930年6月,中共信江特委仍认为独立团“目前最感困难的是士兵与官长,尤其是长官”。“除了团长以外,自营长一直到班长,多半是哗变过来的与俘虏而来的。他们都是士兵出身,学识既然不强,性情也不容易驯服。虽然也有些哗变过来的现已成为我们的同志了,但是他们都很幼稚。”士兵也军事纪律观念不强,“正在扩大红军的组织当中,士兵要求请假归田的很多,同时民众都有不愿为士兵的倾向”。[2]

毫无疑问,红军中存在的这些问题,严重地影响着红军的建设,影响着红军完成所承担的革命任务,甚至如果不及时地解决,将影响甚至危及红军的发展和存在。这是历史给中国共产党人的又一个考验。

三、建设新型人民军队的复杂性和艰巨性

创建军队,需要一定的条件。在物质方面,需要经费、枪械装备、营房设施等;在社会条件方面,要有相当安定的、足以练

[1] 吴克华:《培养红色指挥员》,方志敏——爱国主义教育网,2006-3-3。

[2]《中共信江特委的报告——信江党和红军以及最近之局势》(1930年6月8日),《闽浙赣革命根据地史料选编》,第25页。

兵的环境；并且要有建军的理论、人才等。对于普通将士来说，还有发展前景的展望和利益价值的选择，即参加这支军队的意义和对自身发展的影响。而这些条件对于时处幼年、正被国民党大肆屠杀的中国共产党来说，基本上都不具备。并且党虽然经历了大革命风暴的洗礼，虽然党内有从事过军队工作的同志，但从整体上讲，党没有组建军队的经验，更没有建设全新的人民军队的经验。白手起家，一切都得从头开始，特别是面临国民党的残暴镇压，所以，中国共产党建军面临的环境和条件是极其严峻、极其复杂的。

（一）在强大敌人围攻的战争环境中即战即建

大革命失败后，国民党建立了它在全国的反动统治，掌握着全国的政权、全国的经济，拥有几乎全部的近代工业，拥有一支庞大的军队，并且与帝国主义密切勾结，为当时的国际社会所承认，因此，具有强大的反革命力量，形成对中国盘根错节的严密统治。它视中国共产党为其反动统治的最大威胁，疯狂屠杀共产党人，镇压革命。中国共产党组建的军队从诞生之日起，就遭到强大的国民党军的不间断的进攻。这种面临强大的敌人并不断遭受其绞杀的环境，使中国共产党没有从容组军、建军的时间和空间，越发增加了人民军队在艰辛条件下建设的难度。非常困难、非常危险，是人民军队初建时期的真实状况。能否顶住强敌的“剿杀”并在这种险恶的环境中生存和发展，这对新生的人民军队是一个严峻的考验，也是中国共产党在建军时必须解决的主要问题。

（二）落后的农村环境和分散游击的斗争方式

人民军队初建时期分散在落后的农村环境中，以游击战、运动战为主要的斗争形式。由于敌我力量悬殊，党和党领导的军队选择在敌人统治力量薄弱的地方建立根据地、开展革命斗争、积蓄革命力量，因此长期处在偏僻落后的农村环境中；由于力量弱小，由于敌人的进攻、包围和分割，人民军队在很长的时间里处在不断移动和游击战争的状态，分处各地而形成中国革命的许多“山头”；并且由于长期处在敌人进攻、人民军队防御的态势，人民军队长期采用游击战、运动战的战略战术和作战方式；由于长期面临强大敌人的无所不用其极的进攻，长期处在斗争十分激烈、残酷、频仍，环境十分险恶，生活条件十分艰苦的环境中，经常缺乏武器、医药、粮食、经费，甚至没有最起码的生活必需品，随时有流血和牺牲生命的危险。这种长期的艰苦卓绝的军事斗争，长期处在落后农村的境遇，长期的游击战争和分散活动，对人民军队的组织性、纪律性、战斗力都是非常严峻的考验，也给人民军队的建设带来许多严峻的问题。

（三）军队成分复杂

人民军队初建之时，部队成分主要有三部分：一是揭竿而起的没有经过专门军队训练的农民武装，其比例很大，但由于没有经过专门的军事训练，由于农民自身的弱点，所以军纪涣散，战斗力很弱。比如，参加湘赣边界秋收起义的通城农民自卫军和由原崇阳县民团改编而成的崇阳农民自卫军，向修水转移中，“傍晚，队伍来到通城最东面的村镇——麦市。战士们走得燥热难耐，刚宣布休息，还不等干部下令，大家都跑到镇南的黄龙河边喝水。水喝足了，又纷纷脱去衣服，扑通扑通跳进河里洗澡，洗完后，穿上衣服，一屁股坐在地上，一个个都不想动了”。在遇到敌人进攻时，“突围后，集合队伍，三停已去两停，原来收编的通城民团大部分跑散了"。[1] 结果，原来800多人的队伍只剩下百余人。

二是转向革命的旧军队。这些军队中虽然有中国共产党的影响，甚至有共产党员，受党的领导参加起义，但基本上属于旧军队，旧军队的意识、习气非常浓厚，虽然是经过正规军事训练的部队，但军心涣散，战斗力不强。比如南昌起义的部队，虽然在军、师建立了党代表制度。但是，由于时间短促，由于支部只建在团上，所以"党的政治的方针很难深入到军队中的同志中去"，"起义中党的作用实在很少"。[2] 南昌起义失败的原因很多，而其中一个主要原因，就是未能实现党对军队的领导，参加起义的部队未能巩固住，所以溃散十分严重。李立三在给中央的报告中说："兵士全不明此次暴动的意义，因此军心大为动摇，逃走极多。仅行军三日，实力损失已在三分之一以上，遗弃子弹将近半数，迫击炮完全丢尽，大炮亦丢了几尊，逃跑及病死的兵士将近四千。""到临川时因为二十军、十一军的参谋都逃跑了，原定军事计划，有完全泄漏的危险。"[3] 第十师师长蔡廷锴在南下途经进贤县时率部脱离了起义军，使十一军实力减少三分之一；到临川时，二十军参谋长陈裕新及该军的第五团700余人，叛归唐生智；在汤坑之战的关键时刻，营长欧震率部在阵前倒戈（对这次战斗产生了重要影响）。因此，刘伯

[1]《罗荣桓传》，当代中国出版社，1991年，第33—34页。

[2]《李立三报告——八一革命之经过与教训》，《张国焘报告》（1927年10月9日），《中共中央文件选集》第4册，第420、427页。

[3]《李立三报告——八一革命之经过与教训》，《中共中央文件选集》第4册，第408、409页。

承认为起义部队“大半非同志领导，而无政治认识”是失败的重要原因，[1]聂荣臻后来在总结南昌起义的经验教训时说：旧军队“如果不经过根本改造，原有的组织形式和思想作风是不可能适应新的革命任务的”[2]。

三是深受压迫而具有反抗意识（有一定的革命意识）的人群，如流氓无产者、“山大王”（土匪）及其俘虏兵，其思想意识复杂，落后的东西很多。贺龙领导的湘鄂边的工农革命军第四军，在1928年3月和9月遭受两次严重的挫折，原因是多方面的，但“最主要的原因则是由于部队成员复杂（由几十支彼此不相统辖、充满矛盾冲突的小股武装组成），基层骨干薄弱，党的领导还未在军队中真正确立，一遇困难和危险不少人便发生动摇，攻则怯战，退则溃逃”[3]。尤其值得注意的是，在人民军队初建时期有大量的俘虏兵，毛泽东曾就此指出：“以俘虏敌人的全部武器和大部人员，补充自己。我军人力物力的来源，主要在前线。”[4]《古田会议决议》就指出：“因历次作战俘虏兵甚多，此种分子加入红军，带来了浓厚的雇佣军队观点。”红四军“党内存在着各种非无产阶级的思想”。[5]人民军队初建时期这种复杂的成分构成，引发的矛盾很多，越发增加了军队建设的难度。

---

[1] 刘伯承：《南昌暴动始末记》，《南昌起义》（资料选辑），中共中央党校出版社，1981年，第12页。

[2] 聂荣臻：《南昌起义的历史意义和经验教训》，中国社科院现代革命史研究室编《南昌起义资料》，人民出版社，1979年，第22页。

[3] 中国工农红军第二方面军战史编辑委员会：《中国工农红军第二方面军战史》，解放军出版社，1992年，第17页。

[4]《毛泽东选集》第四卷，第1248页。

[5]《毛泽东文集》第一卷，人民出版社，1993年，第80、78页。

（四）传统军队模式的浓厚影响

中国经历了两千多年漫长的封建社会，封建思想浸透社会的各个方面，封建主义的军事制度和观念一直延续到近代。在人民军队初建时期，当时人们直接可以观察到的军队，就是北洋军和国民党军。而北洋军和国民党军仍是延续中国封建主义传统的军队，其体制、观念和管理方式，仍是陈腐的。充斥这些军队的是军队的私人化、帮派化观念，等级制、肉刑、体罚、打骂士兵、吃空额的管理制度，官欺兵、兵扰民的军阀习性；军官中争权夺利、趋利投靠、枪杆子万能的思想，士兵中“当兵吃粮”的雇佣兵思想、升官发财的思想，都非常浓厚。而这样的军队模式、这样的军队状况，构成了当时人们（包括一般军人）观念中的军队概念。然而，这些旧军队的习性、观念、作风，与无产阶级领导的人民军队是格格不入的，并且它具有很大的侵蚀性，妨害人民军队的建设。一种印象、一种认识一旦成为定式，改变起来就很难。这些旧军队模式通过观念、印象，通过参加革命的旧军人，被带入了人民军队，并将深刻影响人民军队的建设。

（五）军饷问题

中国传统的军队体制中，军饷是维系军队的主要手段。曹操曾以“军无财，士不来；军无赏，士不往”说明薪饷对封建军队的重要性。没有薪饷，军队就无法维持。这种军官靠薪水、士兵靠军饷的传统体制，一直延续到现代。每逢行动，先得支饷；组织敢死队之类，必须有赏格。如果欠饷过多就会发生兵变，据蒋百里统计，1908—1936 年间共发生 300 余次兵变，绝大多数是欠饷所致。甚至大革命时期的国民革命军，也有比较优厚的军饷：一个少校营长一个月拿 100 多块大洋，当兵的每月发饷也在 8—10 块。彭德怀后来说，他当中华人民共和国国防部长的工资，还没有当湘军团长时的薪水高。但是，在中国共产党创建新型人民军队过程中，是不发饷的。《中共中央给红四军前委的指示信》里明确指出："红军中废除军饷，只发零用钱与吃饭钱。"[1] 并且因为红军的根据地都在落后的山区，经济很困难，实际上也不可能发饷，甚至连吃饭都很困难，如 1928 年 5 月 2 日，毛泽东在给中共中央的报告中就说"吃饭太难"[2]。但是，不发饷能维持住军队吗？无饷如何带军、建军？这是对传统带兵体制的革命，但涉及整个军队人群，关系将士的切身利益，该如何做到呢？

严酷的环境和复杂的社会现实，对中国共产党建设新型人民军队提出了严峻的挑战，困难巨大，非常艰难。这些复杂性、艰难性，决定了人民军队初建时期的曲折性和探索的艰巨性。人民军队创建过程中出现的问题、发生的争论，无不与之相关。

但是，如果解决不了或者解决不好这些问题，则不能建立或者建设好中国共产党领导的军队，甚至即使有了一支军队，也不能很好地承担起无产阶级革命军队的历史使命。中国共产党要继续革命并取得革命成功，就必须解决在建军过程中出现的这些矛盾和问题。这意味着新型人民军队的创建必须创新，也意味着人民军队在创建过程中必然发生思想的碰撞。

---

[1]《周恩来军事文选》第一卷，人民出版社，1997 年，第 101 页。

[2] 陈伙成 :《中国红军》，江西出版集团、江西人民出版社，2007 年，第 34 页。

四、古田会议确定的建军原则及其意义

在红四军发展的重要关头，红四军领导人以为党负责的高度的政治觉悟、大局观念和责任感，及时地着手解决了严重妨碍红军和革命发展的问题，这就是在 1929 年 12 月，在福建省上杭县古田镇召开了中国共产党红军第四军第九次代表大会（史称古田会议）。这次大会是为解决红四军内存在的各种问题、统一思想而召开的。

会议之前，中共中央九月来信对红四军中的重大争论问题做出了明确的指示，要求红四军维护朱德、毛泽东的领导，毛泽东“应仍为前委书记”；并对红四军七大和前委扩大会议“放任内部斗争、关门闹纠纷”的开会方式提出批评。由于有中央“九月来信”的指导，有对红四军七大以来的经验教训的反思，有毛泽东对红四军建军经验的深刻总结和会前认真的调查研究与充分准备，所以红四军九大非常成功，会议通过了《中国共产党红军第四军第九次代表大会决议案》（史称《古田会议决议》），统一了红四军内部的思想。特别是红四军主要领导人毛泽东和朱德之间的分歧完全消除了，中共中央特派员涂振农在考察红四军后，在给中央军委的报告中写道：“据我在那里时的观察，确实都从行动上改正过来。朱德同志很坦白的表示，他对中央的指示，无条件的接受。他承认过去的争论，他是错的。毛泽东同志也承认工作方式和态度的不对，并且找出了错误的原因。过去军政关系的不甚好，是做政治的和做军事的人对立了，缺乏积极的政治领导的精神。同时要说到红四军党内虽有争论，但都是站在党的立场上，在党的会议上公开讨论，虽有不同的意见，但没有什么派别

的组织，只是同志间个人的争论，而不是形成了那一派和这一派的争论。”[1]主要领导人之间的团结和统一，红四军内部在主要分歧问题上达成一致的认识，保障了红四军正确地履行党赋予的使命，健康地发展。

《古田会议决议》更重要、更具深远历史影响的是，通过对红军任务，红军官兵应该如何处理与党、与老百姓、与军队集体以及官兵相互之间关系等方面的规范，明确地阐述了人民军队建设的基本问题。

（一）规定了红军的性质和任务

《古田会议决议》明确指出：“中国的红军是一个执行革命的政治任务的武装集团。特别是现在，红军决不是单纯地打仗的，它除了打仗消灭敌人军事力量之外，还要负担宣传群众、组织群众、武装群众、帮助群众建立革命政权以至于建立共产党的组织等项重大的任务。红军的打仗，不是单纯地为打仗而打仗，而是为了宣传群众、组织群众、武装群众，并帮助群众建设革命政权才去打仗的，离了对群众的宣传、组织、武装和建设革命政权等项目标，就是失去了打仗的意义，也就是失去了红军存在的意义。”[2]这个规定，从根本上划清了人民军队与一切旧式军队的界限，突出地彰显了人民军队的本质和特色。

第一，清楚地指出了红军的性质——“执行革命的政治任务的武装集团”，明确了红军是中国共产党领导下的无产阶级的人

[1] 涂振农在第一军团及赣西南、闽西巡视工作情况报告，1930年9、10月间。《毛泽东传（1893—1949）》上，中央文献出版社，1996年，第208页。

[2]《中国共产党红军第四军第九次代表大会决议案》（1929年12月），《毛泽东文集》第一卷，人民出版社，1993年，第79页。

民军队，也指明了人民军队建设的方向，回答了红军“为谁当兵、为谁扛枪、为谁打仗”的基本问题。

第二，明确了红军的任务：“决不是单纯地打仗的，它除了打仗消灭敌人军事力量之外，还要负担宣传群众、组织群众、武装群众、帮助群众建立革命政权以至于建立共产党的组织等项重大的任务”，即服务于人民革命斗争、根据地建设和土地革命。这些任务，是当时中国共产党进行革命的主要内容，是关系红军生存和发展的全部环节，实际也是对毛泽东在井冈山向红军提出的“打仗消灭敌人”“打土豪筹款子”“组织、宣传、武装群众，帮助群众建立革命政权”这三大任务的引申和强调。而对这些任务的承担，正是红军作为“执行革命的政治任务的武装集团”性质的体现。

自古以来，人们认为军队的任务就是打仗。《古田会议决议》规定红军的任务不仅是打仗，而且要做群众工作，这是对中国传统军队观念的根本性颠覆。而这个规定的意义是深远的。当时中共有组织的力量主要集中在红军中，红军如果不做群众工作，不发动群众，就不能在新开辟区建立或者恢复党组织，建立新的根据地。没有根据地和党组织的支持，红军就不能进一步发展壮大。因此，关于群众工作的规定，实际是保障红军发展的一个重大的战略决策。

第三，由红军的性质和任务，反映了红军的建军宗旨：为了革命，为了“帮助群众建设革命政权”。红军是为无产阶级和广大被压迫民众争取解放的工具，如果“离了对群众的宣传、组织、武装和建设革命政权等项目标，就是失去了打仗的意义，也就是失去了红军存在的意义”。

在阐述红军的性质、宗旨和任务的同时，《决议》还包含以下两点思想：一、阐明了红军与党的关系。《决议》指出："中国的红军是一个执行革命的政治任务的武装集团"，"政治任务"是党确定的，在当时是非常明确的，就是八七会议确定的土地革命和武装反抗国民党反动派，而这个任务由红军去执行。两者之间决策者与执行者、领导与被领导的关系，就非常清楚了。二、反对了单纯军事观点和不重视根据地的流寇思想。红军是一个执行革命的政治任务的武装集团，打仗是红军的主要任务，这是红军与其他军队的相同之处，但除打仗消灭敌人之外，红军还有多种重要任务。红军必须坚决贯彻中国共产党的纲领、路线、方针和政策，完全服务于人民革命斗争、根据地建设和土地革命。因此红军决不是单纯地打仗的，单纯打仗就失去了红军的意义，单纯军事观点是不行的；《古田会议决议》明确指出了单纯军事观点的严重危险性："这种思想如果发展下去，便有走到脱离群众、以军队控制政权、离开无产阶级领导的危险，如像国民党军队所走的军阀主义的道路一样。"[1]

而红军担负的这多种革命任务，无论是打仗，还是发动、组织人民群众，都必须建立根据地，所以流寇思想也是不行的。这实际针对着红四军当时存在的两种错误观点，对此做出正面的回答。

（二）坚持党对军队的绝对领导

党和军队的关系，是新型人民军队建设的核心问题，也是红四军中争论的焦点问题和主要症结。能否确立党对军队的领导，关系着党能否正确进行中国革命的重大问题。古田会议对这个关

[1]《中国共产党红军第四军第九次代表大会决议案》（1929年12月），《毛泽东文集》第一卷，人民出版社，1993年，第79页。

键问题做出了明确的解答。《古田会议决议》明确规定:“党对于军事工作要有积极的注意和讨论。一切工作,在党的讨论和决议之后,再经过群众去执行。”[1]军队一切工作由党“讨论和决议”,这即是党对军队的绝对领导。这是对党和红军关系的明确定位,其基本含义:一是红军必须完全地置于党的领导之下,党是红军的领导者,红军从属于党;二是红军的一切活动都必须服从于和服务于党的纲领、路线、方针、政策。当然,还有一个含义:在中国共产党领导的红军中,其他政党都不得发展和活动。

古田会议关于党对军队绝对领导的规定,是对中国共产党基本建军原则的再强调。八七会议关于“没有想着造成真正革命的工农军队”的反思,就含有无产阶级即党领导军队的思想。在其后的革命实践中,这一建军原则越来越明确。毛泽东三湾改编中的“支部建在连上”制度,就是在贯彻这个原则上创新,使之具体化并落到实处,因此得到了中共中央的充分肯定。红四军建军过程中的分歧和争论,主要就是围绕这个问题的,毛泽东在争论中坚持的也就是这个原则。而最早提出“党对军队绝对领导”这一概念的,仍然是毛泽东。1929 年 6 月他在写给林彪的信中,明确提出“绝对的党领导”、党的“绝对的指挥权”。[2]唯其正确,因此得到中共中央的支持。1929 年 8 月 21 日,中共中央针对红四军七大中的错误,发出给红四军前委的指示信,指出:红军“必须采取比较集权制”,党的书记多负责任“绝对不是家长制”;

[1]《中国共产党红军第四军第九次代表大会决议案》(1929 年 12 月),《毛泽东文集》第一卷,人民出版社,1993 年,第 80 页。

[2] 毛泽东:《给林彪的信》(1929 年 6 月 14 日),《毛泽东文集》第一卷,第 67、66 页。

九月来信更强调这一点："党的一切权力集中于前委指导机关，这是正确的，绝对不能动摇。不能机械地引用'家长制'这个名词来削弱指导机关的权力，来作极端民主化的掩护。"[1] 正因如此，《古田会议决议》明确做出了党对军队绝对领导的规定，这是《古田会议决议》中一个最重要的决定，对红军建设贡献最大的决定。

《古田会议决议》关于党对军队绝对领导的规定，具有深远的历史意义。中国历史上，军队一直属于私人。封建社会，军队属于皇帝。近代以来，曾国藩的湘军、李鸿章的淮系，虽属清朝政府，但封建军阀私人从属性的特点十分明显；北洋军则演变成袁世凯和其后大大小小军阀的私人武装，误国殃民。国民党军初建时号称"党军"，确实有战斗力，但蒋介石背叛革命过程中驱逐共产党员，招降纳叛，很快蜕化为蒋介石的私军；而由北洋军阀转化过来的国民党新军阀，军队性质依旧，所谓国民革命军仍是大小军阀的军队。《古田会议决议》关于党对军队绝对领导的规定，彻底解决了中国历史上特别是近代以来"兵为将有"的问题，保证了军权始终掌握在党组织手中，使军队不再成为个别人牟取私利的工具。这鲜明地体现了中国共产党的宗旨和人民军队的性质，是红军区别于古今中外一切剥削阶级军队的最根本的标志。

古田会议的这一规定及军队领导体制的形成，是中国共产党探索人民军队建设的巨大成果，是中国政治军事制度的历史性进步，实现了军权由个人掌控向工人阶级政党领导的飞跃，使军队成为完成党的政治任务的武装集团，从而在根本上保障了人民军

[1]《毛泽东传（1893—1949）》上，第206页。

队的性质，使红军这支以旧军队为基础、以农民为主要成分的武装成为完全新型的人民军队。

为了保障和实现党对军队的绝对领导，《古田会议决议》具体规定了以下内容：一是必须强化红军中的党的组织建设。它指出：中国共产党在红军中的组织，担负着对“军队中政治领导的作用”[1]，中国红军必须实行党委制，“每连建设一个支部、每班建设一个小组，这是红军中党的组织的重要原则之一”[2]。二是必须健全红军中各级党的领导机关，使之成为“领导的中枢”，“确实能担负党的政治任务”；“党的领导机关要有正确的指导路线，遇事要拿出办法”[3]。三是规定红军中的党组织“厉行集中指导下的民主生活”。“党的各级机关解决问题，不要太随便。一成决议，就须坚决执行”；要坚持实行“少数服从多数”原则，“少数人在自己的意见被否决之后，必须拥护多数人所通过的决议。除必要时得在下一次会议再提出讨论外，不得在行动上有任何反对的表示”[4]。四是强调应当纯洁党的队伍，严肃党的纪律，反对极端民主化和非组织观念，防止“党与军事分离”“党不能领导军事”的危险。

军队归谁领导、听谁指挥，是军队建设的根本问题。《古田会议决议》关于党对军队绝对领导的规定，明确阐明了人民军队建设的根本问题，因此为中共中央高度重视。1932 年 1 月，中革军

[1]《中国共产党红军第四军第九次代表大会决议案》(1929 年 12 月)，《毛泽东文集》第一卷，人民出版社，1993 年，第 80 页。

[2] 同上书，第 88 页。

[3] 同上书，第 88、81 页。

[4] 同上书，第 81、82 页。

委总政治部给红军各级政治委员、政治部、党的支部的指示信中，明确指出："提高并巩固党在红军中的绝对领导"，是"目前红军中党的最中心任务"。[1]1938年9月29日至11月6日，毛泽东在中共六届六中全会上，形象地重申了这一建军原则："我们的原则是党指挥枪，而绝不容许枪指挥党。"[2]其后，中共中央反复强调了这个建军原则，并被称为人民军队的"军魂"[3]。党对军队绝对领导原则的确立，是古田会议对人民军队建设的最大贡献。

（三）规定了红军中政治机关和政治工作的地位

党对军队的绝对领导是通过强有力的政治工作实现的，只有明确政治机关和政治工作在红军中的地位，才能真正、有效地开展工作，实现党对红军的绝对领导。《古田会议决议》对此做出了明确的规定。

首先，规定了政治机关在红军中的地位。指出："红军的军事机关与政治机关，在前委的指导下，平行地执行工作。"[4]

其次，规定了政治机关和军事机关互相之间的工作权限：（1）"凡给养、卫生、行军、作战、宿营等项，政治系统应接受军事系统之指挥。凡政治训练及群众工作事项，军事系统应接受政治系统之指挥。"（2）军事机关的一切命令，"政治委员须副

---

[1] 徐则浩：《王稼祥年谱》，中央文献出版社，2001年，第70页。

[2]《毛泽东选集》第二卷，第547页。

[3] 江泽民指出：一个军队要有军魂，党的绝对领导就是我军永远不变的军魂。《与时俱进砺精兵——江泽民与国防和军队建设》，《光明日报》2004年9月28日。党的十六大报告指出："党对军队的绝对领导是我军永远不变的军魂。"

[4]《中国共产党红军第四军第九次代表大会决议案》（1929年12月），《毛泽东文集》第一卷，人民出版社，1993年，第113页。

署”[1]；而政治机关的一切命令，政治部单独行使。(3)“凡有全军意义的事项，如发布政纲等，军事政治两机关会衔发布。”(4)在帮助地方武装方面，政治部负责建立和发展；司令部负责地方武装的平时军事训练和战时的作战指挥。(5)礼节及军风纪之执行，军事政治两个系统相互间均应用阶级(指军队中官阶的等级)服从原则，不得借口系统不同，有所怠慢或不服指挥。[2]

再次，规定了政治机关的工作范围。(1)群众工作。在地方政权机关没有建设以前，如宣传群众，组织群众，建设政权，以及没收、审判、处罚、募捐、筹款、济难等事之指挥监督，均属政治部职权。(2)凡没有建立政权机关的地方，红军政治部即代替地方政权机关，至地方政权机关建设时为止。(3)凡红军与地方有关系的事项，得用地方政权机关和红军政治部会衔的方法处理之。(4)凡红军筹款的指挥及政治工作用费之决定与支出，均属于政治部。

最后，规定红军里面用人、行政，如人员等之互相调动，消息之互相传达等，政治、军事机关互相平行通报。

《古田会议决议》把政治机关明确为红军的主要领导机关，把政治委员明确为红军的主官之一，规定政治委员与军事主官同为所在部队的首长，在同级党委领导下，对所属部队实施领导。如此定位，政治机关和政治工作在红军中的地位就确定了。

---

[1] 人民军队初建时，中共中央规定在军队中建立党代表制度，中共六大决定：“采用苏联红军组织的经验，实行政治委员与政治部制度。”古田会议据此把党代表制改为政治委员制。

[2]《中国共产党红军第四军第九次代表大会决议案》(1929年12月),《毛泽东文集》第一卷，人民出版社，1993年，第114、115页。

古田会议的这些规定，是对红四军党内曾经存在的“军事政治二者是对立的”“军事领导政治”和把“红军的政治工作机关隶属于军事工作机关”等错误观点的彻底否定，突出了政治机关和政治工作的重要性，从而通过制度、规定而保障政治工作的开展，保障党对军队的绝对领导。

（四）提出了处理红军内外关系的原则

军队内部的民主制度和宽待俘虏的政策，是毛泽东在井冈山斗争时期探索人民军队建设的重大成果，也是人民军队在异常艰险环境中生存、发展的重要原因，是已经被实践证明的成功经验。《古田会议决议》进一步总结和强调了这些成功的经验，明确规定了红军处理内部、外部关系的原则。

在红军内部，实行官兵平等、官兵一致的原则。《决议》指出：“官兵之间只有职务的分别，没有阶级的分别，官长不是剥削阶级，士兵不是被剥削阶级”，[1]红军内部官兵生活平等。为此，《决议》规定：（1）“红军人员的物质分配，应该做到大体上的平均，例如官兵薪饷平等。”[2]红军中的经济公开，建立士兵委员会审查经济和管理伙食的制度。（2）加强士兵委员会的工作。在古田会议之前，红四军前委为防止极端民主化，规范了士兵委员会的职责，规定其工作为：参加管理；维持纪律；监督经济开支；参加组织所部开展群众工作；参加所部政治训练。并明确规定：各级士兵委员会对军事工作只有建议权和质问权，不能直接干涉

[1]《中国共产党红军第四军第九次代表大会决议案》（1929年12月），《毛泽东文集》第一卷，人民出版社，1993年，第106页。

[2] 同上书，第84页。

和处理；士兵委员会开会须有同级政治长官参加，在非常情况下，政治长官可以不许士兵委员会开会，甚至宣布解散本届士兵委员会，另选新一届士兵委员会。在这个基础上，《古田会议决议》批评了党内存在的忽视士兵委员会的现象，决定加强对士兵委员会的指导。规定："大队（相当于连）士兵会不设党团，工作由支委（相当于营）指导。纵队（相当于团）士兵会要设党团，此党团受纵委指导。"[1]以充分发挥士兵委员会的作用，如监督和管理经济，处理"伙食尾数"，开展士兵会俱乐部的工作等。（3）坚决反对肉刑制度。要求红军官兵"努力于说服精神和自觉遵守纪律精神的提倡，去克服这个违反斗争任务的最恶劣的封建制度"[2]。通过政治教育激发红军指战员的阶级觉悟，强化军队内部的团结。（4）号召长官爱护士兵，关心士兵，切实保障士兵的民主权利，废止肉刑，不辱骂士兵；士兵要尊重长官，自觉地接受管理，遵守纪律，克服极端民主化和绝对平均主义、雇佣思想等错误倾向。（5）优待伤病兵。

在军政关系上，《决议》要求红军指战员严格尊重人民政权机关，巩固它在群众中的威信。规定："凡地方政权机关已经建设的地方，应以使地方政权机关独立处理一切事情，在群众中巩固其信仰为原则。"红军帮助地方之事，"须尽可能地经过地方政权机关的路线，极力避免直接处理"。[3]

在军民关系上，《决议》要求红军"严格地执行"三大纪律

[1]《中国共产党红军第四军第九次代表大会决议案》（1929年12月），《毛泽东文集》第一卷，人民出版社，1993年，第94页。

[2] 同上书，第110页。

[3] 同上书，第114页。

和六项注意，保护群众利益，同人民群众打成一片。指出：这是“从行动中扩大红军影响，增加群众对红军信仰的良好的办法”[1]。

《决议》并提出“发动地方党对红军党的批评和群众政权对红军的批评，以影响红军的党和红军官兵”[2]。

在对敌军的工作上，《决议》要求在坚决消灭一切敢于顽抗的敌人的同时，重申了必须实行瓦解敌军和宽待俘虏的政策。指出：“对白军士兵及下级官长的宣传非常之重要”，“优待敌方俘虏兵，是对敌军宣传的极有效方法”[3]。规定红军对俘虏不虐待，不搜腰包；对敌方伤员，给予医治；对不愿意留在红军而要求回家的俘虏兵，发给路费。通过宽待俘虏的政策，扩大红军的政治影响，瓦解敌军。

《古田会议决议》确定的这些处理红军内外关系的原则，意义重大。在红军中实行无产阶级民主制度，官兵平等、官兵一致，不仅能够密切官兵之间的关系，增强军队内部的团结，凝聚军心，而且能够达成齐心协力、群策群力的良好氛围，充分发挥红军整体的战斗力、创造力，战胜强大的敌人和克服一切困难。军民、军政一致原则的实行，从根本上改变了旧式军队与人民群众相对立的状态，建立了崭新的军民关系，确保了人民军队的性质，创造了人民军队发展壮大的根基。瓦解敌军、宽待俘虏的政策，既可扩大红军的政治影响，打破国民党的反共宣传，瓦解敌军战斗力，又有利于

[1]《中国共产党红军第四军第九次代表大会决议案》(1929年12月),《毛泽东文集》第一卷，人民出版社，1993年，第101页。

[2] 同上书，第80页。

[3] 同上书，第101、102页。

红军兵员的补充。总之，古田会议确定的官兵一致、军民一致和瓦解敌军的三大原则，是团结自己、消灭敌人的坚强保证，是实现全心全意为人民服务建军宗旨和完成革命政治任务的重要法宝。

（五）强调在红军内部加强思想政治教育

《古田会议决议》指出："红军第四军的共产党内存在着各种非无产阶级的思想，这对于执行党的正确路线，妨碍极大。若不彻底纠正，则中国伟大革命斗争给予红军第四军的任务，是必然担负不起来的。"[1]《决议》分析了红四军党内各种错误思想产生的根源，指出是由于党的组织基础大部分建筑于农民及其他小资产阶级成分之上，并且党的指导机关对于这些不正确倾向缺乏一致的坚决的斗争，并且"缺乏对党员作正确路线的教育"[2]。

为了有效地纠正党内各种错误思想，《决议》反复强调要对红军不断进行政治理论和思想教育。《决议》具体分析了单纯军事观点、极端民主化、非组织观点、绝对平均主义、流寇思想等各种错误思想的表现和原因，指出教育是纠正的主要方法之一。并强调教育的极端重要性：如果不提高党内政治水平，不肃清党内各种偏向，便决然不能健全并扩大红军，更不能负担重大的斗争任务，因此教育问题是"红军党内最迫切的问题"。《决议》明确规定："有计划地进行党内教育，纠正过去之无计划的听其自然的状态，是党的重要任务之一"，"党的指导机关，要有更详细的讨论，去执行这一任务"[3]。

---

[1]《中国共产党红军第四军第九次代表大会决议案》(1929年12月)，《毛泽东文集》第一卷，人民出版社，1993年，第78页。

[2] 同上。

[3] 同上书，第94页。

为此,《决议》规定了对党员进行政治教育的10种材料和18种切实可行的教育方法。

《古田会议决议》从政治上、思想上、组织上确定了党绝对领导军队的基本制度和措施，确立了政治建军的根本原则，奠定了红军政治工作的基础，系统地解决了以农民为主要成分的军队如何建设成无产阶级领导的新型人民军队这个根本性问题。这是古田会议的巨大的历史功绩。

《古田会议决议》是直接针对红四军内存在的各种问题而做出的，但它涉及和解决的问题在当时红军中普遍存在，实际上是关系红军建设全局的问题，所以红四军九大通过的《古田会议决议》的深远影响超出了红四军，对中国共产党和工农红军具有普遍意义和全局意义，实际上解决了红军建设的根本性的问题，把党的用无产阶级思想建设新型人民军队的指导思想系统化、具体化，开启了建立无产阶级领导的新型人民军队的道路。所以，古田会议是中国共产党和红军建设史上一次具有里程碑意义和深远影响的重要会议,《古田会议决议》是指导红军建设和中国共产党建设的纲领性文献，是提高和保障人民军队素质的纲领性文件。

《古田会议决议》不但在红四军实行了，其他各部分红军也先后照此做了，从而大大加快了新型人民军队建设的进程。

中央苏区第四次反“围剿”战绩考

1933年2、3月间，周恩来、朱德指挥红一方面军实施黄陂和草鞋岗（因当地方言“鞋”和“台”谐音，故诸多文献亦称“草台岗”）战斗，歼灭陈诚指挥的国民党“进剿军”第一纵队主力，粉碎了国民党对中央苏区的第四次“围剿”。凡涉及这次反“围剿”的论著，都认为上述两次战斗创造了红军战争史上前所未有的大兵团伏击战的战例，战绩辉煌，中央苏区的疆域因此迅速发展，进入鼎盛时期。但是目前关于这两次战斗的战绩，存在表述不一、颇为简略，甚至相互矛盾的现象。这样的表述，既没有反映这次反“围剿”作战的全貌，又和史学界的高度评价不相衔接，甚至会让人们产生一些疑问，所以很有深入研究的必要。本文依据相关资料，尝试对此问题进行一些探讨。

一

目前关于第四次反“围剿”战绩的表述，存在着三种情况。

第一，反映得颇不充分。如中共中央党史研究室著的《中国共产党历史》第一卷上册表述为：“共歼敌三个师，俘敌1万余人，缴枪1万余支。”[1]国防大学编写的《中国人民解放军战史简编》写道：黄陂战斗“从（2月）27日上午至28日下午，经过两天激战，全歼敌第52师，师长李明被俘，敌第59师除1个多团逃脱外，亦被歼灭，师长陈时骥被俘”。“（3月）21日拂晓，我军对草台岗之敌第11师突然发起攻击，经激烈战斗，将该敌大部歼灭。22日，又在东陂歼敌第9师一部。其余敌军纷纷撤退。黄陂、草台岗两仗，共歼敌近3个师，俘敌万余名，缴枪万余支，基本上打破了敌人的第四次‘围剿’。”[2]中国人民解放军军事科学院军事历史研究部编写的《中国人民解放军全史》第三卷《中国人民解放军战史》（土地革命战争时期）记载：“黄陂、草台岗两仗歼灭蒋介石嫡系近3个师，俘敌万余人，从而胜利地打破了敌人的‘围剿’，创造了红军战争史上前所未有的以大兵团伏击歼敌的光辉范例。”[3]目前，大部分著作都采用这样的表述。

但这个表述，容易产生三个问题。一是消灭国民党军3个师还是近3个师？它究竟是多少人？二是用“俘敌万余人”来说明“歼敌3个师”或“近3个师”的战果，显得简略、单薄，不确切，甚至含糊。朱德在当时就指出：黄陂和草鞋岗消灭的是“敌主力之第一纵队三个师，该敌是对我军最危险之一个纵队”[4]。该敌作

[1] 中共中央党史研究室著：《中国共产党历史》第一卷上册，中共党史出版社，2002年，第450页。

[2] 国防大学《战史简编》编写组：《中国人民解放军战史简编》，解放军出版社，2003年，第103页。

[3] 军事科学院军事历史研究部：《中国人民解放军全史》第三卷《中国人民解放军战史》（土地革命战争时期），军事科学出版社，2000年，第178页。

[4] 朱德：《黄陂东陂两次战役伟大胜利的经过与教训》（1933年5月28日），《朱德军事文选》，解放军出版社，1997年，第131页。

为蒋介石的嫡系、陈诚的基本部队，是当时国民党的精锐之师，兵员、装备齐整。长期在陈诚第十八军任职的杨伯涛回忆说：第十一师三旅编制时，“全师2万2千余人”[1]。据此推算，参加第四次“围剿”时两旅编组的该师应有一万四五千人。另据时任第一纵队团政治指导员和纵队政工处训练科长的周上凡回忆：“第五十二、第五十九师号称3万之众。”[2]据此计算，该3师有近5万人（这些数字可能有些夸大，但也说明其编制是超过一般国民党军的）。1932年6月国民政府军事委员会制定的陆军师暂行编制规定：配置一个野炮团的步兵师全额13390人，配置一个山炮团的步兵师全额13903人。[3]按此推算，该3师应有4万余人。另外普遍认为，在国民党军对中央苏区的第四次“围剿”中，陈诚指挥的“进剿军”有12个师16万人，依之计算，该3师也应有4万人左右。因此，保守地估计，被红军歼灭的该敌3个师应在3万多人。如果说黄陂和草鞋岗两役“俘敌万余人”，则毙伤之数应有2万人之巨，但通观这两次战斗，不是如此情形。而就

[1] 此说基本可信。长期在陈诚第十八军任职、1933年任该军第十四师旅长的方耀回忆说：1933年第十四师“全师共有2万多人”。那么陈诚最看重、作为第十八军最主要组成部分的第十一师，兵员不应少于第十四师。另外，方耀还回忆说：在救援赣州时，第十一师、第十四师和第五十二师一五四旅共有5万人，以此推算，第十一师亦有2万余人（方耀：《记第十四师七十九团在江西永新澧田战斗》《第十八军解围赣州之役》，见中国人民政治协商会议全国委员会文史资料研究委员会编《文史资料存稿选编》第4辑，中国文史出版社，2002年，第382、386页）。

[2] 周上凡：《陈诚部在第四次“围剿”中被歼记》，《文史资料存稿选编》第4辑，第425页。

[3]《军事委员会制订陆军师暂行编制表》（1932年6月），中国第二历史档案馆编：《中华民国史档案资料汇编》第五辑第一编·军事（一），江苏古籍出版社，1991年，第146页。

国内革命战争的一般情况而言，在毙伤俘的歼敌方式中，俘虏应占主要比例，所以如果确定俘敌1万余人，而不能确定毙伤敌人2万余人，则会产生此两役是否消灭敌人3个师或近3个师的疑问。因此，用“俘敌万余人”来反映歼敌3个师（或近3个师），颇不充分。三是和当时中央和红军领导人的高度评价难以衔接。黄陂战斗后，周恩来在给中共中央的报告中称“胜利是空前的”[1]。中共中央给红一方面军的贺电也称之为“空前伟大胜利”，毛泽东称赞第四次反“围剿”是“空前光荣伟大胜利”[2]，朱德认为黄陂战斗是“空前的伟大胜利”[3]。聂荣臻也认为黄陂之战是“空前未有的，是历史上最光荣最伟大之一战”[4]。这些“空前胜利”的评价，应是较之前几次反“围剿”作战而言的。考诸历史，第一次反“围剿”作战，歼敌1.3万人，缴获各种武器1.2万余件；第二次反“围剿”，歼敌3万余人，缴枪2万余支；第三次反“围剿”，歼灭敌军3万余人，缴枪1.4万余支。把第四次反“围剿”作战称为“空前伟大胜利”，则战果必定超出前三次反“围剿”的作战，而上述表述，很难看出其战果的“空前”之处。

第二种情况是，存在一些表述混淆甚至自相矛盾的现象。如《朱德年谱》记载：红一方面军在东陂、黄陂伏击国民党军第五十二、第五十九师，“消灭敌军两个师，俘虏敌师长李明、陈时骥及其他官兵二万余人，缴枪万余支（挺）、子弹数百万发，

[1]《周恩来军事文选》第一卷，人民出版社，1997年，第268页。

[2] 毛泽东：《新的形势与新的任务》,《红色中华》第97期（1933年7月29日）。

[3] 朱德：《黄陂东陂两次战役伟大胜利的经过与教训》（1933年5月28日），《朱德军事文选》，第131页。

[4]《聂荣臻军事文选》，解放军出版社，1992年，第25页。

轻重机关枪自动步枪三四百支，无线电一架，辎重无算”。在草鞋岗战斗记载中说：3月21日，“经一天激战，歼灭第十一师大部”。22日，“在东陂歼灭第九师一部”。然后总结说：“在黄陂、草台岗两次战斗中，歼灭蒋介石的嫡系部队近三个师，俘虏官兵万余人，缴枪万余支。”[1]《王稼祥传》说：黄陂大捷“一举歼灭国民党第五十二师全部和第五十九师大部，俘师长两名，俘敌万余人”。继而在草鞋岗战斗后又说：“黄陂、草台岗两战役共消灭蒋介石嫡系3个师，共俘敌万余人，缴枪1万余支。”[2]这就产生两个问题，一是表述矛盾。黄陂、草鞋岗两战俘敌之和，与黄陂战斗俘敌数字相同，甚至减少；一次“缴枪万余支（挺）”，两次战斗缴枪之和仍是“万余支”。二是虽然“万余”的数字，可以理解为一万多一点，也可以理解为一万好几千，但黄陂战斗“俘敌万余”，黄陂、草鞋岗两役共“俘敌万余人”的说法，总使人感觉有些迷惑。

第三种情况是，存在一些既和上述表述不同，又互相不衔接的数字。如《中国工农红军第三军团史》说：此两役，“蒋介石嫡系3个师被歼，近2万人被俘，红军缴枪1万多支，活捉2名师长，毙伤16名旅、团长”[3]。《周恩来传》记述：“黄陂和草台岗这两个战役，是第四次反‘围剿’中具有决定意义的战斗，共歼敌近三个师二万八千人，其中包括陈诚的最精锐的主力部

[1] 中共中央文献研究室编：《朱德年谱》（新编本）中，中央文献出版社，2006年，第321、325页。

[2] 徐则浩：《王稼祥传》，当代中国出版社，1996年，第166、167页。

[3] 中国工农红军第三军团史编委会：《中国工农红军第三军团史》，国防大学出版社，1992年，第223页。

队。”[1]《聂荣臻传》称：“黄陂伏击战歼敌约两个师，俘虏万人。”草鞋岗战斗“基本歼灭了蒋介石嫡系、陈诚赖以起家的、素称没有打过败仗的国民党第十一师”，“黄陂、草台岗战斗，是第四次反‘围剿’中具有决定意义的战斗，共歼敌近三个师，2.8 万多人”。[2]张宪文主编的《中华民国史》说：“共歼敌 3 个师，俘敌 19000 人以上，缴获枪支约 15000 支以上。”[3]

如此众多、互不协调的说法，很容易让一般读者莫衷一是，影响人们对第四次反“围剿”作战的认识。实际上也提出了深化第四次反“围剿”战绩研究的任务。

二

中央苏区第四次反“围剿”消灭了国民党几个师？

该次作战，对手主要是国民党“进剿军”第一纵队的第五十二、第五十九师和第十一师。厘清红一方面军和它们的作战情况，战果也就基本清楚了。

（一）消灭国民党第五十二、第五十九师的情况

周恩来 1933 年 3 月 2 日在给中央局报捷的电报中就黄陂战斗说：在消灭五十二师及五十九师大部后，因敌军增援部队围上来，故今日在胜利中撤退，“但胜利是空前的”[4]。朱德在同

[1] 中共中央文献研究室编：《周恩来传（1898—1949）》，人民出版社、中央文献出版社，1989 年，第 262 页。

[2]《聂荣臻传》编写组：《聂荣臻传》，当代中国出版社，2006 年，第 54、55 页。

[3] 张宪文主编：《中华民国史》第二卷，南京大学出版社，2005 年，第 230 页。

[4]《周恩来军事文选》第一卷，第 268 页。

年5月28日写的《黄陂东陂两次战役伟大胜利的经过与教训》中指出：“二月二十七日，我方面军出敌不意，袭击五十二、五十九两个师于登仙桥、摩罗嶂、霍源、黄陂各地点，遂取得将五十二师消灭，将五十九师消灭了四个团，敌两师长被擒的空前的伟大胜利。”此役，“未将西源五十九师之一个团及无线电队、军需处等残敌消灭”。[1]周恩来、朱德在当时都指出，红军在黄陂战斗中消灭了国民党第五十二师和第五十九师的大部（残剩一个团）。

国民党将领的报告和回忆，一致证实第五十二师被全歼。时任国民党南昌行营参谋长兼第一厅厅长的贺国光，在1933年3月8日给国民党军委会的报告中称：“五二师收容无几”[2]，意即被全歼。时任第五十九师旅长的方靖回忆说：第五十二师“该师全部被歼灭”[3]。时任第十一师三十一旅六十三团团长的宋瑞珂回忆说：红军对第五十二师“拦腰攻击，将该师截成数段，包围歼灭”[4]。时任第七十九师师长的樊崧甫说：第五十二师和五十九师“大部被歼灭，第五十二师师长李明毙命，第五十九师师长陈时骥被俘，只温良第一七五旅的一个团和独立团逃脱”[5]。实际也是

[1] 朱德：《黄陂东陂两次战役伟大胜利的经过与教训》（1933年5月28日），《朱德军事文选》，第131、134页。

[2]《贺国光致南京军委会林蔚副主任电》（1933年3月8日），转自杨奎松：《国民党的“联共”与“反共”》，社会科学文献出版社，2008年，第293页。

[3] 方靖：《蒋军五十二师在蛟湖的覆灭》，中国人民政治协商会议江西省乐安县委员会文史资料编研组《乐安文史资料》（内部交流）第1辑，1984年，第40页。

[4] 宋瑞珂：《对中央苏区第四次围攻纪略》，中国人民政治协商会议全国委员会文史资料研究委员会编《文史资料选辑》第45辑，中华书局，1964年，第31页。

[5] 樊崧甫：《第四次“围剿”前后的第七十九师》，《文史资料存稿选编》第4辑，第419页。

说第五十二师被全歼。

关于第五十九师，国民党将领的说法和朱德、周恩来有所不同，说残剩一个团另两个营，即多出两个营。贺国光向国民党军委会的报告中称：五十九师在黄陂地区被红军围歼时，“幸十一师由宜黄赶到，将匪击退，救出五九师两团（欠一营）”[1]。作为第五十九师的旅长、亲历此役的方靖回忆说：“这次战役，第五十九师被歼灭七个步兵营及师直属部之一部。该师剩余部队尚存有独立团（团长陈君锋）是在行军纵队最后行进，在归峰附近占领阵地据险顽抗。一七五旅阵地突破后其三五〇团（团长周化南）率两个残营亦溃逃到归峰。”[2]宋瑞珂、樊崧甫、黄维的回忆和方靖基本一致。[3]杨伯涛关于第五十九师说法，前后不同。他在全国政协文史资料中说：“第五十九师大部被歼灭”，残存者仅该师所属独立团和三五〇团两个残营。[4]而在回忆录中说：除上述残存者外，第一七七旅“伤亡重大。旅长方靖，三五四团团长李青均负伤，但仍困守阵地”。即第五十九师第一七七旅也未被

[1]《贺国光致南京军委会林蔚副主任电》（1933年3月8日），转自杨奎松：《国民党的“联共”与“反共”》，第293页。

[2]方靖：《蒋军五十九师被歼经过》，《乐安文史资料》（内部交流），第1辑，第39页。

[3]参见宋瑞珂：《对中央苏区第四次围攻纪略》，《文史资料选辑》第45辑，第162页。樊崧甫《第四次“围剿”前后的第七十九师》，黄维《第十一师在宜黄以南的溃败情况》，《文史资料存稿选编》第4辑，第419、409页。国民党也有残留一个团的说法，其战史称：是役，“第五十九师主力方面连排长伤亡三分之二，战后仅收容官兵约一团，枪械三百余支”（蒋纬国总编著：《国民革命战史》第四部，黎明文化事业股份有限公司，1981年，第579页）。

[4]杨伯涛：《陈诚中路军第四次“围剿”中央苏区以失败告终》，《文史资料存稿选编》第4辑，第402页。

歼灭。[1] 杨伯涛的回忆录成书较晚，似乎后者更是他的认识，但综合贺国光的报告和国民党其他将领的回忆，第五十九师在黄陂战斗中大部被歼是确实的，剩余一个团两个营。

涉及第五十九师的还有一个问题，即其残部是否在不久的草鞋岗战斗中被红军消灭。朱德在《黄陂东陂两次战役伟大胜利的经过与教训》中指出：在草鞋岗战斗中，“五十九师残部亦消灭殆尽”[2]。陈诚在草鞋岗战斗的报告中说：“第五九师温旅旅团长均受伤，部队情形未详。”[3]具体就是旅长温良和团长周化南被击伤，另一团长陈君锋被击毙。然而，时任红十二军军长的张宗逊却说：草鞋岗战斗，红军“打退了敌第五十九师残部和第九师一部的增援”[4]。杨伯涛回忆说：草鞋岗战斗打响后，第五十九师第一七五旅旅长温良奉罗卓英之令，率该旅向当面红军进攻。被红军阻击，其团长陈君锋阵亡。直战至下午，红军撤走，始与第十一师联络上。第十一师全线溃退时，得到该旅及第九师的掩护收容。[5] 国民党其他将领也有温良旅接应第十一师的说法。根据上述情况判断，国民党第五十九师残部在草鞋岗战斗中再次受到沉重打击，但未被全歼（其中还有一个情况，该残部在黄陂战斗后，得到释放俘虏的大量补充，参加草鞋岗战斗的人数增加许多）。

---

[1]《杨伯涛回忆录》，中国文史出版社，1996年，第25页。

[2] 朱德：《黄陂东陂两次战役伟大胜利的经过与教训》（1933年5月28日），《朱德军事文选》，第131、134页。

[3]《贺国光致南京军委会林副主任电》（1933年3月22日），转自杨奎松：《国民党的“联共”与“反共”》，第293页。

[4]《张宗逊回忆录》，解放军出版社，2008年，第99页。

[5]《杨伯涛回忆录》，第25页。

（二）消灭国民党第十一师的情况

国共将领在国民党第十一师被歼程度上，分歧比较大。

朱德在《黄陂东陂两次战役伟大胜利的经过与教训》中指出："三月二十一日，当敌之先头已到达甘竹，相距九十里不能回援时，我遂在东陂、草台岗、黄柏山、霹雳山等地将敌之十一师大部消灭，所剩不过一团人。"聂荣臻和时任第九师参谋长的耿飚也持此论。[1]时任红十一军政委的萧劲光和红一军团第九师师长的李聚奎都回忆说，草鞋岗战斗歼灭敌十一师大部。[2]时任红三军团第五师政治部主任的黄克诚和红三师第九团教导员的王平都回忆说，草鞋岗战斗歼敌第十一师五个团。[3]其时国民党第十一师辖六个团，黄克诚、王平所说歼其五个团，实际和红军其他将领的回忆是一致的。

国民党将领的回忆颇为混乱，但和红军将帅的说法有很大差异。时任第十一师第三十一旅旅长的黄维在《第十一师在宜黄以南的溃败情况》中说：十一师在草鞋岗溃败，"该师伤亡过半"[4]。在《对〈陈诚军事集团发展史纪要〉一文的更正和意见》中说："十一师伤亡惨重，挣扎到黄昏，残部各自为战溃退，损失达三

[1] 参见《聂荣臻回忆录》上，解放军出版社，1984年，第176页；《耿飚回忆录》，中华书局，2009年，第107页。

[2] 参见《萧劲光回忆录》，解放军出版社，1987年，第130页；《李聚奎回忆录》，解放军出版社，1986年，第111页。

[3]《黄克诚军事文选》，解放军出版社，2002年，第59页；《王平回忆录》，解放军出版社，1992年，第45页。

[4] 黄维：《第十一师在宜黄以南的溃败情况》，《文史资料存稿选编》第4辑，第410页。

分之二。”[1]时任第十一师第三十一旅第六十三团团长的宋瑞珂回忆说：“十一师被歼灭过半”，“十一师全师剩下不到3000人”。[2]时任第十一师连长的杨伯涛的说法也颇不一致。他在写给全国政协文史资料委员会的回忆中说：草鞋岗之战，第十一师“旅团长伤亡过半，（师长）肖乾亦负伤，部队被歼灭三分之二”，“剩下不足三千人”。[3]他在另一篇回忆中说：“这次战役，以陈诚主力部队著称的第十八军第十一师，全部覆灭。在宜黄收容时不到3000人，其中多数是勤杂官兵，武器装备俱为红军缴去。”[4]但在回忆录里说：“这次战役，以陈诚主力部队彪悍著称的第十一师，遭受近歼灭性的打击，部队损失近半。”[5]

那么，究竟第十一师在草鞋岗被歼多少？

第一，根据实际作战情况来判断，第十一师大部被歼，是无疑的。按照宋瑞珂、杨伯涛的回忆：六十六团阵地首先被红军突破，该团团长李宴芳负伤逃走（团长负伤，说明战况激烈；其弃军逃走，说明该团伤亡严重，局面大坏到无以挽救的程度）；和六十六团相邻的六十五团的阵地旋即崩溃，旅长莫与硕亲自组织部队反攻，未能奏效并负伤下阵，该团溃退到草

[1] 黄维：《对〈陈诚军事集团发展史纪要〉一文的更正和意见》，中国人民政治协商会议全国委员会文史资料研究委员会编《文史资料选辑》第72辑，中国文史出版社，1980年，第232页。

[2] 宋瑞珂：《对中央苏区第四次围攻纪略》，《文史资料选辑》第45辑，第167页。

[3] 杨伯涛：《陈诚军事集团发展史纪要》，中国人民政治协商会议全国委员会文史资料研究委员会编《文史资料选辑》第57辑，中华书局，1978年，第138页。

[4] 杨伯涛：《陈诚中路军第四次“围剿”中央苏区以失败告终》，《文史资料存稿选编》第4辑，第404页。

[5]《杨伯涛回忆录》，第25页。

鞋岗以北山上也收容不住（说明该团受到沉重打击，建制紊乱，丧失战斗力）；第六十二团、六十四团团长曾孝纯、孙嘉傅阵亡，身在第六十二团的师长肖乾也负伤（说明该两个团伤亡惨重）；[1]战后六十六团残部编成一个营，六十三团连输送兵、炊事兵在内只剩下300余人（说明这两个团也伤亡惨重）；“第六十一团亦被溃兵冲乱，相继溃退”（该团的情况是第十一师中最好的）。[2]据此判断，第十一师有五个团基本被打垮，这和红军将帅的回忆基本吻合。

第二，“文化大革命”后十分活跃、非常热心与台湾及海外黄埔校友交往的宋瑞珂，[3]在20世纪80年代写的《蒋军十一师被击溃经过》，没有改变他过去的回忆，坚持说：“三月二十二日，罗卓英和十一师残部到宜黄收容起来只有三千多人。”[4]长期在陈诚集团任职、时任第五十九师旅长的方靖也认为：第十一师“全师剩下

[1] 国民党“剿匪战史”称：1933年3月21日，在草鞋岗与红军作战至十五时，肖师长率六十二团向徐家舷方向逆击，至十七时许，仅剩三百余人，团长曾孝纯阵亡，肖师长腿部负伤，阵地陷落（转自梅绍裘：《有关四次反“围剿”历史问题的探讨》，中共乐安县委党史资料征集办公室编《乐安党史资料选辑》（内部交流）第一辑，1986年，第37页）。

[2] 宋瑞珂：《蒋军十一师被击溃经过》，《乐安文史资料》（内部交流）第1辑，第30—31页；《杨伯涛回忆录》，第24、25页。

[3] 1978—1995年，交往台湾及海外黄埔校友2000余人，其中包括“将级军官”、国民党中常委、“国大代表”等重要人物百余人，撰写100余万字的战争回忆录和文史资料（《上海首次揭密黄埔三期抗战将领宋瑞珂传奇往事》，中国新闻网，1997-12-12）。

[4] 宋瑞珂：《蒋军十一师被击溃经过》，《乐安文史资料》（内部交流）第1辑，第31页。

不到三千人”[1]。他们所谓第十一师“剩下不足三千人”的说法和“该师损失过半”明显有矛盾。如前所述，第十一师满员最少也有 1 万余人，3000 人只是其四分之一，而非一半。另外，杨伯涛所谓“遭受近歼灭性的打击”和“该师损失过半”的说法有矛盾；黄维所谓第十一师“损失过半”或“损失三分之二”的回忆也互相矛盾。

除第五十二师、第五十九师和第十一师外，朱德指出：草鞋岗之战还“将九师消灭小部”，即“敌九师增援之一个团亦被冲破，被我军缴械”。耿飚也回忆说：草鞋岗战斗中，“敌赶来增援的九师，也被我消灭了一部分”[2]。王平回忆说：“红军全歼肖乾的第十一师五个团和敌第九师一个团。”[3]对此，陈诚在草鞋岗战斗的报告中也承认：“第九师颇有伤亡。”[4]

综合黄陂和草鞋岗战斗消灭敌人之和，消灭国民党近三个师的说法比较准确。

三

第四次反“围剿”消灭多少敌军呢？

很明显，所谓黄陂和草鞋岗两战“俘敌万余人”的数字有误。

[1] 方靖：《关于蒋军第十一师于草鞋岗被歼》，中共江西省委党史资料征集委员会、中共江西省党史研究室《江西党史资料》第 20 辑，1991 年 12 月，第 231 页。

[2]《耿飚回忆录》，第 107 页。

[3]《王平回忆录》，第 45 页。

[4]《贺国光致南京军委会林副主任电》（1933 年 3 月 22 日），转自杨奎松：《国民党的“联共”与“反共”》，第 293 页。

朱德1937年5月在给美国女作家尼姆·威尔斯介绍红军发展的情况时，说黄陂战斗："我们击溃了国民党军五十九师和五十二师，俘虏白军一万三千名。我们获得十二个团的来福枪，许多挺轻机关枪和三百万发子弹。"[1]他在《黄陂东陂两次战役伟大胜利的经过与教训》中指出：黄陂战斗后，因"捉到大批俘虏一时不好处理，只是照例发钱放走"。所以歼敌近两个师，但"黄陂之役用血换来的胜利，俘虏万余人，随即放走大部，只剩三千余人"[2]。聂荣臻的回忆相似："此役我军共歼敌两个师，光俘虏就有一万多人，可惜，当时我们不太重视争取俘虏参加我军的工作，除军官以外，不久就将俘虏兵全部释放了。"[3]张宗逊回忆：黄陂战斗"是红军主力大兵团埋伏战的一次成功战役，毙俘敌官兵一万多人"[4]。黄克诚回忆：此战"俘敌官兵一万六千余"[5]。他们的回忆不一，但均说俘敌在万人以上。

《红色中华》当时的报道称：我红军"在乐安宜黄之间，东陂黄陂地方，将敌五十二师全部消灭，五十九师大部消灭"，"俘虏一万多"。[6]和红军将帅的回忆基本吻合。

另外，一些红军部队的战绩也从某一侧面反映了黄陂战斗的战果。时任红一军团政治部主任的罗荣桓在1933年3月10日指

[1] 中共中央文献研究室第二编研部：《朱德自述》，解放军文艺出版社，2003年，第157页。

[2]《朱德军事文选》，第135页。

[3]《聂荣臻回忆录》上，第173页。

[4]《张宗逊回忆录》，第98页。

[5]《黄克诚回忆录》，解放军出版社，1989年，第185页。

[6]《红色中华》第58、60期（1933年3月6日、3月18日）。

出：红一军团此战“俘虏五千以上”[1]。时任红一军团第九师师长的李聚奎回忆说：第九师“歼灭了敌（五）十二师直属队及一个旅的全部，俘虏敌师长以下官兵三千余人”[2]。红一军团此战俘敌“五千以上”、第九师俘虏“三千余人”。那么加上其他参战部队红三军团、红五军团等（虽然因任务不同，战果会不同）的俘获，俘敌万余人是完全可能的。

国民党军官也肯定有大批官兵被俘。杨伯涛回忆说：黄陂战斗中，第五十二师“该师官兵大部分被红军俘虏”，方靖回忆说：第五十二师“该师官兵绝大部分为红军俘虏”[3]。按照国民党军的编制推算，第五十二师约有 1.3 万人，其大部被俘，则数在八九千或七八千之间。第五十九师大部被歼，其被俘人数也应有数千人吧。

综上所述，黄陂战斗俘虏敌人一万多人，应是确定的。[4]

那么，黄陂战斗消灭多少国民党军呢？第五十二师被全歼，按其编制估算，应有 1.3 万人被消灭。第五十九师编制为五个团，即使按照国民党将领逃出一个团和两个营的说法，也有三个多团和直属队被消灭。据此判断，也应有 9000 余人被消灭。[5] 两者合

[1]《罗荣桓军事文选》，解放军出版社，1997 年，第 6 页。

[2]《李聚奎回忆录》，第 107 页。

[3] 杨伯涛：《陈诚中路军第四次“围剿”中央苏区以失败告终》；方靖：《第五十二师和第五十九师被歼纪略》，《文史资料存稿选编》第 4 辑，第 402、407 页。

[4] 韩荣璋等根据朱德的论述，判断黄陂战斗俘敌 1.3 万余人。应该说，这个数字是有道理的（参见韩荣璋、肖裕声、杜魏华：《中央苏区第四次反“围剿”战争始末》，《历史研究》1981 年第 4 期）。

[5] 按照 1932 年 6 月国民政府军事委员会制定陆军暂编师的编制，一个团为 2432 人，一个营为 730 人，则第五十九师残余人数应为 3892 人，则该师被歼 9000 余人。

计，黄陂战斗消灭的敌人应在2.2万人左右。

中央红军在草鞋岗战斗中的歼敌人数，应由三部分组成，一是在战斗中被击毙的。这次战斗相当激烈，因此毙敌数字应该很大。黄维回忆说："第十一师的溃败，所受到的损失是惨重的。师长肖乾和第三十二旅旅长莫与硕俱受伤，第六十二团团长曾孝纯、第六十四团团长孙嘉傅、第六十六团团长李宴芳俱阵亡，营长以下官兵伤亡惨重。"[1]国民党"国防部史政局"1967年10月编著的"剿匪战史"对此说认可："第十一师……各级干部死伤过半，士兵伤亡更重。"[2]聂荣臻回忆说："草台岗战斗，我们一军团共打死敌人两千多。"[3]加上第三军团、第五军团和其他部队的作战，毙敌之数应很大。二是有大量伤兵。其中有国民党军自己运往后方的，也有红军医治后放回的。据接应第十一师的第七十九师师长樊崧甫回忆说：他的师收容的伤兵就"多至一千数百名"。宋瑞珂也回忆说，他所在的团后来"伤愈归队士兵六百余人"。据此判断，伤兵是第十一师被歼的重要组成部分。三是被俘官兵。一般都认为草鞋岗战斗俘虏敌人在6000人以上。《红色中华》当时的报道是："俘获白兵及缴枪各在六千以上"，"俘虏六千余"。[4]张宗逊、黄克诚都回忆说：这次战斗，俘敌在6000以上。[5]按照国民党军委会1932年6月制定的编制，其第

[1] 黄维：《第十一师在宜黄以南的溃败情况》，《文史资料存稿选编》第4辑，第410页。黄维本人也在此战中受伤，而第六十六团团长李宴芳受伤逃亡。

[2] 转自韩荣璋、肖裕声、杜魏华：《中央苏区第四次反"围剿"战争始末》，《历史研究》1981年第4期。

[3]《聂荣臻回忆录》上，第178页。

[4]《红色中华》第64、65期（1933年3月27日、3月30日）。

[5]《张宗逊回忆录》，第99页；《黄克诚回忆录》，第185页。

十一师大部被歼，人数应接近1万。

根据上述推算，中央苏区第四次反“围剿”消灭国民党军大约在三万左右，起码应是彭德怀回忆的“共歼敌二万八千人”之数。[1]

关于枪械缴获。《红色中华》关于黄陂战斗的报道是：“缴获步枪万余枝，迫击炮四五十门，短枪600枝，子弹数百万发，轻重机关枪自动步枪三四百枝。”[2]张宗逊回忆：黄陂战斗“缴获大炮四十多门，轻重机枪三百多挺，其他枪支一万多支。还有大批银元、军用物资”[3]。黄克诚回忆说：“缴枪一万五千余。”[4]对此，陈诚在“赤匪反动文件汇编”中称：在黄陂战役中，“五十二、五十九两师全部失利”，认可红军“缴获步枪万余枝”的说法。[5]关于草鞋岗战斗，《红色中华》先是报道“缴枪俘虏各在六千以上”，继而又说“我军缴获步枪近五千，机枪十架”。[6]朱德在1933年5月28日的文章中说：“东陂（即草台岗战斗）之役，战后第二天，各部队报告打扫战场已完毕，但是第三天再派大批人员去打扫战场时，结果打扫了一星期，拾得千余担的战利品，步枪、马枪、手枪、驳壳枪、机关枪、迫击炮均获大批的，子弹

[1]《彭德怀自述》，国际文化出版公司，2009年，第179页。

[2]《红色中华》第58期（1933年3月6日）。

[3]《张宗逊回忆录》，第98页。他说的“大炮”应是迫击炮。

[4]《黄克诚回忆录》，第185页。

[5] 韩荣璋、肖裕声、杜魏华：《中央苏区第四次反“围剿”战争始末》，《历史研究》1981年第4期。

[6]《红色中华》第64、65期（1933年3月27日、3月30日）。

甚多，子弹壳不计其数。”[1]据此计算，缴枪6000余支是成立的。国民党将领也承认草鞋岗战斗损失武器甚多，杨伯涛回忆说：“这次战役，以陈诚主力部队彪悍著称的第十一师，遭受近歼灭性的打击，部队损失近半，武器装备损失更巨。”[2]时任江西省主席的熊式辉在给蒋介石的电报中称：“最近一月以来，有第五十九、第五十二、第十一各师之挫败……步枪损失当以万计。”[3]虽然各种说法不一，但综合推算，中央苏区第四次反“围剿”缴获的步枪应在1.6万支以上，特别是缴获了蒋介石新进口的几百挺轻机枪。

应该强调的是，第四次反“围剿”歼灭的是蒋介石的嫡系部队、国民党的精锐之师。张宗逊称：“敌李明第五十二师和陈时骥第五十九师是用外国武器装备的加强师，每班都有一挺轻机枪。”[4]而第十一师作为国民党的王牌，装备更充足和精良。朱

[1] 朱德：《黄陂东陂两次战役伟大胜利的经过与教训》（1933年5月28日），《朱德军事文选》，第136页。

[2]《杨伯涛回忆录》，第25页。

[3]《熊式辉报告赣省反共失败情形及请速调部队赴援致蒋介石等密电》（1933年4月1日），中国第二历史档案馆编：《中华民国史档案资料汇编》第五辑第一编·军事（三），江苏古籍出版社，1991年，第163页。

[4]《张宗逊回忆录》，第98页。关于国民党“进剿军”的装备，时任国民党第四师连长的刘炽的回忆可作参考。他在1976年回忆说：国民党“不惜重金往德、法、捷等国购买大量新式枪炮。其中有葡伏斯式新型山炮数百门（这种山炮能拆卸驮载，便于在崎岖山路运输，对防守军事据点及支撑点有摧毁性能，在山地作战可发挥最大威力）；有法国哈奇开斯轻机及捷克轻机；有德国自动步枪；马克沁及卅节重机枪，还有八〇、八一迫击炮等武器，以此来装备进攻苏区的各部队，使每一步兵连都有轻机枪6挺至9挺。士兵大部分换上中正式骑步枪”（刘炽：《参加第四次“围剿”红军和庐山受训的片断回忆》，李齐念主编《广州文史资料存稿选编》第四辑，中国文史出版社，2008年，第199页）。

德后来说：“这十一师、五十九师和五十二师是蒋氏最精锐的部队。”[1]“那都是最精锐的兵，有最新式的捷克轻机关枪几百挺。”[2]因此被歼灭后，蒋介石十分惊惧，在黄陂战后于3月4日发出给陈诚和各纵队指挥官暨全体参战官兵的“万急”电，称：“我军此次进剿，不幸第五十二与五十九两师在固岗、霍源横遭暗袭，师长殉难……此乃为本军未有之惨事”，“无限之隐痛”，“中正接诵噩耗，悲愤填膺”[3]。第十一师被歼后，蒋介石更为痛心，在给陈诚的“手谕”中说：“此次挫败，凄惨异常，实有生以来唯一之隐疼。”[4]这从另一个侧面反映了黄陂、草鞋岗战斗给予国民党的打击之沉重，反映了第四次反“围剿”战绩之大、之辉煌。

总之，保守地估算，第四次反“围剿”战绩是：歼灭国民党嫡系部队近3个师2.8万余人，缴获步枪1.6万余支、迫击炮四五十门、重机枪和新式轻机枪三四百挺，另有大批军用物资。

---

[1] 中共中央文献研究室第二编研部：《朱德自述》，解放军文艺出版社，2003年，第157页。

[2] 中共中央文献研究室编：《朱德传》，中央文献出版社，2006年，第360页。

[3]《蒋委员长致陈诚总指挥等为我第五十二与五十九两师在固岗、霍源遭匪暗袭壮烈牺牲动勉各将士奋勇复仇电》（1933年3月4日），秦孝仪主编：《中华民国重要史料初编——对日抗战时期》绪编（二），中国国民党中央委员会党史委员会，1981年，第390页。

[4]《红色中华》第71期（1933年4月10日）。

国共两党在解放战争时期的土地政策及其对局势的影响

解放战争时期，国共两党在农民土地问题上采取了不同的政策和做法，结果对两党都产生了极为深刻的影响。中国共产党领导解放区的一亿多农民解决了土地问题，结果赢得了农民并赢得了全国民心；国民党在农民土地问题上无所作为，并以其暴政使农民的状况更加恶化，激起农民和全国人民的反对。亿万人民的人心向背决定了战争的胜负。土地改革是人民战争的基础，而解放战争的伟大胜利正是中国共产党土地改革政策成功的集中体现。回顾这一段历史，既有助于我们从根本上去认识国共两党成败的原因，更有助于我们从历史的经验中去体会“代表最广大人民群众利益”的时代课题。

一、抗战胜利后中国农民的严峻状况

农民的土地问题是近代中国非常突出的社会问题，因此，孙中山把“平均地权”作为革命的纲领之一，明确提出要实行“耕者有其田”。但是，国民党政权建立后，并没有解决这个突出的社会问题。抗战时期的战乱，使原本十分凋敝的农村经济愈发衰败，农民问题在抗战结束时愈发严重。

在对中国的侵略战争中，日本侵略军为了支撑战争，实行

"以战养战"的政略，疯狂掠夺沦陷区农民。他们通过就地取粮的"征发"和低价强制"收购"的方式，夺取沦陷区的粮食和其他农产品；他们为修筑机场、公路、工事和满足日本移民的需要，大量强占农民的土地；他们向沦陷区农民强征数目繁多的捐税（如冀东22县捐税达249种之多）。同时，日本侵略者强迫农民去当兵或服劳役。在日本侵略军的残暴摧残下，沦陷区人民遭受了巨大的灾难，农村经济是一片衰败破落的景象。

在大后方，由于战争耗费，由于东南富庶地区沦陷，国民政府出现了严重的财政赤字，为此，国民政府实行严苛的经济统制政策，大大加重了向农民的赋税索取，农民承受了沉重的负担；由于战时通货膨胀，法币一路贬值，经营土地不但有保障而且利润丰厚，于是，地主、官僚、军阀和商人纷纷抢购土地，大后方的土地兼并盛行，土地较战前更为集中。如四川华阳县1937年秋至1941年间的购买土地者中，军政界占34%、商人占28%、地主占15%。[1]据战后统计，地主、军阀和商人占有四川全省土地的80%以上。[2]同时伴随着土地抢购，地价不断上涨，田租也飞速上涨。据1940—1941年四川佃农农产品用途调查，其中稻谷的71.12%和玉米的64.47%用于交租。[3]广大的农民不但失去了土地，并且承受了沉重的地租剥削，大量走向破产。这种情

---

[1] 刘崇高：《我国农村经济之回顾与前瞻》，《四川经济汇报》第1卷第2期（1948年）。转自陆仰渊、方庆秋主编：《民国社会经济史》，中国经济出版社，1991年，第609页。

[2] 赵宗明：《四川的租佃问题》，《四川经济季刊》第4卷第2—4期，第50页（1947年）。转自《民国社会经济史》，第609页。

[3] 章雨柏等：《中国佃农问题》，重庆商务印书馆，1945年，第115页。

况，随着战争的延长而日益严重。

由于上述原因，在抗战结束后，中国广大地区的农村经济面临着极为严重的危机，农民的生产和生活状况是非常困难的。根据国民政府善后救济总署对各地抗战中损失的统计，江苏：耕地荒芜28%，农具损失42%，耕牛、房屋各损失70%，渔业损失30%，农村工业损失50%；经战后一年努力，至1946年冬，成效甚微，耕地只恢复2%，农具为10%，房屋为5%，农村工业为10%。山东：荒芜农田150万亩、盐田10万亩，有难民14万人，损失农具550万件、牲畜368.5万余头、房屋150万间。浙江：因战事无法生活的难民175万余人；耕地荒芜280万亩，占耕地总面积的10%；耕牛损失10万头；房屋被毁90余万间；渔船损失1.6万艘。江西：抛荒土地150万亩以上，损失耕牛27万余头、农具550万件、粮食1140余万市石。湖北：难民948万余人，荒芜土地1325万亩，损失农具658万余件、耕牛近40万头、房屋75万余间。广西：荒芜耕地1111万亩，占全省耕地总面积的30%；损失农具100余万件、耕牛48.6万余头、房屋29万余间。[1]地处黄泛区的豫北、皖北、苏北地区的62县，遭受损失更为惨重，战后农村尤为凋敝。据国民政府救济总署1946年所做的统计，苏北20县：死亡53万人，逃亡68.7万余人，失耕211万余人，淹地322.6万亩，涸地338万余亩，损毁房屋12.6万余幢。豫北20县：死亡32.6万人，逃亡117万余人，淹地650余万亩，涸地266.7万余亩，损毁房屋146.4万余幢。皖北22县：逃亡近

[1] 国民政府善后救济总署档案，转自陆仰渊、方庆秋主编：《民国社会经济史》，中国经济出版社，1991年，第840页。

300万人，淹地473万余亩。[1]据1946年报纸报道：赣西、赣南50里至100里间渺无人烟之地，已经触目皆是；河南省在一个村庄里，几乎找不到几匹牲口；安徽省舒城河乡的荒田已增加到该乡总耕地的1/3；广东省潮汕地区，“海水倒流，河塘龟裂，耕地已告绝望”[2]。

在这种状况下的农民，其生活状况是非常困难的。流离失所或因饥饿挣扎在死亡线上的受灾人数为：湖南500万人，河南400万人，江西200万人，山东250万人，浙江、福建、山西、广东各150万人，安徽、东北、广西各100万人。其实，这些数字往往比各地实际的灾民数要小得多。另有资料表明，河南流离的灾民达800万人，湖南食草根、树皮者已达700万人。[3]

中国共产党领导的解放区，情况比国民党统治的地区好。经过减租减息和大生产运动，农民的负担有很大的减轻。但是，由于自然条件的限制和华北地区连续几年的旱灾和蝗灾，特别是日寇对解放区实行的惨无人道的“三光”政策，使战后解放区的农业生产和农民生活仍面临着很大的困难。而且从根本上讲，解放区解放生产力的问题——农民的土地问题仍没有得到解决。

农村、农业和农民的现实状况，迫切地提出了解决农民问题的重要性。而解决的根本途径，就是解决农民的土地问题。从中国社会的发展而言，解决土地问题，就是解放农民，就是解放生产力、发展生产力，这是中国社会发展的一个必由之路。历史把

---

[1]《黄泛区损失统计表》，1946年国民政府善后救济总署档案，转自《民国社会经济史》，第840页。

[2] 许涤新：《论当前的中国经济危机》，《群众》第11卷第7期。

[3]《民国社会经济史》，第840—841页。

这个关系全局的问题，鲜明地提了出来，成为人们鉴别当时掌握全国政权的国民党和局部地区执政的共产党的重要因素，对此何去何从，不但关系着中国社会的发展，而且反映着国共两党的性质，关系着国共两党的盛衰成败。

二、中国共产党的土地改革政策和在解放区的成功实践

正如毛泽东在中国共产党七大所指出的，中国共产党进行的革命，从根本上讲是要解放生产力，发展生产力。因此中国共产党在建党后，始终关注和注重农民问题的解决。大革命时期进行的轰轰烈烈的农民运动，大革命失败后历时十年的土地革命战争，都是以解放农民为中心内容的。全国抗战爆发后，为了团结抗日、扩大和巩固抗日民族统一战线，中国共产党改变了打土豪分田地的政策，但仍非常强调以农民为主体的民生问题的解决，提出和实行了减租减息政策，并把此作为坚持抗战、争取胜利的必要条件。实际上，应该说，减租减息政策是中国共产党在中华民族反抗外来侵略为首要任务的历史条件下，解决农民问题的一种特殊方式。同时，也说明即使在抗日战争的情况下，中国共产党也不放弃并积极地解决农民问题。

抗日战争胜利后，随着民族解放战争的结束，中国共产党又把解决农民问题提升到了完成中国新民主主义革命、解决中国社会发展方向的战略高度，花大力气，采取坚决的措施加以解决。

解放战争时期，中国共产党解决农民土地问题，经历了一个

由渐进到急进的过程，大致经过三个阶段。

第一阶段，抗战胜利之初，中共中央着重解决抗日大反攻中新解放地区的农民问题。1945 年 11 月 7 日，中共中央发出指示："务使整个解放区，特别是广大的新解放区，在最近几个月（冬春两季）发动一次大的减租运动，普遍地实行减租，借以发动大多数农民群众的革命热情。"[1] 12 月 15 日，毛泽东在发向全党的《一九四六年解放区工作的方针》的指示中，再次强调："各地务必在一九四六年，在一切新解放区，发动大规模的、群众性的、但是有领导的减租减息运动。"[2] 并明确把它作为赢得人民、战胜国民党进攻的重要条件。据此，各个新解放区开展了反奸清算、减租减息运动，通过发动群众检举战争罪犯和汉奸、清算汉奸地主霸占人民财产的活动，摧毁汉奸、地主在农村的势力和统治，推行减租减息政策，使新解放区的人民从政治和经济上得到初步的解放。同时，针对着老解放区有的地方存在的减租减息不彻底的情况，进行了普遍的复查减租减息的工作。

第二阶段，在内战爆发前夕的 1946 年 5 月 4 日，中共中央发出《关于土地问题的指示》（即著名的《五四指示》），决定满足群众在反奸、清算、减租、减息、退租、退息等斗争中，从地主手中获得土地的强烈要求，并将之提升到战胜国民党、建立新中国的战略高度。《五四指示》明确指出："解决解放区土地问题是我党目前最基本的历史任务，是目前一切工作的最基本的环节。必须以最大的决心和努力，放手发动与领导群众来完成这一

[1]《毛泽东选集》第四卷，人民出版社，1991 年，第 1172 页。
[2] 同上书，第 1175 页。

历史任务。”“如果我们能够在一万万数千万人口的解放区解决了土地问题，就会大大巩固解放区，并大大推动全国人民走向国家民主化。”因此，《五四指示》指出：“集中注意于向汉奸、豪绅、恶霸作坚决的斗争，使他们完全孤立，并拿出土地来。”[1]即从地主手中获得土地，然后公平合理地分配给贫苦的烈士遗族、抗日战士、抗日干部及其家属和无地及少地的农民。《五四指示》明确指出：这是中国共产党解决土地问题的总原则。

同时，《五四指示》对实施从地主手中获得土地所涉及的有关问题做了明确的规定，如，决不可侵犯中农土地，整个运动必须取得全体中农的真正同意或满意，包括富裕中农在内；一般不变动富农的土地，不能不有所侵犯时亦不要打击得太重，应使富农和地主有所区别，着重减租而保存其自耕部分；对于抗日军人及抗日干部的家属之属于豪绅地主成分者，对于在抗日期间与我们合作而不反共的开明绅士及其他人等，在运动中应谨慎处理，适当照顾，给他们多留下一些土地；对于中小地主的生活应给以相当照顾；要给汉奸、豪绅、恶霸留下维持生活所必需的土地，即给他们饭吃；除罪大恶极的汉奸分子外，凡富农及地主开设的商店、作坊、工厂、矿山，不要侵犯，应予以保全，以免影响工商业的发展；等等。

遵照《五四指示》，各个解放区开展了土地改革运动。到1947年春天，整个解放区约三分之二的地区解决了土地问题，实现了“耕者有其田”。这极大地提高和调动了广大农民的政治觉悟和生产积极性，激发了他们支援革命战争的热情。

---

[1]《刘少奇选集》上卷，人民出版社，1981年，第378、382、379页。

第三阶段，1947年9月13日，中共中央工作委员会主持召开的全国土地工作会议制定了《中国土地法大纲》（10月10日中共中央公布实施），决定从根本上改变封建土地所有制，进行彻底的土地改革运动。

《五四指示》具有不彻底性。一方面，它坚决支持农民的土地要求，批准了农民在反奸清算、减租减息斗争中从地主手中获得的土地，使之合法化，并进一步提出通过群众斗争实现“耕者有其田”；但另一方面，它又着眼当时的形势，没有明确宣布废除封建土地制度，没有宣布停止实行减租政策，对地主给予较多的照顾和让步，对如何分配土地也没有详尽的办法。因此，土地改革运动在一些地区发动得不充分，有的地方出现了“夹生饭”，农民只是“翻了个空身”或“翻了个半身”。这种情况已经不能适应解放战争胜利进军、全国革命高潮的新形势。

《中国土地法大纲》克服了《五四指示》的不足。第一，它用没收地主和一切封建土地所有制的规定代替了《五四指示》中以多种多样的方式从地主手中取得土地的内容。它明确规定：“废除封建性及半封建性剥削的土地制度，实行耕者有其田的土地制度”；“废除一切地主的土地所有权”；“废除一切祠堂、庙宇、寺院、学校、机关及团体的土地所有权”；“废除一切乡村中在土地制度改革以前的债务”[1]。第二，用征收富农的多余土地和财产代替了《五四指示》中一般不变动富农土地财产的规定。第三，用按人口彻底平均分配土地代替了《五四指示》

[1]《中国土地法大纲》，《中共中央文件选集》第16册，中共中央党校出版社，1992年，第547页。

中给几种人以照顾的政策。它规定："乡村中一切地主的土地及公地，由乡村农会接收，连同乡村中其他一切土地，按乡村全部人口，不分男女老幼，统一平均分配，在土地数量上抽多补少，质量上抽肥补瘦，使全乡村人民均获得同等的土地，并归各人所有。"《大纲》还规定："乡村农民大会及其选出的委员会，乡村无地少地的农民所组织的贫农团大会及其选出的委员会，区、县、省等级农民代表大会及其选出的委员会为改革土地制度的合法执行机关。"[1]

《中国土地法大纲》是一个彻底反封建的土地革命纲领。遵照这个纲领和全国土地会议的部署，解放区各级党政机关派出大批土改工作队深入农村，发动农民群众，组织贫农团和农民协会，控诉和惩办恶霸，没收地主的土地，在解放区迅速掀起了空前规模的土地改革运动。

此后，中共中央又对土地改革中出现的问题做出一系列指示，特别是纠正了土改中一度发生的"左"的严重偏差；根据战争形势，在解放战争时期开辟的新解放区实行了不同于老区（日本投降之前的解放区）、半老区（日本投降至大反攻时解放的地区）的土改政策，保障了解放区土地改革地健康进行。

至此，中国共产党在解放战争时期解决农民问题的政策形成了一个完整的体系。近代以来成为中国社会一大难题、一直困扰了无数救国救民人士的农民问题，由此得到了突破性的解决。1949年6月，老区、半老区及其周围的小块新区完成了土改，涉

[1]《中国土地法大纲》，《中共中央文件选集》第16册，中共中央党校出版社，1992年，第548、547页。

及的人口有1.51亿，农民从地主和旧式富农手中获得土地约3.75亿亩。

中国共产党在解放战争时期的土改政策和实践，历史意义巨大而深远。它埋葬了在中国持续几千年的封建土地制，从根本上改变了农村生产关系，封建经济制度随之被废除，地主阶级归于消灭，一直处于社会最底层的贫苦农民翻身成了主人。这一历史性的巨变，同时非常深刻地推进了解放战争的进程。

三、国民党言而不行的土地政策

对于抗战之后中国农民存在的严重问题，国民党当局是清楚的，蒋介石在1945年11月的一次讲话中承认："现在一般农民都负担了过重的地租、田赋及利息。"[1]中国共产党的土改政策对于农民的革命动员作用，国民党当局也十分清楚，并深感恐惧。何应钦曾说："共产党施行此项政策（指平均地权），以争取占中国人口百分之八十五强之农民。"[2]蒋介石曾多次告诫国民党官员：农民问题是与共产党斗争的主要内容，"目前绥靖区的工作，我认为紧要的还是土地问题"[3]。

为了缓和农村社会矛盾，为了欺骗舆论，更重要的是出于与

[1] 蒋介石：《对于经济建设的指示》（1945年11月26日），国民党《中央党务公报》第8卷第1期。

[2] 国民政府国防部档案，卷宗号三四（2），卷号61，中国第二历史档案馆藏。转自李新总编：《中华民国史》第三编第六卷，中华书局，2000年，第146页。

[3]《中国现代政治史资料汇编》第4辑第6册。转自《中华民国史》第三编第六卷，第148页。

中国共产党进行斗争并消灭共产党的目的，国民党当局在抗战后曾制定了一些减轻农民负担和试图解决土地问题的政策和条文。如1945年9月，国民党政府宣布，收复区本年度免赋一年，大后方第二年免赋；10月，国民政府行政院据此制定了二五减租办法。1946年3月，国民党六届二中全会提出：即刻规定耕者有其田之实施步骤及办法，由政府发行土地债券，收购大地主土地，分配于退伍士兵及贫农，并切实扶植自耕农，保护佃农。4月，国民政府行政院公布了《土地法》，规定："省或院辖市政府对于私有土地，得斟酌地方情形，按土地种类及性质，分别限制个人或团体所有土地面积之最高额。"[1]其意图是防止土地投机集中，扶植自耕农。针对侵占的解放区土地问题，国民政府行政院于1946年10月公布了《绥靖区土地处理办法》，主要内容是：绥靖区内之农地，其所有权人为自耕农者，依原有证件或保甲四邻证明文件收回自耕；其所有人非自耕农时，准依原有文件或保甲四邻证明文件保持其所有权，并应由现耕农民继续佃耕：租佃额不得超过农产正产物三分之一，变乱期间欠交之佃租一概免于追交；经非法分配之土地，一律由县政府依本办法征收之，地价由县政府估定后以土地债券分年补偿之，偿付期间最多不得超过15年；征收之土地依原佃耕人、现佃耕人等次序承领自耕，并应依照估定地价分年向中国农民银行交纳地价，交纳期限最多不得超过15年，未交清前以承领之土地为抵押担保，不按期交纳或怠于工作、将土地出佃者，得由县政府将所领土地收回，交清后应由县政府发给承领人以土地所有权状；承领土地之农民自承

[1]《国民政府公报》（重庆）1946年4月29日。

领土地之日起，应依法交纳土地赋税。[1] 1948 年，国民党召开的华中绥靖会议又重新修改了绥靖区土地处理办法，更加强调限田制度："一、切实执行三一缴租，并实行保租，以改善佃农生活，造成阶级协调，根除阶级斗争。二、实行限田：地主超额土地，一律由政府用土地债券征收放领，以培养自耕农，达到'耕者有其田'。三、提倡合作农场，尽量利用农业贷款，技术指导，打破小农经营，达到利用近代科学之集体生产。"[2]

但是，国民党的这些法令和政策基本都没有实行。如，在宣布减免农民田赋后，强制向农民"劝售"军粮，另有摊派给农民的"献金""献粮""慰劳"等，结果 1945 年征收粮食 5900 万担，1946 年增加到 11756 万担，而且名目繁多的税捐源源不绝。这样的搜刮，不但没有减轻而且大大加重了农民的负担。至于解决土地问题的法令，只是停留在纸面上，使之徒具空文。

应该说，国民党当局对农民状况的严重性及其对国民党统治地位的重要性，认识是清楚的，但为什么使其制定的有关法令和办法徒具空文呢？究其原因，大致有如下几个方面：

第一，国民党政权的性质使然。国民党在背叛革命后，"军事北伐，政治南伐"，成为地主阶级和大资产阶级的代理人。这样的利益的联结，就决定了它在农民问题的解决上无所作为。国民党土地改革协会理事长肖铮曾坦白地说："我们二十年来的政治基础，是建筑在地主身上的。"另一官员万国鼎说："土地制度

[1]《地政署致行政院绥靖区政务委员会公函》(1946 年 12 月 21 日),《中国现代政治史资料汇编》第 4 辑第 36 册。

[2]《绥靖区总体战之实施》,(国民政府)国防部政工局编印,1948 年 6 月，第 140 页。

相帮着造成了官僚政治，而官僚政治阻碍土地改革。”[1]肖铮后来在回忆录中分析国民党土地改革失败的原因时说：除了地方政府对中央政令阳奉阴违，居于高级领导阶层的部分人失去革命精神外，还因为有些老辈人“牵涉到本身利害关系”，因此“往往是‘推’‘拖’了之”。“自从民国廿一年起，我们发动的各种土地改革步骤，统多遭了反对者以‘应慎重’‘再研究’等延宕战略，使土地改革的一切政策都遭到了搁置，以致有大陆整个沦亡的后果。”[2]肖铮所说的“牵涉到本身利害关系”才是国民党将其土地法令束之高阁的根本原因。

第二，在上述思想主导下，国民党没有认真地去推行所制定的土地法令。1946年，蒋介石就承认，国民党在实行土地法规方面“没有足够的行政推动力”[3]。这种情况后来越来越严重。当时，国民党解决土地问题的主要设想是：对地主的土地实行最高限额；私有逾额之土地及空地、荒地和无主之土地，由县市政府照价收买；设立土地银行，俾购地之资金有所借贷，从而使有耕作能力之人民成为自耕农。国民党政府曾在安徽、山东、河北和察哈尔指定12个县进行实验，结果以失败告终。参与其事的汤惠荪总结说，地主阶级反对和国民党政府的推诿是主要原因。地主“他们还乡以后，佃农又把土地交还地主。所以他们说，没有土地问题，因此不能推动工作。谈到土地债券问题。在苏北南通、海门等县的大地主，他们愿意把他的土地

[1] 转自《中华民国史》第三编第六卷，第149页。

[2] 郭德宏：《中国近现代农民土地问题研究》，青岛出版社，1993年，第266页。

[3] 启跃编：《国民党怎样丢掉了中国大陆？》，新疆人民出版社，1997年，第124页。

征收了，想卖得几个钱，投资到别的地方去，但该项土地债券必须能向农行抵押始可。我们本来预备能够抵押，农行也愿意抵押，可是农行自己无钱，要向中央银行转抵押，而中央银行说是不行，要等财政部的政策决定后才可以。结果本案还搁在四联总处，也没有人说可以，也没有人说不可以”[1]。1948年7月，肖铮等人在立法院提出一个自认为是“防止共党扩张之重要武器”的《农地改革方案》，结果遭到激烈反对，肖铮说：“余于反对声中，曾再写一文《论农地改革方案——兼答刘士笃、陈紫枫、甘家馨、孟广厚诸先生》加以辩解，其余在立法院讨论中，口舌之争辩，几又演‘舌战群儒’，此案作大体讨论贯半年之久，至是年十月一日，卒以‘并付审查’了之。而国事已不可为矣。”[2]如此议而不决、议而不行，其法令必然就无效了。

第三，国民党内战政策所导致的必然结果。抗战胜利后，历经战乱的全国人民渴望和平，遭受战争严重破坏的经济也已经不能再支撑内战。但是，蒋介石国民党为维护其一党专政的独裁统治，悍然发动了反共反人民的内战。这场战争既不得人心又耗费巨大，使国民党政府出现了庞大的财政赤字和财政危机，为此它就把战争的负担转嫁到人民特别是农民身上。它四处征兵拉夫，主要对象是农民；它向农民实行田赋征实和多达数十种甚至有的地方一百几十种的苛捐杂税，尽力地向农民索取、搜刮。无所不用其极犹不能满足其需要，还哪来得及照顾农民、改善农民的生活生产状况呢？

[1] 转自《中华民国史》第三编第六卷，第148页。

[2] 肖铮：《土地改革五十年》，台湾“中国地政研究所”印行，1980年，第305页。

四、国共两党土地政策对解放战争的影响

解放战争时期，国共两党在农民问题上采取了不同的政策，措施也大相径庭，因而，所收到的效果也表现出天壤之别。

中国共产党是把土地改革作为战胜国民党进攻的主要对策而进行的。它正确的政策和成功的实践，赢得了农民，从根本上改变了与国民党的力量对比，有力地推进了解放战争的进程。土地改革使广大农民得到了实际利益，增进了他们对中国共产党的认识，深化了党与人民群众的关系，于是，他们全力支持中国共产党领导的解放战争。第一，翻身农民“参军保田”，参加人民解放军，他们以高昂的革命热情参加解放战争，扩大和充实了人民解放军的力量。第二，土改得到土地的农民积极生产，促进了解放区经济的恢复和发展，并且在自己温饱还不能得到充分保证的情况下，尽力向人民解放军提供粮食和其他生活必需的物资，基本做到了前方需要什么农民就供应什么。人民解放军是运用“小米加步枪”战胜国民党的，而“小米”就主要来自解放区的翻身农民。第三，大力支前。解放战争中人民解放军军用物资的运输、战争需要的修桥修路、伤员转运等，民工、车船、畜力、工具等耗用巨大，都源自解放区的农民。陈毅元帅说淮海战役的胜利是人民群众用小车推出来的，实际上解放战争的所有战役都是在人民群众的无私支援下进行的。翻身农民的大力支援，保证了人民解放战争的胜利。同时，解放区的土改在全国产生了强烈的辐射效应，它使国民党统治区的农民及其他人士在对国共两党的比较中进行了选择，增大了对中国共产党的向心力和对国民党的

离心力；对国民党的统治及国民党军队的士气产生了严重的瓦解作用。

全国解放之初，毛泽东在评价解放区土地改革作用时说："我们已经在北方约有一亿六千万人口的地区完成了土地改革，要肯定这个伟大的成绩。我们的解放战争，主要就是靠这一亿六千万人民打胜的。有了土地改革这个胜利，才有了打倒蒋介石的胜利。"[1]实际上，国民党人士也是这样认为的，在 1946 年 10 月召开的中国农业协会第八次会议上，国民党的农业专家们普遍认为，土改使共产党得以"在农村扎根成长"，正是由于实行了土改，共产党才能出色地执行三大任务：征粮、募兵和实行地方自卫。[2]这从另一面认证了土地改革对共产党最后取得战争胜利的决定性作用。

而国民党对待农民问题的空洞政策、无所作为和对农民的无穷掠夺，导致国统区农民的境况严重恶化，并因此对国民党的走向失败产生了决定性的影响。其一，农民问题的长期得不到解决，农民在国民党统治下陷入困境的状况，使农民对国民党失去了起码的信心，对国民党政府严重地离心离德。矛盾的不断积聚，最后使他们同国民党政府之间的矛盾已经发展为对抗性矛盾。由于广大农民已经无力且非常不满国民党政府的无休止的勒索，于是，他们便采取抗税、抗捐、抗粮等各种手段来反抗国民党，使国民党在农村的统治危机四伏，国统区已经充满了反对国

[1] 毛泽东：《不要四面出击》（1950 年 6 月 6 日），《毛泽东文集》第六卷，人民出版社，1999 年，第 73 页。

[2]〔美〕胡素珊：《中国的内战：1945—1949 年的政治斗争》，中国青年出版社，1997 年，第 278 页。

民党的力量。其二，由于国民党的残酷盘剥，农民负担沉重，农民生产积极性不高，农业生产资金也严重不足；由于国民党连年征兵拉夫，农村劳动力日益减少，结果农村耕地大量抛荒，农业产量大幅度下降，从而使国民党政府陷入粮食短缺和财政枯竭的境况。如 1947 年，国民党的地域控制达到了战后时期的最大程度，但其征收的各种土地税只有 3800 万市担粮食，只相当于 1942 年征收量的 57%。而 1942 年国民党控制的地区主要是西南和西北的不发达省份，东南富庶地区不在其管辖之下。从年度计划的完成情况看，1946 年和 1947 年国民党政府的土地税征收率分别只有 43%和 48%。[1] 国民党统治区粮食资源和农产品的锐减，成为国统区经济危机的一个重要组成部分，对国民党的反革命战争形成严重的困扰。其三，严重的农民问题，成为催化国统区城市民主运动的重要因素。农产品的严重不足，导致了城市供应的日益恶化，政治和经济的危机，促成了国统区各界群众争生存、反饥饿、反内战的运动，并在中共地下党的领导下逐步演变成为反对国民党统治的政治运动，成为打击国民党的第二条战线。

总之，国民党对待农民土地问题的消极态度和一系列压迫、剥削的政策与做法，使国统区的农民问题严重恶化，结果产生了一系列的连锁反应，最终成为导致国民党在战争中失败的一个根本原因。

[1] 郑德荣：《中国共产党历史讲义》，吉林人民出版社，1983 年，第 361—362 页。

毛泽东利用资本主义思想的演变

利用私人资本主义为社会主义准备物质条件，是毛泽东在探索中国进入社会主义道路时的一大创造。改革开放以来的实践证明了这一思想的正确性，因而越发引起人们对之的重视。但是，新中国成立后不久，毛泽东放弃了他的这一富有创见的思想。为什么毛泽东首先提出了这个正确的思想，而在新中国成立后不久又抛弃了呢？其原因是什么？这颇令人疑惑不解，对此进行探讨，是非常有意义的。

一

中国共产党奋斗的远大目标是在中国实现社会主义，这是在党成立伊始就明确了的。但是，中国的现实国情却决定了中国在新民主主义革命胜利后，不能马上实行社会主义。因为，中国半殖民地半封建社会极端落后的国情，与社会主义以现代化大工业为基础的基本条件之间，存在着巨大的差距。非常落后的经济状况制约着中国社会的发展，制约着中国走向社会主义的进程。有鉴于此，毛泽东在构绘中国革命发展的战略蓝图时，创造性地创立了新民主主义社会理论。在革命转化问题上确定由新民主主义社会走向社会主义，在新民主主义社会发展生产、发展经济，为社会主义创造条件。而在新民主主义社会发展经济的一系列思考中，毛泽东对私人资本主义的作用给予了特别的关注，提出了利用私人资本主义为社会主义准备条件的思想。

1940年，毛泽东在提出新民主主义社会理论时，指出：新民主主义国家的经济政策是消灭操纵国计民生的大工业、大商业和大银行，而“并不没收其他资本主义的私有财产，并不禁止‘不能操纵国民生计’的资本主义生产的发展”[1]。此后，毛泽东的这一思考更趋深入。1945年，在中共七大上，他集中地论述了这一思想。他说：共产党不怕资本主义，中国“不是多了一个本国的资本主义，相反地，我们的资本主义是太少了”。强调要让私人资本主义获得发展，“一定要让私人资本主义经济在不能操纵国民生计的范围内获得发展的便利”，“要广泛地发展资本主义”，“在一定的条件下提倡它的发展”。并把发展私人资本主义的重要性提到很高的程度：私人资本主义的发展是一个进步，不但有利于资产阶级，同时也有利于无产阶级，或者说更有利于无产阶级。私人资本主义的发展是“只有好处，没有坏处的”[2]。

解放战争时期，根据国内政治形势和私人资本主义的性质与作用，毛泽东明确把“保护民族工商业”作为新民主主义革命的三大经济纲领之一。中共中央连续向各地党政军发出指示，要求坚决贯彻党的这一政策，防止和杜绝破坏民族工商业的现象发生。在1949年3月中共七届二中全会上，毛泽东指出：中国的私人资本主义工业，占了现代性工业中的第二位，它是一

[1]《毛泽东选集》第二卷，人民出版社，1991年，第678页。

[2]《毛泽东选集》第三卷，第1060、1061页；《毛泽东文集》第三卷，第323页。

个不可忽视的力量。……在革命胜利以后一个相当长的时期内，还需要尽可能地利用城乡资本主义的积极性，以利国民经济的向前发展。在这个时期内，一切不是于国民经济有害而是于国民经济有利的城乡资本主义成分，都应当容许其存在和发展。“这不但是不可避免的，而且是经济上必要的。”[1]并且将私人资本主义纳入新中国的社会经济组成之中，使之成为新民主主义经济的五种形态之一。

当时党内存在着急于消灭资本主义的思想倾向，毛泽东对之多次提出批评。在七大上，他批评说：“我们的同志对消灭资本主义急得很”，“太急了”[2]。1948年在晋绥干部会议上、在九月中央政治局会议上，毛泽东连续批评了土地改革中破坏工商业和主张绝对平均主义的“农业社会主义”思想，说：“这是破坏生产、阻碍生产发展的，是反动的。”[3]七届二中全会上，他又指出：只注重私营企业发展和私营企业无足轻重的两种认识都是糊涂的、错误的，“如果认为我们现在不要限制资本主义，认为可以抛弃‘节制资本’的口号，这是完全错误的，这就是右倾机会主义的观点。但是反过来，如果认为应当对私人资本限制得太大太死，或者认为简直可以很快地消灭私人资本，这也是完全错误的，这就是‘左’倾机会主义或冒险主义的观点”。毛泽东再次向全党强调：“为了整个国民经济的利益，为了工人阶级和劳动人民现在和将来的利益，决不可以对私人资本主义经济限制得太大太

[1]《毛泽东选集》第四卷，第1431页。

[2]《毛泽东文集》第三卷，人民出版社，1996年，第323页。

[3]《毛泽东文集》第五卷，第139页。

死，必须容许它们在人民共和国的经济政策和经济计划的轨道内有存在和发展的余地。”[1]直至1950年6月，毛泽东还向全党指出：那些认为可以提早消灭资本主义实行社会主义的想法，“是错误的，是不适合我们国家的情况的”[2]，而要切实而妥善地改善公私关系和劳资关系，使各种经济成分分工合作各得其所。

当然，毛泽东所提倡的允许私人资本主义存在和发展的思想中，有一个基本前提，即不“操纵国民生计”而有利于国民生计，这是从一开始就强调并始终要求的。1940年，毛泽东在《新民主主义论》中提出，新民主主义国家“决不能让少数资本家少数地主‘操纵国民生计’”[3]。此后中共七大、七届二中全会都反复强调了这一点，“中国资本主义的存在和发展，不是如同资本主义国家那样不受限制任其泛滥的”。[4]这里，其“不操纵国民生计”，从范畴上是指官僚资本以外的私人资本主义；其“有利于国民生计”，则是对私人资本主义的具体要求。实际上，这就是对私人资本主义存在和发展的限制条件，1948年10月26日毛泽东在给刘少奇的信中，清楚地说明了这一点：“就我们的整个经济政策说来，是限制私人资本的，只是有益于国计民生的私人资本，才不在限制之列。而‘有益于国计民生’，这就是一条极大的限制，即引导私人资本纳入‘国计民生’的轨道之上。”[5]很明确，这是允许私人资本主义存在和发展的基本前提。

---

[1]《毛泽东选集》第四卷，第1432页。

[2]《毛泽东文集》第六卷，第71页。

[3]《毛泽东选集》第二卷，第678—679页。

[4]《毛泽东选集》第四卷，第1431页。

[5]《毛泽东书信选集》，人民出版社，1983年，第306页。

为什么要允许私人资本主义存在并且得到发展呢？毛泽东的考虑主要是：

第一，为了发展生产，发展经济。半殖民地半封建社会留给中国的经济是极端落后的。这种极端落后性，是制约中国走向社会主义的主要障碍，也是中国共产党夺取政权后面临的最大、最突出的问题。毛泽东对此有清醒的认识，因此把使中国尽快实现工业化和农业近代化，作为中国共产党夺取政权后的基本任务，并把它提升到能否保持国家安全、独立和关系到共产党生死存亡的高度，号召全党努力为此奋斗。为迅速改变落后面貌，就必须调动和利用一切有益于生产和发展的因素，而毛泽东的允许资本主义存在和发展的思想正是建立在这一基础上的。他关于这个问题的论述，总是和经济十分落后的国情与有益于经济发展、社会进步的观点联系在一起考虑和阐述的。其意图十分明显，利用私人资本主义的主要目的就是为了改变国家落后的面貌。

第二，注重私人资本主义在中国社会的经济地位和作用。在中共七届二中全会上，毛泽东分析指出："中国私人资本主义工业，占了现代性工业中的第二位，它是一个不可忽视的力量。"[1]并多次强调：这种经济"在经济上具有重要性"。根据有益于国计民生的标准，毛泽东对新民主主义社会里保留和提倡的私人资本主义，做出很高的评价："这种资本主义有它的生命力，还有革命性……它的性质是帮助社会主义的，它是革命的、有用的，有益于社会主义的发展。"[2]这样的经济地位和作用，就决定了私

---

[1]《毛泽东选集》第四卷，第1431页。

[2]《毛泽东文集》第三卷，第384—385页。

人资本主义在新民主主义社会的地位。

第三，用私人资本主义的发展替代帝国主义经济和封建主义经济。毛泽东分析指出：现存的中国是多了一个外国的帝国主义和本国的封建主义，而不是多了一个本国的资本主义，“拿资本主义的某种发展去代替外国帝国主义和本国的封建主义的压迫，不但是一个进步，而且是一个不可避免的过程”[1]。

第四，适应中国新民主主义革命的需要。新民主主义革命是无产阶级领导的、人民大众的反对帝国主义、封建主义和官僚主义的革命，革命的目的是推翻三座大山的统治，建立一个以劳动者为主体的、人民大众的新民主主义共和国。这个革命不是一般地消灭资本主义。民族资产阶级由于受了帝国主义、封建主义和官僚资产阶级的压迫或限制，在人民民主革命斗争中常常采取参加或保持中立的立场，因此他们是人民大众的一部分。由于这些，并由于中国经济现在正处在落后状况，在革命胜利以后一个相当长的时期内，还需要尽可能地利用城乡资本主义的积极性，以利于国民经济的向前发展。所以，对民族资产阶级的经济地位“必须慎重地加以处理，必须在原则上采取一律保护的政策。否则，我们便要在政治上犯错误”。

二

但是，在新中国成立后不久，毛泽东对私人资本主义的认识发生了很大的变化。1953 年，他提出过渡时期总路线，主张对农

[1]《毛泽东选集》第三卷，第 1060 页。

业、手工业和资本主义工商业进行社会主义改造。他说："党的过渡时期总路线的实质，就是使生产资料的社会主义所有制成为我国国家和社会的唯一的经济基础。"[1]此即是要消灭私有制，资本主义工商业自然就在消灭之列。1955年10月11日，他说得更加明确："使资产阶级、资本主义在六亿人口的中国绝种，这是一个很好的事，是很有意义的好事。我们的目的就是要使资本主义绝种，要使它在地球上绝种，变成历史的东西。"[2]

这是对私人资本主义的政策的重大变化。为什么会发生这么大的变化呢？

第一，从指导思想看，允许资本主义存在和发展，目的在于利用其为社会主义服务。这是一种策略思想，而非战略思想。消灭资本主义、消灭剥削，实行社会主义，这是中国共产党自成立就明确的一以贯之的远大目标，党孜孜奋斗的目的即在于此。在战争年代，毛泽东曾多次指出，"我们是革命转变主义者，主张民主革命转变到社会主义方向去"[3]。新中国成立后他又明确告诉全党："民族资产阶级将来是要消灭的。"[4]而之所以要保留资本主义，并提倡使它获得大的发展，只是因为基本国情所限，因为缺乏进行社会主义的条件，不得已而采取的一种策略，目的在于利用它为社会主义准备物质基础，"现在我们需要采取这个策略"。[5]策略本身有其不确定性，当情况、条件发生变化后，策

[1]《毛泽东文集》第六卷，人民出版社，1999年，第316页。
[2]《建国以来重要文献选编》第七册，1993年，第263页。
[3]《毛泽东选集》第一卷，第276页。
[4]《毛泽东文集》第五卷，第75页。
[5]《毛泽东文集》第六卷，第75页。

略也就随之发生变化了。也就是说，在一定意义上，允许资本主义存在和发展思想的改变有其必然性，它的改变只是早晚的时间问题。

第二，从认识上看，毛泽东之所以在新中国成立后迅速改变对私人资本主义的看法，主要是突出地注重了资本主义所带有的消极作用。在新民主主义社会里的私人资本主义经济有两重性，一方面可以带动社会经济的发展，对改变封建的、落后的经济发生作用，从而也为社会主义准备物质条件。这是毛泽东在论述允许私人资本主义存在和发展时所看重的。但另一方面，私人资本主义也带有干扰和破坏社会经济秩序、破坏经济发展及影响人民生活的消极作用。特别是在半殖民地半封建社会的中国，长时期存在着各种非经济因素（即政治的因素、军事的因素、人为的因素、国际的因素等）干扰经济运行的情况，结果整个经济秩序混乱，投机行为盛行，经济风潮迭起。正如周恩来指出的：国民党反动派多年罪恶统治所遗留下来的国民经济极端混乱危险，“中国人民所接收的城市，由于多年不断的通货膨胀，物价高涨，差不多变成了投机商人的大赌场”[1]。在这种历史环境中成长起来的民族资本主义，耳濡目染，身上亦继承着浓厚的历史烙印，它们就是靠着在旧时代形成的和盛行的各种不良的经营方式而挣扎着生存下来，并且带着这种习性走进新中国的。因此，中国的资本主义不但具有资本主义经济唯利是图的本性和生产的无政府状态的特点，而且存在十足的投机性和严重的破坏性。但是，民族资

[1] 中共中央文献研究室编：《周恩来经济文选》下卷，中央文献出版社，1993年，第67页。

本主义这些在中国特殊历史时期形成的不良习性，在社会正常秩序建立后，其消极作用就是十分显著的。它对社会秩序的稳定和经济的正常运行，带来很大的破坏作用。正如周恩来 1952 年 1 月 5 日在全国政协会议上所指出的："中国的民族资产阶级还有其黑暗腐朽的一面。他们中间有很多人，常常以行贿、欺诈、暴利、偷漏税等犯法行为，盗窃国家财产，危害人民利益，腐蚀国家工作人员，以遂其少数人的私利。"[1]新中国成立后，资本家囤积居奇、操纵市场、哄抬物价、制造金融风波，之后又偷税漏税、盗窃国家财产、偷工减料、盗窃国家经济情报、行贿拉拢腐蚀干部，对新中国的经济运行造成很大的干扰，甚至中共党内出现的贪污、腐化等问题与资本家的行为紧密联系在一起。"三反五反"中暴露出的问题触目惊心，引起了中国共产党人的警觉："这种情况如果不加以打击和铲除，而任其发展下去，则我们革命党派、人民政府、人民团体日益受着资产阶级的侵蚀，其前途将不堪设想。"[2]毛泽东从中认识到一些资本家"罪大恶极"，认为是资产阶级"对于我党的猖狂进攻（这种进攻比战争还要危险和严重）"，[3]因此 1952 年在部署"五反"斗争、明确"五反"目的时，提出："彻底查清私人工商业的情况，以利团结和控制资产阶级，进行国家的计划经济。""消除'五毒'，消灭投机商业。……国家逐年增加对私营产品的包销订货计划，逐年增加对私营工商业的计划性。"[4]对私人资本主义的消极、破坏作用的估计，是毛泽

[1]《周恩来传》（1949—1976）下，人民出版社，1998 年，第 103 页。

[2] 周恩来：《"三反"运动与民族资产阶级》，《周恩来经济文选》，第 97 页。

[3]《毛泽东文集》第六卷，第 193 页。

[4] 同上书，第 201 页。

东改变对资本主义认识的一个重要原因。

第三，在对待资本主义问题上，毛泽东认为找到了好的方式——国家资本主义。虽然看到了资本主义的消极作用，但毛泽东在一个时期内并没有完全放弃利用资本主义的思想，而是选择了国家资本主义的唯一形式。1949 年张闻天在《关于东北经济构成及经济建设基本方针的提纲》中提出国家资本主义经济形态后，受到中共中央和毛泽东的肯定。在中共七届二中全会上，毛泽东肯定了国家资本主义是新民主主义经济的重要组成部分。《共同纲领》据此规定：在必要和可能的条件下，应鼓励私人资本向国家资本主义方向发展，例如为国家企业加工或与国家合营，或用租借形式经营国家的企业，开发国家的资源等。新中国成立后，国家资本主义得到广泛发展，显示了在利用私人资本主义方面的重要地位和作用。1953 年李维汉在武汉、南京、上海调查后写的《资本主义工业中的公私关系》的报告，更引起了毛泽东对国家资本主义的高度重视和进一步的思考。他将李维汉的报告提交中央政治局会议讨论，并以此为基础形成《关于利用限制和改造资本主义工商业的若干问题》的文件，明确认为各种形式的国家资本主义，是利用、限制和改造资本主义，最终将其转变为社会主义的最佳途径和最好的形式，必须加强对其引导和有计划的推广。这年 6 月 28 日，毛泽东在胡乔木一个讲话稿上批示道："现在的资本主义经济，其绝大部分是在人民政府管理之下的，用各种形式和国营社会主义经济联系着的，并受工人监督的资本主义经济。……即新式的国家资本主义经济。"[1] 这是推动毛泽东改变利用资本主义方式的一个重要因素。

[1]《建国以来毛泽东文稿》第 4 册，中央文献出版社，1990 年，第 255 页。

其后，毛泽东对国家资本主义的形式给予很高的评价，他指出：国家资本主义是一种“新式的”“特殊的”资本主义经济，它主要不是为了资本家的利润而存在，而是为了供应人民和国家的需要而存在。因此，“这种新式国家资本主义经济是带着很大的社会主义性质的，是对工人和国家有利的”[1]。他认为，国家资本主义会使“抵触、破坏少些”，既可防止资本主义的破坏作用，又可增大社会主义的成分，有益国计民生，还可教育资产阶级。因此，毛泽东明确指出：“经过国家资本主义完成对私营工商业的社会主义改造，是较健全的方针和办法”，“国家资本主义是改造资本主义工商业和逐步完成社会主义过渡的必经之路”。要求将《共同纲领》中“鼓励私人资本主义向国家资本主义方向发展”的规定明确起来和逐步地具体化，“将全国私营工商业基本上引上国家资本主义轨道”。[2]

三

实际上，消灭资本主义是中国共产党革命理念和对资本主义认识的逻辑结果。中国共产党自建立起，就把建立社会主义确定为自己的奋斗目标，就把消灭剥削、压迫，消灭私有制作为革命的一个主要内容。在民主革命时期，马克思的剩余价值理论、无产阶级阶级斗争学说，是中国共产党人进行革命和发动群众的理论武器。许许多多的人就是从这些理论中走向革命、参加共产党

[1]《毛泽东文集》第六卷，第282页。
[2] 同上书，第291页。

的，工农群众就是靠着这些理论的宣传、教育而觉悟，而发动和组织起来的。

而在帝国主义、封建主义、官僚资本主义统治下的旧中国，社会确实如李大钊所言："黑暗到了极点"[1]，人民群众深受压迫和剥削。就剥削而言，不但地主的封建剥削非常沉重，就是资本家（包括外国资本主义、官僚资本主义和民族资本主义）的剥削也格外沉重。夏衍的《包身工》、茅盾的《子夜》轰动文坛、轰动全国，就在于他们的作品反映了当时的现实，反映了当时中国工厂、工人的悲惨状况，反映了资本家的残酷剥削的事实。因此，人民群众对地主、资本家的剥削充满愤恨。薄一波在论述社会主义三大改造时说："对于中国人民特别是对于老一代工人来说，对资本主义印象最深的是它剥削人压迫人的一面，而对它在历史上有过解放生产力和促进生产力发展作用的一面，印象并不深刻。因为他们是在受剥削、受压迫、被奴役、被侵略的痛苦回忆中认识资本主义的。相反，对于社会主义却迅速地贴近和向往，有着崭新的感情。"[2]实际上，这种现象并不限于一般人民群众，大量的共产党员甚至许多领导干部包括高级干部也是这样的。因此，广大的党员和革命者对剥削制度充满了仇恨，有着强烈的消灭资本主义的意愿。

这种革命理论和革命愿望的结合，就在中国共产党内形成了强烈的消灭一切剥削的要求，形成了浓厚的敌视资本主义的思

[1]《李大钊文集》第二卷，人民出版社，1999年，第336页。

[2] 薄一波：《若干重大决策与事件的回顾》，中共中央党校出版社，1991年，第427页。

想。资本主义存在严重剥削，是一种罪恶的制度，是与共产党人的政治信念截然对立的，应该坚决消灭。这种认识和观念在党内、在革命队伍里普遍存在，而且是非常强烈的。不仅一般的共产党员和革命群众具有这样的认识，一些受过高等教育、从事经济工作和联络民族资产阶级的党员也是如此。比如，许涤新是一名老党员、学经济学的，并且长期在国民党区域做统一战线工作，但当1942年周恩来布置他做民族资本家统战工作时，当时他思想不通，对周恩来说："要我做对民族资本家的统战工作，在思想上，现在我还想不通。资本家是剥削雇佣劳动者的剥削者。民族资产阶级同买办资产阶级虽然存在着区别，但是，作为剥削阶级，那是一致的。同民族资产阶级交朋友，建立统战关系，那我的立场呢？共产党就是要打倒资本家，建立无剥削的社会主义社会，进而进入共产主义社会。如果同民族资本家搞统战，难道不是同我们的历史任务背道而驰吗？"[1] 1950年在中共中央宣传部的《学习》杂志第一、二、三期上发表文章，主张"彻底消灭资本主义""敲响资产阶级的丧钟"的现象，也是一个明显的例证。虽然毛泽东曾对此多次提出批评，但是经过几十年形成的、在党内浓厚存在的这种思想氛围并没有淡化，依然是特别强烈的。

应该说，毛泽东也对资本主义的残酷剥削有着非常直接的感受和深刻的印象。早在1919年他在《湘江评论》创刊号上发表的《不许实业专制》里，就写道，资本主义是"几个人享福，

[1] 许涤新：《在周恩来领导下开展对民族资产阶级的统战工作》，《不尽的思念》，中央文献出版社，1987年，第488页。

千万人要哭。实业愈发达，要哭的人愈多”[1]。熟稔马克思主义阶级斗争理论并且运用其指导中国革命的毛泽东，对资本主义本性的认识是清楚的，消灭资本主义的意识是明确的。而党内浓厚的消灭资本主义的要求和呼声，尤其新中国成立以后资产阶级的投机行为，对毛泽东的认识不可能不产生深刻的影响。联系毛泽东在“五反”中“借此给资产阶级三年以来在此问题上对于我党的猖狂进攻（这种进攻比战争还要危险和严重）以一个坚决的反攻，给以重大的打击”[2]等关于资产阶级的论述，应该说党内的浓厚的否决资产阶级和资本主义的情绪，对毛泽东认识的转变、对党的政策的转变是有重大影响的。

另外，从允许资本主义存在和发展的立意和目的看，既然是要“利用”资本主义，是迫于国情的不得已的选择，利用资本主义是为建立社会主义社会创造物质条件，那么，当形势、情形和认识发生变化后，则其必然发生改变。其变，势在必然，是“利用”应有的题中之义，也是“利用”目的的逻辑结果。

[1]《毛泽东早期文稿》，湖南出版社，1995年，第321页。
[2]《毛泽东文集》第六卷，第192页。